陌生客同路人

The Stranger on the Road to Emmaus

高约翰（John R. Cross） 著

徐武豪 译

上海三联书店

目录

前言

要客观地写一本有关《圣经》的书并不容易。《圣经》的本质要求人的回应。可惜，人的回应已经被欠缺理想的环境所限制。

不少人曾被过分热心的传道者，把零零碎碎的《圣经》内容硬塞进脑子里，使无数的人对《圣经》有误解，更不能真正明白。正因如此，不少人选择**拒绝**，不愿**接受**这本书。其中也有不少人会选择"中立"——完全避开这书。

基于以上的原因，我尝试避免用**说教**的口吻使读者感到不安。我尝试把《圣经》解释清楚，让它为自己说话——说它所说的——然后让你自己作结论。也许有人会指责我不够客观，因为我早已认定《圣经》是真实的，但这是我必须冒的险。正如《圣经》宣告自身的真实，我若不如此便是不忠于它。我也尝试以叙事的方式把它说得有趣而又清楚。

其次，我决不会**淡化**其中的信息。《圣经》若要求人选择时，我就说明这选择的意思。《圣经》所说的非常直接，我要尽力使《圣经》的真相表露无遗。正因如此，我不会为着动听而改变其信息。

与任何一本书一样，有人能在开头数页内便决定"这书不适合我"。我希望对这些人发出挑战，就是在读完全书后才决定是否相信《圣经》的内容。我也曾经有过放弃读《圣经》的念头——但因有人向我挑战，我便再读下去。我至今依然不断地在研读《圣经》，依然对这本"书中之书"惊讶不已，很可能你也会如此。

译者序

　　人一生之中不会有太多的惊喜，但翻译这本书绝对是我人生中的惊喜之一。书中所见，作者的深思熟虑，富创意而饶有果效的编排，使人深深佩服。首先谢谢夏马田（Martyn Hartley）弟兄把这本书介绍给我。当他表示很盼望能把此书翻译成为中文，但等待了两年多却苦无进展时，我便应允他愿意考虑。读毕此书我便决定答应翻译之工作，并应允在一年内完成。自此我每天抽出时间翻译这本书，一年后，全稿完成，进入了排版与校对的阶段。在翻译的过程中，本会的同工陈锦连姊妹在中文打字上帮了很大的忙，使修改译文的工作更顺畅。初稿完成后，又得到蒋黄心湄姊妹，一位有经验的文字工作者对全文作出修改，谨此致谢。校对与完稿得到了数位主内兄姊与本会同工帮忙，其中包括王凯南弟兄、范吴婉娴姊妹、梁棠兴弟兄、林蔡细莉姊妹、何钱庸洁姊妹、方周美娜姊妹、本会同工方建中弟兄，以及负责统筹整个出版之吕钱洁玲姊妹等，使这本书的素质得到保证与提升。

　　此书中文版的面世，深信将会带来震撼性的果效，因为其中所记载的内容确实使人心灵震撼。

徐武豪

2001 年 9 月于多伦多

有关《圣经》的话:

"……听见的人也该说:'来!'口渴的人也当来;愿意的,都可以白白取生命的水喝。我向一切听见这书上预言的作见证,若有人在这预言上加添什么,神必将写在这书上的灾祸加在他身上;这书上的预言,若有人删去什么,神必从这书上所写的生命树和圣城,删去他的份。"

《启示录》22章17—19节

第一章

（一）序言

公元 33 年。

正午的太阳灼热如焚，一切都非常寂静，在这酷热的天气里，连雀鸟也无心歌唱了。革流巴在尘埃滚滚的路上踢起一块干泥，深深地吸了一口气，然后鼓起两腮叹了口气，视线模糊地穿过薄雾，隐约看见前面的山脊。数里以外便是以马忤斯——他的家。太阳很可能在他们到达前已经下山了。通常他们会早些离开耶路撒冷——毕竟，七里路是好一段路程——但早上发生的事使他们耽搁下来，他们渴望能得到更确实的消息。以马忤斯并非大城，但今天却显得特别有吸引力，因它不是耶路撒冷，没有喧哗的群众，没有罗马军队，没有巡抚本丢彼拉多。

革流巴的沉思一再被同伴的询问打断。他们二人正在讨论当天发生的事，也是过去数年内所发生的事，反复思量，一言难尽……革流巴已很疲倦，但令他感觉更沉重的，却是耶路撒冷所发生的事，这使他头昏脑胀。近日来，问题多，答案少。

他们步行下山，拐弯时碰上了这位陌生客。

就在同一天晚上，数小时过后，二人汗流浃背地赶回耶路撒冷，在他们朋友面前，他们没法解释是如何遇上这位陌生客的。起初，革流巴以为他是从岩石的影子中走出来，但跟他朋友的解释却不吻合。结果他们根本不能肯定陌生客从何而来。革流巴含糊地说："就是这样——出现。"结果别人讥笑他因天气太热以及太阳过于猛烈才会说出这样的傻话来。

但有一件事他们是肯定的。那陌生客的确曾拿出那古卷《圣经》，用了数小时，从头开始讲解，并讲得头头是道。陌生客的信息消除了他们的失望与疑惑。他们因着新的体会，非常兴奋，并且匆匆跑回耶路撒冷，把这陌生客的事告诉他们的朋友。因为无论如何，人人都该听到这信息——就是他们在以马忤斯路上所听到的信息。

到底陌生客说了什么关于《圣经》的话——一本令许多人质疑的书——竟是如此合情合理的呢？

这正是本书要谈论的内容。为要更清楚明白，就让我们学效那陌生客——从头开始。

（二）事先说明

试着停下来想一想，从一生的时日中，抽出数小时去认识《圣经》，乃是一件很合理的事。

无论如何，《圣经》对生命与死亡有着很重要的教导。

它是历年来最畅销的书籍，即或最无知的人也该对它的内容有些基本的认识。可惜，《圣经》引起的争论，往往不是因为它的内容，而是因为一些自称笃信《圣经》的重要人物，在生命中作了极严重的错误选择。

这本书的内容也饱受攻击。发出问题的人往往出于好意，但他们却没有花时间去审慎理解《圣经》的内容。不过，不管假冒为善的人或批判、挑剔的人说什么，《圣经》都没有改变。

……为了你自己能心安理得，

……为了你自己的生与死，

认识《圣经》对你来说绝对是明智之举。

一幅拼图

《圣经》在很多方面都好像一幅拼图。我如此说，并不是指它的信息是隐藏的，而是要指出，若要准确地明白神的话，《圣经》中的每一部分，都要放在正确的位置上合起来整体察看。要这样做就必须学习一些基本的原则。

由基础开始

第一个原则是我们常用的。要学习新的观念，必须由基础开始——**由知道的事进入到未知的事**。你不会教幼儿班的儿童学代数，你只会由基本的数字开始，**由简单至复杂**。假若忽略了最基本的知识，则连最初步的代数也学不会。

研读《圣经》也是同样的道理。若是忽略了最基本的内容，对《圣经》的认识便会有不正确的见解，由此对其主要的信息产生混淆，拼图便会出现一幅错误的图画。本书将由《圣经》最基本的内容开始谈起，逐步渐进。每一章的内容都是基于前面所学过的。

建立理解的"晒衣绳"

第二个原则对于学习历史或阅读一个故事尤为重要，简而言之——**由开始循序渐进直到结束**。这似乎是很明显，但很多人却尝试支离破碎地读《圣经》，从不肯花时间把内容连贯起来。在这本书中，我们会提及重要的事件，把它们逻辑性地串联起来——如同一根挂满衣服的"晒衣绳"。由于这种概览往往未能详尽，在这根绳子中自然会有空间出现。在你对全书有了一个概览之后，这些空间在日后可以再作填补。

虽然这根"晒衣绳"未能包罗《圣经》中的每一个故事，但所研读的事迹却可以串联成为一个完整的信息。如果你是一位典型的读者，当你读完本书后，必会觉得《圣经》是一本极为有理的书。是否相信它便是你的决定。我切望你会相信，但这是你的选择，我的责任是帮助你清楚明白它的内容。

这就好比炸子鸡与鸡蛋糕的食谱，它们都有一个"鸡"字。若你用炸子鸡的食谱来做鸡蛋糕，你便要把蛋糕粉放在油里炸！炸子鸡与鸡蛋糕虽然同有一个"鸡"字，但若用同一个方法去烹调便变得怪异！

在《圣经》中，若你随意从《圣经》中的一个题目跳到另一个题目上，你所得到的便是曲解的道理！

认定主题

最后一个原则是——**认定主题**——这原则应该应用在任何你不熟悉的课题上，这个理念便是先学习最重要的内容。

《圣经》包含了不同的宝贵信息，而这些信息的重要性并不一样。本书会集中于一个重要的题目，就是《圣经》中最基本的内容，你若明白了它，《圣经》便会变得又丰富又易懂。

> 把不同题目混为一谈,乃是形成各个不同的教会群体、宗教及异端的原因之一,他们或多或少均以《圣经》为他们的经典。结果,炸子鸡与鸡蛋糕混为一谈!拼图变成一幅混乱的图画。在一些个案中,混乱的程度尚属轻微;但在另一些个案中,混乱的后果却是极为严重的。

(三) 一本独特的书

《圣经》的独一无二是毋容置疑的。其实,它是一本书集,共有六十六卷。一位作者曾这样描述《圣经》的独特性——

这本书:

1. 写作年限长达一千五百年之久;
2. 写作时间历时四十代;
3. 作者超过四十位,他们来自不同的背景——包括君王、农民、哲学家、渔夫、诗人、政治家和学者等:

   摩西—政治领袖,在埃及的大学受教育

   彼得—渔夫

   阿摩司—牧人

   约书亚—军长

   尼希米—酒政

   但以理—宰相

   路加—医生

   所罗门—君王

   马太—税吏

   保罗—拉比

4. 写作地点众多:

   摩西在旷野

   耶利米在牢房

   但以理在山边和宫中

   保罗在狱中

路加在旅途上

约翰在拔摩海岛

其他的在激烈的战事中

5. 写作时间不同：

大卫写于战争时

所罗门写于太平时

6. 写作情绪不同：

有的写于极其喜乐的心情下，有的写于忧伤和绝望的深谷中。

7. 写作地方遍及三大洲：

亚洲、非洲和欧洲

8. 写作文字有三种：

希伯来文、亚兰文和希腊文

9. 最后，它的内容涉及到不少具有争议性的题目。但是，从《创世记》到《启示录》，《圣经》作者所记述的都是一致和连贯的。这是一个故事的展开……[1]

我们要看的便是这个**逐步展开**着的、简单——没有任何神学术语的**故事**。最重要的一点是，《圣经》宣称它是神自己所说的话。

神的默示

《圣经》中清楚指出：

圣经都是神所默示的……[2]   《提摩太后书》3 章 16 节

神的**默示**本身便是一个专门的课题。当一个人呼气时，是由体内深处呼出气来，因此《圣经》最终应被视为神自己的作品。神与祂的话是分不开的。正因如此，《圣经》常被称为**神的话语**。

先知

简言之，我们可以这样看神告诉人祂想如何记载，人便写下来。这些人大部分称为**先知**。

神既在古时藉着众先知多次多方地晓谕列祖……

《希伯来书》1 章 1 节

我们现今常以为先知是预知未来的人,但在《圣经》的时代,先知是向人传递神话语的人。有时先知带出的信息确是关乎未来要发生的事,但其实大部分都与日常生活有关。

神引导先知们记下祂要他们写的话。同时,神又容许先知以本身独特的风格去记载**祂的话——神的话**,却不带任何错误。这些人不能随意把私意加在《圣经》中,也不可自己编写杜撰任何的内容。

第一要紧的,该知道经上所有的预言,没有可随私意解说的。因为预言从来没有出于人意的,乃是人被圣灵感动说出神的话来。

《彼得后书》1 章 20—21 节

神并不是接纳一些人在文字方面的努力。**感动**这词在《圣经》其他经文中是指抬瘫子[3]的举动而言。正如瘫子不能自己行动,先知也不能按私意写《圣经》。《圣经》在这一方面是非常明确的——由始至终都是**神的信息**。

非常准确

先知把神的话写在皮卷上,一般是用动物皮或植物纤维做成的纸张。原稿称为**亲笔稿**(autographs)。

由于亲笔稿只能维持一段时间便会朽坏,所以皮卷被抄写成手抄本。这些手抄本都是极好的版本。抄写者知道所记录的是神自己的**话**,因此复制出来的版本都是最好的。在抄写希伯来经文时:

他们用尽一切可以想到的防御措施,无论是多麻烦、多费劲,都要确保经文的准确传递。全书字母和字的总数都清楚地数点,连任何附加字母或字也都注意到。[4]

原来的亲笔稿或手抄本都是如此处理的,因此能确保完全一样。

文士的抄写如此准确,甚至将"死海古卷"(写于公元前 100 年)与一千年后抄写流传的手抄本(写于公元 900 年)作比较时,竟没有任何重大、明显的差异。[5]

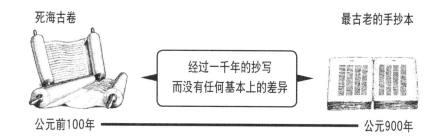

死海古卷 最古老的手抄本

经过一千年的抄写
而没有任何基本上的差异

公元前100年 ━━━━━━━━━ 公元900年

约瑟夫——犹太人的历史学家,在公元一世纪说到有关他自己民族的事:我们对本国这些经书十分信任,这可由我们的行动来证明。虽然经过漫长的岁月,但没有任何人敢把经书的内容增加、删减或更改。对所有犹太人来说,这些经书都是神圣的,是值得尊重的。[6]

这些人深知,篡改经文就是对神不敬。我们有足够的论据相信,如今流传的经文,与昔日先知所写的基本无异。真的,无论根据哪一种标准,《圣经》仍是一本非常独特的书。难怪《圣经》是在人类历史中被最多人引用,印刷量最高,译本最多,又是影响最大的一本书。[7]

《旧约》与《新约》

当我们阅读《圣经》时,第一是要知道《圣经》分为两大部分:《旧约》与《新约》。从历史的角度,《旧约》部分还可分为两大[8] 类别:

1. 摩西律法书(有时被称为妥拉"The Torah",摩西五经或律法书)
2. 先知书(后来,先知书中再分出第三部分,称为圣书集)

在《圣经》中,**律法书与先知书**一词是指全本《旧约》而言——相等于大约全本《圣经》的三分之二,余下的三分之一称为《新约》。

神的话

能否牢记有关翻译的细节并非最重要。重要的是记住《圣经》宣称为神的话——祂对人类的信息,通过它的内容,我们可以认识神。既是这样,即或最不经心的人也应停下来,思想其中所说的话。

耶和华啊! 你的话安定在天,直到永远。 《诗篇》119 篇 89 节

字典中对《圣经》及《经书》的定义[9]

《圣经》〔Bible(bǐˊbel)，名词〕

1. （ⅰ）基督教的圣书，一本古老著作的书集，包括《旧约》与《新约》的书卷。

   （ⅱ）希伯来人的经典，犹太教的圣书。

   （ⅲ）《圣经》的一个版本，如传统家庭圣经（*The Old Family Bible*）。

   （ⅳ）集宗教神圣文章而成的书或书集。

2. 有时指某一个范围内的权威著作，如《法国烹饪法圣经》（*The Bible of French Cooking*）。

经书〔Scripture(Skrîpˊcher)，名词〕

1. （ⅰ）神圣的书或神圣的著作。

   （ⅱ）这种书或著作中的一段。

2. 常以复数出现，《圣经》的神圣著作。又被称为《神圣的经书》（*Holy Scriptures*）。

3. 以单数（scripture）出现时指权威性的宣言。

第二章

（一）起初神……

《圣经》以三个丰富的字作为开始：

起初神……　　　　　　　　　　　　　　　　《创世记》1 章 1 节

神的存在，是毫无置疑的——《圣经》一开始已肯定了祂的存在。神就在**那里**。

永恒

神一直都在**那里**。远在植物、动物、人类、地球和宇宙之前，神已经存在。祂无始无终，昔在永在。《圣经》说神从亘古到永远，是永恒的一位。

诸山未曾生出，地与世界你未曾造成，从亘古到永远，你是神。

　　　　　　　　　　　　　　　　　　　　　　《诗篇》90 篇 2 节

我们很难体会神是永恒的这样一个观念，这是人的智慧很难理解的。我们往往把它放在脑袋里，然后贴上**不可能**的标签。其实，有不少例证可以帮助我们理解，例如把永恒与宇宙作比较。

大多数人都能明白，太阳系乃是一群环绕着太阳运行的行星。它庞大无比，但太空探索使我们可以接触到极遥远的地方。让我们再进一步量度一下宇宙：假若乘坐太空船以光速前进，可以在**一秒钟**内环绕地球**七次**！你会享受这样的旅程吗？或许太快了吧？若以同一速度进入太空，可在两秒钟内绕过月球，四分钟内到达火星，五小时内到达冥王星。从那里开始便会进入银河系——天河。

要领略一位永恒的神并非容易，但要了解这广大的宇宙，亦同样困难。两者同样难以理解，但又同样真实，《圣经》十分强调这点。由于这是神本性的一部分，《圣经》便以此为祂的名……

……耶和华永生神的名。　　　　　　　　　　《创世记》21 章 33 节

众多的名

神有很多的名字和称号，每一个都形容祂的特性。我们试看其中三个：

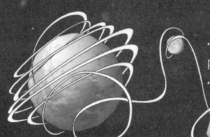

若以光速前行，你在一秒钟内可以环绕地球七次……

…… 二秒钟内绕过月球

…… 四分钟内到达火星

…… 五小时内到达冥王星

若以光速行走，你可以在4.3年内到达最近的一个星体。换言之，你会每一秒钟行过186,000英里（300,000公里）——全程是
25,284,000,000,000英里
（40,682,300,000,000公里）。以光速前行，横渡天河系需时100,000年。

太阳是在天河系的边缘，整个太阳系与它的行星，都可以放在这小格子内。

天河系 (The Milky Way Galaxy)[1]

夜空中所见的群星，是那称为天河系星群的一部分。宇宙中大概有一千亿个银河系。每一个都拥有数以亿计的星体。银河系是以一小群或一大群地出现的。在我们的一群中，约有二十个；而在大群中，则有数以千计的银河系。

想要星球用你的名字吗?[2]

根据目前世界的人口数测算，你可以有十六个银河系以你的名字为名，即会有亿万的星球用你的名字。

以光速而行，我们在2,000,000年内可以到达另一个最近的银河系……

由这点起，你刚开始你的宇宙之旅

……另一个最近的银河系星群在20,000,000年内可到达。

（1）自有永有

神对摩西说："我是**自有永有的**。"又说："你要对以色列人这样说：'那**自有的**打发我到你们这里来。'" 《出埃及记》3 章 14 节

这句话最准确的解释是：我是那一位，或我是**自己存在的**一位。神是凭自己的能力而存在的。

我们需要食物、水、空气、睡眠、光……无穷无尽的必需品来维持生命，但神的存在，却不需要依靠任何东西来维持，什么都不需要！ 祂是那**自存的、自有永有的**一位。

（2）主

自有永有这个称号，在《圣经》中并非一个常用的名称，因为它的意思包含在主这个名字内。

耶和华啊，没有能比你的；你本为大，有大能大力的名。

《耶利米书》10 章 6 节

主这个名字不仅指出神是自有永有的，同时也强调了祂的地位———一个远超一切的地位。祂是万主之主。

（3）至高者

这个名字是要指出神管理的地位。

使他们知道，惟独你名为耶和华的，是全地以上的**至高者**。

《诗篇》83 篇 18 节

正如古代帝国有无上权威的统治者或元首管理他们的疆土，神同样是宇宙的君王，至高的神。

神这个字，本身已指出祂是最高主宰的地位，**神**这个字的意思是**有力的一位、大能的领袖、超然的神**。

神为王这观念，使人联想到一位老者坐在云端金色宝座上。《圣经》从来没有形容神是一位老者，但却有提及神的宝座——但并不是在云中——而是在天上的圣殿中。

耶和华在祂的圣殿里。耶和华的宝座在天上。祂的慧眼察看世人。 《诗篇》11 篇 4 节

神从天上管理万物。我们对**天堂**知道得不多,但所知的一点点已令我们难以想像。在稍后的篇幅中将再详细讨论,目前只要知道神是最高主宰已经足够了。

独一的神

至高者这个称号最终是要指出神在宇宙中的独特地位。无人像祂,祂是独树一帜,是万物的唯一主宰。

> 我是耶和华,在我以外并没有别神。除了我以外再没有神。你虽不认识我,我必给你束腰。 《以赛亚书》45 章 5 节

> 在我以前没有真神,在我以后也必没有。
>
> 《以赛亚书》43 章 10 节下

这里没有一个神的等级体系,如以往认为的一个大的神称雄于其他诸神。没有其他的神存在,或是自有,或是被创造的。

> 耶和华……说:"我是首先的,我是末后的,除我以外再没有真神。" 《以赛亚书》44 章 6 节

《圣经》强调——只有一位神。

> 你信神只有一位,你信的不错;鬼魔也信,却是战惊。
>
> 《雅各书》2 章 19 节

> 设立律法和判断人的,只有一位,就是那能救人也能灭人的。你是谁,竟敢论断别人呢? 《雅各书》4 章 12 节

灵

在完结这个题目前,还要明白最后一点。《圣经》告诉我们神是看不见的,因为祂是个"灵"。

> 神是个灵…… 《约翰福音》4 章 24 节

你看不见一个灵,因为它没有像我们一样的血肉之躯。可是,不能因为你看不见,便认为那灵是不存在的。

试想像,在一个朋友的丧礼中,若棺盖是打开的,你看见的是一个躯体在那里,但你的朋友呢?他在哪里?他已经离开了,你朋友的灵魂已不

在了。当我们看见一个人时,我们只是看见他们的房子,就是人的躯体,却看不见那真正的人,他的灵魂。

《圣经》多次提及人的灵由某一刻开始,便存留到永远。神却不同,祂无始无终,祂是唯一永远存在的灵,从亘古直到永远。

神:祂是**灵**。

祂是**永恒**的。

祂是**自有永有**——自存的一位。

祂是**至高神**,宇宙的最高主宰。

祂是**独一的神**。

就是这样——**起初**……

(二) 天使、天军与众星

神起初的创造记载在《圣经》不同的经卷里,其中的资料只可以解答一些基本的问题,然后便停在那里。《圣经》不是为了满足人无尽的好奇心而写成的。对一些事情,它会提供基本的资料,但若进一步的细节,它便会沉默下来。对于灵体便是如此。

名称

《圣经》中有不同关于灵体的名称——有些是单数,有些是复数。我们通常称他们为天使,但《圣经》用不同的称号来形容他们:基路伯、撒拉弗、天使、天使长、晨星……还有很多其他称号。整体而言,他们被称为"天军"或"众星"*。

> * 不要误以为是指天上的众星,从经文的上下文,可知所指的是什么意思。

天军也都敬拜你。 　　　　　《尼希米记》9章6节下

他们都有个别的名字,但提及的只有少数,如迦百列与米迦勒。

看不见,数不尽

灵体如神一般没有血肉之躯,不能被人看见。虽然我们看不见他们,但他们却无处不在。《圣经》指出有……

……千万的天使……　　　　　　　　　　　　《希伯来书》12 章 22 节

这话表示围绕神宝座的天使，多得不计其数。

我又看见，且听见，宝座与活物并长老的周围，有许多天使的声
音。他们的数目有千千万万。　　　　　　　　《启示录》5 章 11 节

仆人

天使被造是为了服侍神，行祂所喜悦的事，他们被称为服役的灵。

听从祂命令、成全祂旨意有大能的天使，都要称颂耶和华。你们
作祂的诸军，作祂的仆役，行祂所喜悦的，都要称颂耶和华。

《诗篇》103 篇 20—21 节

天使岂不都是服役的灵？　　　　　　　　《希伯来书》1 章 14 节上

希腊文**天使**这个词的意思是**使者**或**仆人**。由于他们都是神所造的，
所以他们全都属于神，并且要听从神的吩咐，完成祂委派的工作。

创造者——主人

在我们这个工业化、金钱挂帅的经济体系内，创造者同是主人的观
念已不容存在。记得有一次我经过新几内亚巴布亚岛的一个村落时，
我好奇于每样事物，常常发出问题：**这些木桨是谁的？这个独木舟是
谁的？**我尝试找出物主。当询问如何可以找出物主时，村里人都以诧异
的眼光望着我说：**物主当然就是那造它的人！**创造者与主人的关系是
如此的密切。我问可否折断其中一支木桨，他们强调最好不要如此，除
非我想要与那位创造它的主人发生冲突。我再进一步问他们，那物主
是否可以折断它？他们耸耸肩，点头表示：**桨是他造的，他当然可以折
断它。**

神创造天使，因此他们属于神是合理的。由于他们属于神，他们便要
按照神的吩咐行事——作祂的仆人、祂的使者，这并不如古代的奴隶制
度，这与强迫性的约束不同。天使再也找不到一位更好的创造者——
主人。

超然的智力与能力

　　神赐予天使特别的智力和能力,好让他们可以完成使命。一些天使会比其他天使有力。天使被造时是完美的,没有任何邪恶。但他们亦不是机器人,他们有作选择的自由意志。[3]

相似而非相同

　　天使和人有相似的地方,虽然人没有天使般的能力和智力,《圣经》提及神造人时:

　　……比天使微小一点…… 　　　　　　　　　　　　　　　《诗篇》8 篇 5 节上

　　天使与人虽然类似,但却截然不同。天使不会死亡,[4] 不嫁娶,也不生育。[5] 通常不被人看见,但在执行某些任务时,或会显现在人前,与人说话的时候,听者也能明白他们的言语。

受膏的基路伯

　　基路伯是被造的天使中最有能力、最有智慧和最美的一个。他的名字翻出来就是**明亮之星,早晨之子**。[6]

　　明亮之星,早晨之子啊! 　　　　　　　　　　　　　《以赛亚书》14 章 12 节上

　　他被指为受膏的基路伯。**受膏**这个词源于古代礼仪,要把人或物分别归神所用,用油浇在其上的举动。这举动是神圣的,不能轻慢。

　　你是那受膏遮掩约柜的基路伯,我将你安置在神的圣山上……
　　你从受造之日所行的都完全。 　　　　　　　　《以西结书》28 章 14—15 节上

　　由于职责所在,基路伯常待立在神的面前,或许他代表其他的天使,带领着他们敬拜,赞美他们的创造者——主人。我们稍后便提及更多关于这位受膏的基路伯。

敬拜

　　敬拜一词的意思是**宣告一个人的价值**。《圣经》说所有天使都敬拜神。

这一切都是你所保存的，天军也都敬拜你。

《尼希米记》9 章 6 节下

神的权能被尊崇是应当的，因为祂是至高的王。但相反，若我夸耀我朋友的行为，可能会有人质疑，他是否配得如此的赞许。但《圣经》指出神配受一切的赞美。

我们的主，我们的神，你是配得荣耀、尊贵、权柄的。因为你创造了万物，并且万物是因你的旨意被创造而有的。

《启示录》4 章 11 节

因你为大，且行奇妙的事。惟独你是神。　　　《诗篇》86 篇 10 节

所有天使见证神的创造

神的创造已经开始。现在，所有天使都在观看、欢呼，神正开始创作祂伟大的艺术作品。

祂的画布：宇宙

祂的题材：全地球

我立大地根基的时候，你在哪里呢？你若有聪明只管说吧！你若晓得就说，是谁定地的尺度？是谁把准绳拉在其上？地的根基安置在何处？地的角石是谁安放的？那时晨星一同歌唱，神的众子也都欢呼。

《约伯记》38 章 4—7 节

第三章

（一）天与地

《圣经》的第一卷书是《创世记》。

它的英文名字 Genesis 是"开始"的意思。

> 起初神创造天地。地是空虚混沌，渊面黑暗；神的灵运行在水面上。神说："要有光"，就有了光。神看光是好的，就把光暗分开了。神称光为"昼"，称暗为"夜"。有晚上，有早晨，这是头一日。
>
> 《创世记》1 章 1—5 节

从无开始

"起初神创造……"。创造是神大能的彰显。神从无变有，创造一切，实在令人难以置信。人所有的创作都需要有材料，人用色彩、画布绘画，用木材、灰泥、砖块建造房子。但是神创造的时候，什么都没有使用。

全能的

祂进行这么大规模的创造，没有用任何材料、任何蓝图、任何工作坊或任何工具，所用的能力是我们不认识的。《圣经》告诉我们，创造就是这么简单地完成，全因为神的大能。祂的能力是无可限量的。

> 我们的主为大，最有能力……
>
> 《诗篇》147 篇 5 节上

祂实在是**全能的**。

全知的

神是伟大的。神不仅有能力，也有知识。神也是一位**全知的**神。

> 我们的主为大……祂的智慧无法测度。
>
> 《诗篇》147 篇 5 节下

神知道一切事，祂不需要与建筑师商量，或向工程师搜集资料，祂的智慧无法测度。在创世的过程中，神不受任何人的蓝图所限制。

无所不在

人需要一个工作的地方来制造物件；但神并不需要任何工作坊来完成祂的创造，因为《圣经》告诉我们，**神能在同一时间内无所不在**。

> 耶和华说："我岂为近处的神呢？不也为远处的神吗？"耶和华说："人岂能在隐密处藏身，使我看不见他呢！"耶和华说："我岂不充满天地吗？"
>
> 《耶利米书》23 章 23—24 节

神拥有这三种属性——**全知**、**全能**和**无所不在**——这些属性个别地或共同地宣告了神的伟大。而只有这三种属性完美无瑕地组合起来，才能创造出我们这如此复杂的生活领域。

> 耶和华用能力创造大地，用智慧建立世界，用聪明铺张穹苍。
>
> 《耶利米书》51 章 15 节

虽然**天使**满有能力和知识，但他们都没有这些属性。人又如何？根本不可与之相提并论。

人需要多方面的资源配合，才能制造一些简单的物件。比方说，要制造一张简单的铁椅，一张在学校礼堂用的折椅，就要：

首先有铁。
但从哪里可找到合适的铁呢？

在石头中。
但谁会知道什么石头里会有合用的铁呢？

需要懂得寻找矿石的地质学家和采矿家。
假设找到合适的矿石，下一步又该如何？矿石在地底下！

需要制造炸药的人并使用不同的采矿工具，更要有具专门技术的矿工把地下的矿石开采出来。
但你不能用一块矿石来造一张椅子。

它要先被**熔化**。
你有一个能铸炼矿石的火炉吗？

我们需要懂得铸铁和炼铁的人。
找到那些人以后，你试猜猜下一步将是什么？

他们只会铸出一块铁板给我们。若你愿意坐在这铁块上面也可以——当然要等它冷却之后！但若要造一张椅子，就要有人懂得把这铁块制成铁片，并且要厚度适中。然后，我们还要把铁片弯曲再焊接起来。

烧焊？

我们似乎需要一位对电力有认识，又懂得如何发电的人。由此可见，制造一张椅子的步骤是何等复杂。我们还未提到油漆，特别是涂刷铁的油漆，又要是我们喜欢的颜色。

椅子的脚又如何呢？

它们是用塑胶造成的。

塑胶？

唔！是否与石油有关的产品？让我看看。开一个油井去寻找油源……！???

不过是造一张铁椅罢了。可见造一件简单的物件，也需要数以百计、不同知识、不同才干的人配搭才能完成。因为**没有任何人能通晓一切**。

没有任何人或天使，能与**全知**的神相比。祂是**全能**的，可以使无变有；祂是**无所不在**，能把被造物放在祂要安放的地方。祂是独一无二的。

主耶和华啊！你曾用大能和伸出来的膀臂创造天地，在你没有难成的事。

《耶利米书》32 章 17 节

神说

关于这伟大的创世之举的记载是那么简单而准确。最震撼的内容只是以三言两语来描述。举例而言，《圣经》只是很简单地提及神创造的**方法**，祂没有亲手或用工具来创造，只是用说话使宇宙和其中的一切产生出来。

神说："要有光……"

《创世记》1 章 3 节

……诸世界是藉神的话造成的……

《希伯来书》11 章 3 节

这种能力委实使我们惊叹。我们很难想像用说话便能使一张铁椅出现,更不用说整个宇宙!但是,我们对一位全能的神会有什么期望呢?若你细心想一想,你便会期望神真的是有如此大能。《圣经》肯定了这事实。

> 诸天藉耶和华的**命**而造,万象藉祂**口**中的气而成。愿全地都敬畏耶和华。愿世上的居民都惧怕祂。因为祂**说**有,就有;**命**立,就立。 《诗篇》33 篇 6 节,8—9 节

事情就是这样开始。神说有光便有光。祂称光为"日",暗为"夜"。根据《圣经》的记载,第一天的创造便是这样完成的。

古老但准确

在很多个世纪之前,人们一般认为地球是平的。这种想法并非源自《圣经》。《圣经》用了一个字来指出地球是圆形的,它如此说……

> 神坐在地球大圈之上…… 《以赛亚书》40 章 22 节

古人推测地球是坐落在一个坚固的地基上,或是由一位神话中的神托着。《圣经》说到神……

> ……将大地悬在虚空。 《约伯记》26 章 7 节下

托勒密在第二世纪时编列了 1022 颗星球,当时被认为是权威,直至伽利略在十七世纪发明了望远镜。人的肉眼虽只能看到 5000 颗星球,但《圣经》早已指出星球的数目如同……

> ……海边的沙…… 《创世记》22 章 17 节

同一时间存在于每一处

我们对神的每一个属性都有不同的解释。似乎体会神的**全能**和**全知**，比看见祂在同一时间存在于每一个地方容易得多。但一次又一次，《圣经》教导我们有关神的**无所不在**。

当你停下来想一想这个见解的时候，这实在是一个很令人安慰的见解。当我离家远行的时候，我希望神与我的家人同在；但同时，我也希望神与我同在。当我遇到困难时，我不希望去**寻找**神来帮助。我希望**马上**可以得到帮助！对于我的家人，我希望他们也是这样。

另一方面，知道神无所不在，也是一件可怕的事。若我犯错的时候，我是无处可藏的。

在公元前十世纪，以色列的一位君王写下这些有关神的话：

> 我往哪里去，躲避你的灵？我往哪里逃，躲避你的面？我若升到天上，你在那里；我若在阴间下榻，你也在那里。我若展开清晨的翅膀，飞到海极居住，就是在那里，你的手必引导我，你的右手也必扶持我。我若说：黑暗必定遮蔽我，我周围的亮光必成为黑夜，黑暗也不能遮蔽我使你不见，黑夜却如白昼发亮。黑暗和光明，在你看都是一样。
>
> 《诗篇》139 篇 7—12 节

神同一时候可以在每一处，这个观念要与**泛神论**的观念分开。简言之，泛神论指出神是在每一件事物**之中**，而每一件事物都是神。相反，我们会看见《圣经》教导创造主与创造物有别——祂并非其中一部分。《圣经》以神为存在的**实体**，而非某种**能量**或**抽象的实体**。

> 你岂不曾知道吗？你岂不曾听见吗？永在的神耶和华，创造地极的主，并不疲乏，也不困倦，祂的智慧无法测度。
>
> 《以赛亚书》40 章 28 节

（二）看着是好的

神开始了祂的创造奇工。布幕已升起，所有天使都注视着，天和地已安放在舞台上。一声令下，至高的神亮起了射灯。第一幕结束了：第一天完结了。随后五天的创造一幕一幕地继续上演。

> 你们岂不曾知道吗？你们岂不曾听见吗？从起初岂没有人告诉你们吗？自从立地的根基，你们岂没有明白吗？神坐在地球大圈之上，地上的居民好像蝗虫。祂铺张穹苍如幔子，展开诸天如可住的帐棚。
>
> 《以赛亚书》40 章 21—22 节

《圣经》形容地球如同一个帐幕，一个可居住的地方，一个宇宙中独一无二的家。为要让地球成为合适的居所，还有不少重大的工程需要完成。我们看见天使们都很安静。第二天，幕再升起，开始了"穹苍"的创造。穹苍？那是什么？让我解释一下。

第二日

> 神说："诸水之间要有空气，将水分为上下。"神就造出空气，将空气以下的水、空气以上的水分开了。事就这样成了。神称空气为"天"。有晚上，有早晨，是第二日。
>
> 《创世记》1 章 6—8 节

当神创造这世界时，水覆盖满了全地。第二日，我们看见原先被造的世界与我们现今所知道的不同。《圣经》告诉我们，神把一部分的水放在空中。一些解经家认为这是指云，有些理论指是一层包着地球的水气帐篷。无论**以上的水**是否可说是一个帐篷，当时的天气与我们今天的天气显然是有所不同。那时全地球都似乎只有热带气候。我们知道若大气层有太多的水气便会产生**温室效应**。稍后我们会看看是什么原因使一切变成今天的情况。无论如何，按照《圣经》的记载，神创造了空气*。"空气"这个词与"大气层"是同义词。

> *"空气"这个词与"太空"是同义词，可用以代表"地球的大气层"或"外太空"。

第三日

第三日,空气下的水只是一片汪洋,没有看得见的陆地。神再次发言。

> 神说:"天下的水要聚在一处,使旱地露出来。"事就这样成了。神称旱地为"地",称水的聚处为"海"。神看着是好的。神说:"地要发生青草和结种子的菜蔬,并结果子的树木,各从其类,果子都包着核。"事就这样成了。于是地发生了青草和结种子的菜蔬,各从其类,并结果子的树木,各从其类,果子都包着核。神看着是好的。有晚上,有早晨,是第三日。 《创世记》1 章 9—13 节

第三日可以分为两部分。首先,我们看见陆地出现。正因海洋向下沉,形成巨大的水盆,陆地便由水的深处升出水面。接着,我们看见植物与树木的创造。

> 创造诸天的耶和华,制造成全大地的神,祂创造坚定大地,并非使地荒凉,是要给人居住。祂如此说:"我是耶和华,再没有别神。" 《以赛亚书》45 章 18 节

一开始,神就在预备一个人可以居住的地方,而且,植物世界的创造是为了供应人肉身的需要:可吃的食物、可呼吸的氧气以及可用来建造的木材。

第四日

创世的第一日,神吩咐光的出现,把黑暗驱走。第四日,神创造了光体。[1]

> 神说:"天上要有光体,可以分昼夜,作记号,定节令、日子、年岁,并要发光在天空,普照在地上。"事就这样成了。于是神造了两个大光:大的管昼,小的管夜。又造众星。就把这些光摆列在天空,普照在地上,管理昼夜,分别明暗。神看着是好的。有晚上,有早晨,是第四日。 《创世记》1 章 14—19 节

神在创造太阳之前创造了光,我们可能觉得奇怪,但要知道创造光或光体,对神来说同样易如反掌。

……我耶和华是创造万物的，是独自铺张诸天……

《以赛亚书》44 章 24 节

你安置月亮为定节令。日头自知沉落。 《诗篇》104 篇 19 节

秩序井然

太阳、月亮和星宿都表明这位总设计师是一位工作有序的神。秩序乃是宇宙的规律，它如同一个准确无误的时钟，也像一个计时器。人很早就可以预测潮汐，它的涨退时间准确无误。我们发射卫星，知道它可以按时到达遥远的星球*。整个地球的运作均有赖日出日落的常规，若没有这固定的规律，则任何生物都不能存活。

> * 美国国家航空航天局（NASA）的伽利略号探测船航行六年后抵达木星，如期无误。

宇宙中的秩序是由于物理定律掌管一切的结果。我们可以通过对天文学、生物学、物理学和化学的研究来认识这些定律。神设立这些物理定律的目的，是使整个宇宙可以精确地维系在一起。

祂在万有之先，万有也靠祂而立。 《歌罗西书》1 章 17 节

我们一般都认为这些定律是自然存在的，从来没有想过若没有了这些定律，这世界将会如何。试想想——数秒钟，随意的，每数天一次——地心引力的定律停止了运作。世界会充满混乱和死亡。这就如有人一刹那间将所有交通灯、停驶牌和时速限制牌突然从街道上移走的景况一样。这些定律的存在是有目的的。定律指出万事的运作是依循着一个不变的规则。

白昼属你，黑夜也属你；亮光和日头是你所预备的。地的一切疆界是你所立的；夏天和冬天是你所定的。

《诗篇》74 篇 16—17 节

我们马上会对这些自然定律肃然起敬。举例说，当我们在悬崖边行走时，我们必定会小心，因知道若我们不理会地心引力的定律，一不小心便会有严重的后果。**一个定律的出现，便会带来一个后果。**除非我们是一个冒险者，否则我们会尽量避免触犯后果，如同惧怕染上瘟疫一般。

这些定律——架构和秩序——就是神本性的反照。祂本是如此。

第五日

在第五日,神创造了各式各样的海中生物和飞鸟。

神说:"水要多多滋生有生命的物,要有雀鸟飞在地面以上,天空之中。"神就造出大鱼和水中所滋生各样有生命的动物,各从其类。又造出各样飞鸟,各从其类。神看着是好的。神就赐福给这一切,说:"滋生繁多,充满海中的水,雀鸟也要多生在地上。"有晚上,有早晨,是第五日。 《创世记》1章20—23节

第六日

第六日是神创造的高峰。祂先从地上的走兽开始。

神说:"地要生出活物来,各从其类。牲畜、昆虫、野兽,各从其类。"事就这样成了。于是神造出野兽,各从其类。牲畜,各从其类。地上一切昆虫,各从其类。神看着是好的。 《创世记》1章24—25节

各从其类

在第三天、第五天和第六天,植物、海中的生物、飞鸟和动物分别各从其类,繁殖生养。"各从其类"到底是什么意思? 简单地说,就是猫生猫,狗生狗,大象生大象;我们不用担心种下郁金香花茎,会长出香柏树来。

生物繁殖或会衍生不同的品种,[2] 但仍然是属于同一类。举例说,现今,你可以给不同的狗配种,产生不同种类的狗,由狮子狗到丹麦大犬,但它们仍然是狗。没有任何新的事物。事实上,所有配种繁殖的,它们的基因分子会比它们来自的原品种所有的基因少。另一方面,因为是各从其类,一个农夫不用担心他邻居的羊会闯入他的草场与他儿子的小马交配。再次,我们看见神在世界中所设立的物理定律是维持着世界的秩序。

完美、圣洁、无瑕疵

当世界的创造完成时，《圣经》重复地说……

神看着是好的。   《创世记》1 章 25 节

这是一句很有意思的话。神所创造的，每一件事物都是美好的。

至于神，他的道是完全的；耶和华的话是炼净的。

《诗篇》18 篇 30 节

人类真的无法造出一件无瑕疵的物件，即使制成品的素质还算不错，总会有不完美的地方。但神所创造的，乃是完美的。

《圣经》指出，神本身是完全的。我们用**圣洁**和**公义**来形容这完美的不同方面。

圣哉！圣哉！圣哉！万军之耶和华……   《以赛亚书》6 章 3 节

他所行的是尊荣和威严；他的公义存到永远。   《诗篇》111 篇 3 节

……圣者神因公义显为圣。   《以赛亚书》5 章 16 节

当我们继续看神的话的时候，我们会再进一步了解这些字的意思，但目前，我们只需要知道**圣洁**和**公义**是用来形容神完美本性的两个方面。

神是绝对圣洁的，这说法没有夸大；这也是整个故事不能缺少的一点，是拼图中不能少的一块。当你继续读下去的时候，请切记这点。

完美是神基本的属性。因为祂是完全的，祂所创造的只能是完美的。如今这个被造的世界已大不如从前了，起初这世界是完美的！神说，**这是好的**。一切本是完美的。

神看顾

神原可以让创造的所有动植物全是黑色和白色，但祂却创造了数不清的色素和颜色。祂不仅发明了颜色，更造了能看见、分辨颜色的眼睛。

神造了可作食物的植物,且是可口的。当然祂原可使之味如嚼蜡!有人可能不介意,但肯定有人会因此非常失望。神不仅造出不同的味道,也给我们味觉,可以享受无穷无尽的美味。

如此类推,祂使花有香气,又造出能闻到不同香味的鼻子。神原可以造各样味如臭蛋的东西,但神设计的心意并非如此。

神不只创造了几种植物,而是极其众多的种类。其实,几种植物已足够供应我们的需要。但我们却看见那么多的种类,很明显,神是一位看顾我们的神。《圣经》指出祂是……

……那厚赐百物给我们享受的神。　　　　　《提摩太前书》6 章 17 节下

神不仅有创造不同种类的能力,而且这个能力蕴含着祂慈爱的看顾。祂藉着世上万物彰显祂对我们的爱。

神不断以祂的创造来感动我们。历世历代,由于我们看不见也不明白,很多事物都被隐藏起来。后来发明了电子显微镜、粒子加速器、轨道望远镜和其他科技,人就可以看见从前不能看见的事物。在不断发掘中,人不仅不觉枯燥,反而发现愈多就愈惊讶,愈感动,愈能体会我们所知道的实在有限。其实,一切的发现早就在那里,都是那位使人惊讶的神所创造的。

耶和华本为大,该受大赞美,其大无法测度。　　《诗篇》145 篇 3 节

第六日,太阳下山前,神的宇宙尚未完工,还有下一步,那就是关于男人和女人的创造。

(三) 男人和女人

创造诸天的耶和华,制造成全大地的神,祂创造坚定大地,并非使地荒凉,是要给人居住。祂如此说:我是耶和华,再没有别神。

《以赛亚书》45 章 18 节

第六天(继续)

第六天以创造动物作为开始,这时整个焦点开始改变。神一直在准

备一个**可以居住**的地方。旁观的天使必定希奇,神用什么做大结局呢?地球是否为他们预备的呢? 到底天使有没有这种推测,我们无从查考,但神在造人的过程中,肯定会有预料不到的手法。

> 神说:"我们*要照着我们的形像,按着我们的样式造人,使他们管理海里的鱼、空中的鸟、地上的牲畜和全地,并地上所爬的一切昆虫。神就照着自己的形像造人,乃是照着祂的形像造男造女。"
>
> 《创世记》1章26—27节

> * 或许你会感到奇怪,当神说"**我们要照着我们的形像**……"是在对谁说话,我们在书中稍后会讨论。

神的形像

《圣经》说人是照着**神的形像**造的。当然,这不是说我们与神是一模一样的。没有一个人是全知、全能或无所不在的。《圣经》也没有说我们是一些**小神**。事实上,人就如一面镜子,从中反映出物件的样式,而不是物件的本身。在某方面来说,从人的身上可以看见很多与神相同的地方。

首先,神给人**思想**。神在某种程度上把祂一点点的智慧给了人。因为有思想,人可以考察、明白和创作,这些能力都是神拥有的。但纵然有智慧,人也不是全知的。事实上,人没有带什么知识进入到这个世界。人一切**所知的**,都是从学习得来的。

神也给人**情感**。**情感**这个词可以有负面和正面的含义。能**有感觉**对人来说很重要;没有**感觉**,你对人的反应便如同机器人一般:冷酷且程式化。《圣经》告诉我们神是有情感的,祂满有怜悯和仁慈,对不公平的事也会发怒,与一个毫无感情的机器人刚刚相反。一个不能感受爱,对人又没有怜悯的神是一位可怕的神。神创造我们的时候,赋予我们**情感**,因为**祂**是一位有情感的神。

神赋予人**意志**。人们往往把决断力视为理所当然,但人类变化无穷的选择,正是由于人有选择和取舍的能力。有些人喜欢吃米饭,有些人却喜欢吃马铃薯。早餐,可以选择葡萄汁、苹果汁或橙汁,我们有数不尽的选择。

选择的能力使人与不能作独立决定的机器人分别出来——机器人

只能依赖输入的资料作出反应。人是有**意志**的,能自由地跟随神,不是机械性的,而是理智上明白神看顾他,因此知道神为他所预备的,都是最好的。

可见,神按祂的形像造人,包括了**思想**、**情感**和**意志**。我们还可以看其他方面,让我们继续看下去,《圣经》说……

耶和华神用地上的尘土造人,将生气吹在他鼻孔里,他就成了有灵的活人,名叫亚当。

《创世记》2 章 7 节

生气这个词常与**灵**或人的非物质部分连上关系。这是人与神的形像相似的一个地方,因为神是个**灵**,正如我们先前所说,灵体因为没有肉体,是眼睛不能看到的。但神为人造了一个血肉之躯,作为人的灵的居所——一个由**地上的尘土**所造的**房子**。一旦成形,肉体完整地躺在那里,但毫无生气,直至神把灵吹进人里面,肉体才活过来。只有神可以赋予生命,人和天使都没有这个能力。再次,我们看见神与被造的截然不同——祂比他们都大。

伴侣

神所造的第一个人名叫**亚当**,希伯来文是**男人**的意思。神接着便造女人。

耶和华神说:"那人独居不好,我要为他造一个配偶帮助他。"

《创世记》2 章 18 节

耶和华神使他沉睡,他就睡了。于是取下他的一条肋骨,又把肉合起来。耶和华神就用那人身上所取的肋骨,造成一个女人,领她到那人跟前。当时夫妻二人,赤身露体,并不羞耻。

《创世记》2 章 21—22 节,25 节

这几节经文引起了激烈的争论。有人以为神造女人,使她成为二等公民。事实并非如此。神用男人的肋骨造女人——是表示女人要作男人的伴侣;神没有用男人的脚跟造女人——没有让女人成为男人的奴仆。亚当给他妻子起名叫**夏娃**,意思是**生命的赐予者**。

完美的园子

神把亚当、夏娃放在一个特别为他们而造的园子当中。这园子名叫伊甸。

耶和华神在东方的伊甸立了一个园子,把所造的人安置在那里。耶和华神使各样的树从地里长出来,可以悦人的眼目,其上的果子好作食物。园子当中又有生命树和分别善恶的树。

《创世记》2 章 8—9 节

世上任何花园和动物园,都不能与神的园子相比。它是个乐园——充满茂盛的花草,清澈的流水中充满了数不清的鱼群——还有无数的动物,实在是难以形容的美景! 气候也与众不同,《圣经》说:

……耶和华神还没有降雨在地上……但有雾气从地上腾,滋润遍地。

《创世记》2 章 5 节下—6 节

我们对伊甸园所知不多——但显然,神不会造一个要亚当和夏娃在里头挣扎求存的园子,而是一个充满丰富资源的园子。神所供应的远远超过亚当、夏娃所需要的。这是一个完美的生活环境。

创造者——主人

神没有询问亚当、夏娃是否喜欢住在伊甸园——神知道这是最好的,祂不用征求任何人,因为祂是创造者,也是主人。(还记得那村落的例子所指出的:造独木舟桨的一位,也是那木桨的主人。)

耶和华啊! 尊大、能力、荣耀、强胜、威严都是你的。凡天上地下的,都是你的。国度也是你的。并且你为至高,为万有之首。

《历代志上》29 章 11 节

地和其中所充满的,世界和住在其间的,都属耶和华。

《诗篇》24 篇 1 节

你们当晓得耶和华是神。我们是祂造的,也是属祂的。我们是祂的民……

《诗篇》100 篇 3 节

天使属于神,因为天使是神所造的,同样,人也属于神,因为人也是祂造的。神委派天使作祂的仆役，同样，神让人负责管理地球。

> 耶和华神将那人安置在伊甸园，使他修理看守。
>
> 《创世记》2章15节

试验期

神没有征求亚当夏娃的意见便把他们安置在园中，这并不表示他们没有选择权。神造人的时候，赋予人有意志——选择的能力。但是，当提及人生中的事，例如爱，若没有选择，选择的能力便变得没有意义。因此，神给人一个非常简单的选择，这个选择涉及两棵树。

> 园子当中又有生命树和分别善恶的树。 《创世记》2章9节下

第一棵树称为**生命树**。人若吃了这树的果子，他便会长远活着。这没有什么问题。

至于第二棵树，它带着一个警告，是那棵**分别善恶的树**。亚当、夏娃知道何谓**善**，但**恶**却是另一回事。他们的被造是完全的，并没有任何恶的经验；他们只有神的美善。《圣经》上说，若亚当与夏娃吃这树上的果子，他们不仅知道何谓善，也会知道何谓恶。

> 耶和华神吩咐他，说："园中各样树上的果子，你可以随意吃；**只是分别善恶树上的果子，你不可吃，因为你吃的日子必定死！**"
>
> 《创世记》2章16—17节

较早前，我们看见若人违背神的物理定律，例如地心引力，便会自食其果。这个原则——**违反定律会有后果**——应用在神一切的定律和命令上。神给人一个简单的命令，就是"不可吃这树上的果子"。违背的后果也同样明确——人会死。我们稍后会讨论死亡的问题。

这一棵树把人和机器人分别出来。人有选择——吃或不吃，顺从或不顺从。有了这一个选择，亚当和夏娃便不是机器人：只按吩咐做事。程式化地说：**我听从你**，和用自由意志说同样的话，是有很大分别的。具有**选择**的能力，顺服才有意思和深度。选择使关系变得真实。

这一条禁令对始祖来说并不难遵守。当时的情况亦不像一些图画所

描绘的那样：亚当和夏娃坐在两棵树下，只有很少果子供他们选择。其实他们有很多的选择。

> 耶和华神使各样的树从地里长出来，可以悦人的眼目，其上的果
> 子好作食物……
>
> 《创世记》2章9节上

为祂的荣耀而被造

神给亚当、夏娃选择的机会，并不是要他们背道而驰，偏行己路。相反，人受造是为了彰显神的华美——荣耀祂。

> 我们的主，我们的神，你是配得荣耀、尊贵、权柄的。因为你创
> 造了万物，并且万物是因你的旨意被创造而有的。
>
> 《启示录》4章11节

当儿子顺从父亲，父亲便得尊荣，人与神之间也是如此。人被造时有意志，因此藉着顺服的选择，可使神得荣耀。事实上，作为宇宙的创造者，神是配得一切荣耀的。荣耀神的结果，乃是人可享受莫大的好处。《圣经》说，当人愿意按照神的计划而行时，人便可以得到最大的快乐、满足和享受。对亚当和夏娃来说，也是如此。

> 神就赐福给他们，又对他们说："要生养众多，遍满地面，治理这
> 地。也要管理海里的鱼，空中的鸟，和地上各样行动的活物。"
>
> 《创世记》1章28节

人类——神的朋友

神看顾亚当、夏娃，更满足他们各方面的需要。

> 神说："看哪！我将遍地上一切结种子的菜蔬，和一切树上所结
> 有核的果子，全赐给你们作食物。至于地上的走兽和空中的飞
> 鸟，并各样爬在地上有生命的物，我将青草赐给它们作食物。"
> 事就这样成了。
>
> 《创世记》1章29—30节

《圣经》提到，晚上天起了凉风，神来到园中与人散步。亚当和夏娃并不晓得任何的恶——他们的完全使他们可以与神在一起。**只有完全人[3]可以活在一位完全的神面前。**

能与宇宙的创造者在园中漫步——这对新人的经历是何等的美好！试想神怎样向人解释祂创造的细节：神造每朵美丽的花都充满了丰富的智慧。祂吩咐高树上的雀鸟下来，并介绍林中不愿露面的野兽——祂向人显露很多他们没有留意的事物。祂必会解释那些定律如何使每一件事运作自如。多么好的教育与多么好的老师！无人可以比祂更能解释管理园子的方法。世界是一个完美的居所，神不是一位暴躁、不近人情的教授。创造者是亚当、夏娃**最好**的朋友。在理想的家庭关系中，乃是父母的爱护，加上儿女的孝顺，这正是亚当、夏娃与神的关系。神爱护和供应他们的需要，他们顺服神——荣耀神。这是神创造万物的心愿。

创造完成

> 神看着一切所造的都甚好。有晚上，有早晨，是第六日。

> 《创世记》1 章 31 节

人常会兴致勃勃地开始一件工作，但不久便会半途而废，把事情丢在一旁。但神必定完成祂所开始的事。人会改变计划，神却不会。

> 耶和华的筹算永远立定，祂心中的思念万代常存。

> 《诗篇》33 篇 11 节

创世之工完成了。《圣经》告诉我们，神在第七日安息了，不是因为祂疲倦，而是因为祂完成了创造。该是享受的时候了！

进化论是什么?

《圣经》中没有提及进化论。创造论和进化论的辩论产生过不少的争议,渐渐演变成宗教与科学的辩论。这本书不是为了这方面而写的,但也可以提供一点值得思考的材料。

首先,以进化论为科学,以创造论为宗教的这个说法并不妥当。自从达尔文在 1859 年发表他的理论后,典型的达尔文主义已被新达尔文主义及间断平衡进化论(Punctuated Equilibrium)所取代——这是两个迥然不同的理论。

有关物种的起源,没有一个一致同意的事实根据可以解释。很多有识之士辩称,进化论并非一种纯科学,它也包含相当程度的宗教在内。这种宗教以神的不存在为前提,选择把它的信仰建立在时间与机会的配合上。他们指出**由分子演变为人**的进化论违反了物理学的基本定律。

另一方面,把创造论完全列为宗教也不对。有不少的科学家团体认为,一个如此复杂的宇宙之存在,有赖于一位设计者(例如神)或一群设计者。单从科学角度来看,他们指出,世界拥有一个不可缩减的复杂度,[4] 甚至在最少的层面上。他们指出,如此复杂的宇宙和秩序,必须由最底层开始设计——不可能是由或然性的机会进化而成。虽然这些科学家不一定以自己为相信《圣经》的人,但有不少仍相信《圣经》中所记载的内容。后者常被称为创造论科学家(Creation Scientist)。

由六十年代中开始,大量有关这方面的著作开始涌现(参附录),其中大部分适合一般的人阅读。我鼓励你在下结论前多作一点阅读和研究。

有些人对创造论如何解释恐龙的存在作出质疑。从《圣经》的角度来看,我们没有理由质疑神可以在造其他动物时同时造出恐龙。现有的证据显示恐龙与人曾同时存在。也有人对地球的年龄有质疑——有人说地球年龄很大,但《圣经》并不容许如此长的时期。科学家用天文的、太阳系的、陆地的或生物的时钟模式[5] 来计算宇宙的年岁,但这些模式的计算是基于必有的一些假定。其次,计算出来的不同年岁也使科学家们伤透脑筋。出于他们所用的时钟模式,年岁可由数千年到亿万年不等。达尔文为生物的进化定出四亿年的年岁。今天,一些估计认为是由四十六亿年前开始。终究哪一个才对呢?

到底有没有一个合理的答案与《圣经》的记载吻合呢?根据《圣经》,我们知道神所造的地球是一个已成形的地球。在被造的那一天,亚当已可以在高耸入云的树林中行走,欣赏不同类型的植物,晚上又可以观看天上的众星。或许他在想,噢!这地方必是已经存在了一段很长的时间。但是,神会告诉他只有六天的时间——祂所创造的整个宇宙已经是在一种可以全面运作的状态中。当科学家回头望的时候,尝试以他们所观察到的为过去作出一个结论——正如亚当一样。神的话却从一个亲眼目睹者——神自己的角度来记载地球的起源。

因此,当神提及祂创造宇宙的时候,祂是否是认真的呢?我们可以相信谁呢?谁的话可信呢?

很多个世纪前,一位君王想到他在世界中的位置时说:

我观看你指头所造的天,并你所陈设的月亮星宿,便说,人算什么,你竟顾念他?世人算什么,你竟眷顾他?你叫他比天使(注:或作“神”)微小一点,并赐他荣耀尊贵为冠冕。

你派他管理你手所造的,使万物,就是一切的牛羊、田野的兽、空中的鸟、海里的鱼,凡经行海道的,都服在他的脚下。耶和华我们的主啊,你的名在全地何其美!

《诗篇》8篇3—9节

第四章

（一）我要

创世之工完结了，神称心满意。祂宣告说：**甚好**。一切都各按其位地放置妥当，没有痛苦，没有疾病，没有适者生存的挣扎，没有不协调，而最重要的是没有死亡。神与人之间有和谐的关系，有交往，有友谊。伊甸园是一个完美的居所。一切都"甚好"。

但今天我们有痛苦、有疾病，只有适者才能生存。有时真盼望世间唯一的问题只是口舌之争。可惜，无论任何时代，世界的战争都充斥着每一个角落。每样事物都会腐败、衰残和凋谢。由动物王国直至人类，都在无止息的斗争中。世界**并非甚好**的地方。这到底是怎么一回事？

明亮之星

这要回到伊甸园。《圣经》形容明亮之星……

你曾在伊甸神的园中，佩戴各样宝石……

《以西结书》28 章 13 节上

明亮之星是神造的灵体中，最有能力的一种。它名字的意思是"早晨之子"。它是属于"基路伯"一类的天使，而且被神所选，在神面前负有特别的任务。

你是那受膏遮掩约柜的……将你安置在神的圣山上……

《以西结书》28 章 14 节上

明亮之星是完全的，它的美丽和智慧实在难以言喻。

你从受造之日所行的都完全……

《以西结书》28 章 15 节上

你无所不备，智慧充足，全然美丽……

《以西结书》28 章 12 节下

虽然明亮之星是最有能力的天使，但《圣经》没有说到它是管理其他灵体的。

骄傲

接着所发生的历史事件一直都备受争议，这或许是在创造完成后不久发生的。真正在"何时"发生各人有不同的意见，但发生了"什么"则是各人都相当清楚的。《圣经》记载明亮之星变得骄傲，它的美貌和能力"冲昏了它的头脑"。之后，随着骄傲而来的便是野心。明亮之星五次提到说"我要"。我们可以用很多篇幅去研究这些"我要"，但简单地说，明亮之星正策划着一场天上的叛乱。

> 明亮之星，早晨之子啊，……你心里曾说：
>
> **我要升到天上，**
>
> **我要高举我的宝座在神众星之上；**
>
> **我要坐在聚会的山上，在北方的极处；**
>
> **我要升到高云之上；**
>
> **我要与至上者* 同等。** 《以赛亚书》14 章 12—14 节

> * 至上者
> 是神的名
> 称之一。

明亮之星不仅要在天上掌权，更要与至上者同等。明亮之星要发起动乱，为要取代神，使"自己"成为众天使和宇宙万物的主宰。明亮之星充满了骄傲的野心。

明亮之星的计划遇到的唯一问题，就是神早已知道它的意念。神是"全知的"，明亮之星的思想祂也能知晓。《圣经》说神恨恶骄傲，这是祂最憎恶的。

> 耶和华所恨恶的有六样，连祂心所憎恶的有七样：就是**高傲的眼**
>
> **……** 《箴言》6 章 16—17 节上

明亮之星故意地不顺服神在它身上的计划。神所造的天使不是机器人，他们都有意志。他们选择服侍是对至高神顺服的表现。可是，明亮之星不甘心只作一位天使，它脑海中在盘算着更大更好的事。它变得骄傲而选择了叛逆。明亮之星轻视了自己的设计和设计它的创造主。"藐视"在词典中的定义是："不满，看低，极之不悦，痛恨"。

神称明亮之星的态度为"罪"。

审判

按着神完美的本性，祂不能漠视明亮之星的罪。"完美"的基本原则便是不能有"不完美"的出现。当我们继续看《圣经》时，我们会看到这真理不断地出现。

神是"公义"的，不能在不义的事上有份。

神是"圣洁"的，不容罪的存在。

神是"无罪"的，不能容忍罪出现在祂面前。

这与管理宇宙的定律同样真实。

神对明亮之星的罪的回应是及时的。祂把明亮之星从天上的位置逐出去。

……以致犯罪，所以我因你亵渎圣地，就从神的山驱逐你。遮掩约柜的基路伯啊……你因美丽，心中高傲，又因荣光，败坏智慧，我已将你摔倒在地……　　　　　　　　　　　《以西结书》28 章 16—17 节

明亮之星并没有就此罢休。它仍是大有能力，且有一群天使跟从它，《圣经》中详尽地记载了所发生的事。为了帮助你更易明白所发生的事，我会尝试把事件串联起来，让你读的时候，不会混淆经文中提及的各个"人物"。

天上又现出异象来：有一条 大红龙 ……它的尾巴 拖拉天上 星辰 的三分之一，摔在地上……在天上就有了争战。米迦勒同他的使者与 龙 争战，龙 也同 它的使者 去争战。并没有得胜，天上再没有它们的地方。大龙 就是那古蛇，名叫魔鬼，又叫 撒但，是迷惑普天下的，它被摔在地上，它的使者 也一同被摔下去。[1]　　　　　　　　　　　　　　　《启示录》12 章 3—9 节

魔鬼、撒但、恶魔

经文中指出有三分之一的星辰（英文为 angel，即天使）跟从了明亮之星的背叛。明亮之星随之被称为"魔鬼"或"撒但"。正如神的名字表明了祂的属性，撒但的意思就是"敌人"或"仇敌"，魔鬼的意思是"假证

人"或"毁谤者"。跟随撒但一起叛变的那些天使,如今称为"恶魔"或"邪灵"。

火湖

神把魔鬼和它的使者赶离天上,这只是神对反叛的灵体初步的惩罚。《圣经》提到有一个最后受罚的地方,一个……

……为魔鬼和它的使者所预备的永火……

《马太福音》25 章 41 节

这地方一般称为"火湖"。有些漫画描绘撒但和它的使者,站在高及腰部的火海中,密谋各种罪行。但《圣经》告诉我们,撒但目前尚未在其中,虽然它从天上被逐出,却还未进入火湖。稍后,在一切关于它和它的使者的事过去后,撒但会永远被拘禁在这受罚的地方。提到将来,《圣经》说:

那迷惑他们的魔鬼,被扔在硫磺的火湖里……他们必昼夜受痛苦,直到永永远远。

《启示录》20 章 10 节

争战

虽然神从祂的面前逐出撒但和它的跟随者,它们仍然拥有能力和知识。如今,它们成为至高神的敌人。这是一场全面性的战争。撒但要针对一切美好的事物,一切神计划要完成的事和一切神所要持守的事,撒但会不惜一战。

关于撒但背叛后所发生的事,我们只能作出推测。可以想像那满心嫉妒愤恨的撒但,眼光横扫宇宙各处,要找出神的弱点。

可是,神是全无弱点的!

撒但心想,总有方法向神报复的。

撒但的眼光如今转向地球……它看见人。

它的嘴角渐渐露出笑容。

（二）神岂是真说？

当神造人后，神并不是把他安置在地球上便离他而去。《圣经》提到神看望亚当和夏娃，这种看望想必是经常的。《圣经》记载，神多次以人的样式向人显现，这很明显是其中的一次。亚当、夏娃与他们的创造者和主人有着亲密的关系。神也眷顾他们的各种需要。

欺骗者

但是，撒但潜入了园中，它没有大张旗鼓地宣告它的身份或意图。撒但没有那么笨。《圣经》指撒但是大骗子——是魔鬼，它不可能说出诚实话来。

> ……魔鬼……从起初是杀人的，不守真理。因它心里没有真理，它说谎是出于自己，因它本来是说谎的，也是说谎之人的父。
>
> 《约翰福音》8 章 44 节

"说谎"的希腊文是"pseudos"，意思是一种故意的谎言。我们也用这字，这字包含了"假冒"的意思。

数年前，我在一份杂志中读到一篇有关撒但的文章。它被描绘为一身红色，头上有角，后有尖尖的尾巴，手中拿着一个三叉耙，整个描绘给人一种恐怖的感觉。但根据《圣经》上的记载，这幅图画极具误导效果。《圣经》中说：

> ……撒但也装作光明的天使。
>
> 《哥林多后书》11 章 14 节

它会用尽伎俩去模仿神。一幅较好的图画可能是一位外表英俊、身穿宗教袍子的年轻男士。撒但很喜爱宗教，它模仿真理，但是绝不可靠，因为它的本性便是行骗者——伪造者，专门编造谎话。

我相信撒但很喜欢那一身红色，手拿三叉耙的图画。人若专注错误的方向和事物，便会很容易受骗。它更喜欢杂志中的字句："神学家已把那老家伙*一笔勾消了。"意思是"没有人再相信它的存在！"某些神学家说撒但只是个传说，这正是撒但最佳的掩饰方法！

> *这是在《圣经》以外对《圣经》中所说的魔鬼的一种通俗称呼。

欺骗

撒但用尽狡猾精明之能,不动声色地来到伊甸园。它以蛇,一种常用来代表魔鬼的爬行动物的体态出现。《圣经》多次提及邪灵住在人和动物里面,通过他们说话或行出奇事来。这次撒但以蛇的形像向夏娃说话。

> 耶和华神所造的,惟有蛇比田野一切的活物更狡猾。蛇对女人
> 说:"神岂是真说不许你们吃园中所有树上的果子吗?"
>
> 《创世记》3 章 1 节

夏娃并没有惊讶蛇开声说话,大概她每天都在发现神创造的新奇事物,或许她以为这是其中一种新造的动物而已。我们不可能知道实际的情况。

怀疑

无论如何,有趣的是,撒但竟以一个有关神的问题来接触夏娃。但无论如何,它开启了夏娃的思绪去思考一个她从未思考过的事:"被造之物也可质疑创造者?"撒但以略带谦虚的语气说:"神岂是真说……?"

> "我的意思是,真的吗? 神真是这样说的吗?"

撒但以一脸"你有没有弄错?"的态度来嘲笑人的单纯憨直——竟会简单地相信神话语的字面意思。

> "或许神保留了一些好东西不给你。我的意思是,你怎知真的如
> 此? 或许神并不如你所想的那么美好和慈爱。"

这当中暗示了神并非是完全信实。撒但似乎对人一片关心,似乎为人的好处着想,其实它在假冒神的良善。它歪曲思想,质疑神的话,让人在疑问中产生怀疑。

此外,撒但特意夸大神的禁令。其实神**没有**禁止人食用园中树上的"所有"果子,祂只提及那"**一**"棵树:分别善恶的树。但撒但夸大的转述产生了预期的效果。

> 女人对蛇说:"园中树上的果子我们可以吃。惟有园当中那棵树

上的果子,神曾说:'你们不可吃,也不可摸。免得你们死。'"

《创世记》3 章 2—3 节

神根本不需要任何辩护,但夏娃却在尝试为神辩解。她一腔热诚地对神的诫命作出了修改。神只是吩咐人不可"吃"树上的果子,但从没有说不可"摸"。当你对神的话作了任何"加添"时,亦同时会"删减"了其中的意思。夏娃夸大了神对人的要求,损害了神的本性。撒但擅长于使人对《圣经》的内容作各种增减。撒但乐意看见混乱的结果。增添的可能"只是这么一点点",但对撒但来说已经足够。堤坝上的裂痕已经出现了。

否认

蛇对女人说:"你们不一定死,因为神知道,你们吃的日子眼睛就
明亮了,你们便如神能知道善恶。"

《创世记》3 章 4—5 节

撒但不但质疑神的话,它更断然提出否定。它直接地指出神是在说谎;它指出神不想亚当和夏娃吃那棵树上的果子,乃是因为神怕他们知道得太多。撒但巧妙地把真理和谬误混在一起。事实是他们的眼睛会因此明亮了,并能分辨善恶,但怎么也不会与神一样拥有神所有的属性。不一定死的说法也是错误的。撒但故意地说谎。虽然它知道反对神话语的后果,但它残酷地引诱人在它自己的毁坏上有份。

不顺服

于是,女人见那棵树的果子好作食物,也悦人的眼目,且是可喜
爱的,能使人有智慧,就摘下果子来吃了。又给她丈夫,她丈夫
也吃了。

《创世记》3 章 6 节

撒但成功了。你几乎可以听见它的狂笑在园中引起了回响。撒但如常地没有留下来收拾残局,这是它的惯例。《圣经》说:

……魔鬼,如同吼叫的狮子,遍地游行,寻找可吞吃的人。

《彼得前书》5 章 8 节

撒但只会留下残余的骨头——其他的它会吃得一干二净。它会以供

应者的角色出现——提供享受、乐趣、一段美好的时光——但这些都只是暂时的,不能使人满足。实际上,撒但从来不会给予什么,若有的话,只会给你带来肝肠寸断的伤心。它是个极恶毒的"朋友",一位残酷的伙伴。

过去,不少人埋怨这女人公然违背神的命令,但在夏娃与撒但的整段对话中,似乎她的丈夫是与她在一起的。亚当可以阻止他的太太吃这果子,他自己固然也可以不吃,但是,他们"二人"都吃了。

亚当和夏娃所作的犹如孩子们不听从母亲的吩咐而在街上任意玩耍。这些不听话的青少年以为他们知道有关安全和好玩的,比他们母亲所知的更多。他们的行动表示了对母亲的不信任,他们不理会她的权威。同样,当亚当和夏娃以为他们"比神更清楚"什么是对他们好的时候,他们便犯了罪。他们的选择说明了一切。他们不信任他们的造物主——他们不肯定神所说的是真实可信。

敌人

亚当和夏娃有足够的理由指出魔鬼是一个说谎者,但他们选择了信它而不信神。他们违背了神清楚的指示,加入了魔鬼反叛的行列。《圣经》如此说:

> * 世俗乃指被撒但影响和控制的世界。

岂不知与世俗*为友,就是与神为敌吗?　　　　　　《雅各书》4章4节

这是选择的自然后果。亚当和夏娃放弃了他们与神的友谊而参加了撒但的行列。他们放弃了一个纯洁而完美的世界,选择了活在反叛当中。

情谊破裂

这种选择产生了分裂。如我们在上文提及的"一个被违反的定律会带来后果"。《圣经》告诉我们罪的后果是非常严重的。亚当和夏娃决定选择去跟从撒但的谎言而导致人与神之间出现了一个鸿沟。一位完美的神不容许任何掺杂的忠诚:一半友情,一半背叛。若没有信任,

关系便会终止,友谊便会告一段落。

> 所以,神任凭他们逞着心里的情欲⋯⋯他们将神的真实变为虚
> 谎,去敬拜事奉受造之物,不敬奉那造物的主。主乃是可称颂
> 的,直到永远。[2]
>
> 《罗马书》1 章 24—25 节

无花果树叶

> 他们二人的眼睛就明亮了,才知道自己是赤身露体⋯⋯
>
> 《创世记》3 章 7 节上

当时亚当、夏娃必定马上发现不对。他们经历了一种从未有过的不安——罪疚感和羞耻感。他们被毁了。《圣经》说他们感到害怕,并且第一次发觉他们自己是赤身露体的。他们四处寻找解决的办法⋯⋯

> ⋯⋯便拿无花果树的叶子,为自己编作裙子。
>
> 《创世记》3 章 7 节下

他们以为只要能掩饰"外表",神便不会察觉到他们"内心"的改变。他们尝试掩饰,假装一切如常。这是人类第一次在这堕落的世界中谋求改正错误。

"无花果树叶"的修补方法,结果是无效的。有一个好的外表,并不能解决内心的问题。完美已经失去了。罪疚感在内心搅扰不停。鸿沟仍然存在。

> 天起了凉风,耶和华神在园中行走,那人和他妻子听见神的声
> 音,就藏在园里的树木中,躲避耶和华神的面。
>
> 《创世记》3 章 8 节

只有犯错的人才会逃避躲藏——你怎会怕见你的朋友?一个阻碍、一个鸿沟——已经出现在神与人的关系中。友情已逝。

分离

神是否太挑剔？

或许有人说：这只不过是一件很小的事——咬了一口果子而已！是的！神并没有在人的路上放下绊脚石，而事实上，那根本不是绊脚石。亚当、夏娃原是可选择园中其他的果树。这是一个很小的考验，让人可以充分运用他享有的自由意志。

假使一位女士遇到世上最好的人，他对她有真挚的爱，愿意为她做很多特别的事，他也分担她的忧伤，分享她的喜乐，他告诉她，他爱她。然后，她发现他原是别无选择——因为他被设计去爱她，这岂不令她大大失望吗？原来一切都是人为的，不真实的，是无意义的、虚空的。

人面对的是一个既简单又易守的选择。但这个选择却会带来极严重的后果。

这个选择是：

吃或不吃
听或不听
爱或不爱

……表现出人是人，乃是有自由意志的人。

人并非机器人。人能凭自由意志去选择爱。亚当与夏娃之间的爱是真实的，并非人为、造作的。他们起初对神的顺服和爱也是真挚的。

虽然这考验本身好像只是一件小事，但在最小的事上不顺服，对神来说却是严重的。《圣经》表明神是完美的——祂是圣洁的、公义的，不能容忍罪，哪怕是最小的罪也是不可接受的。《圣经》清楚地说明悖逆是错，是罪。（《撒母耳记上》15 章 25 节）

（三）你在哪里？

撒但误导亚当、夏娃，让他们以为可以与神同等，这正是魔鬼自己的欲望。但神不要祂所造的人被他们自己的意欲控制，而是要按祂所说的去行，神曾经说过：

> 只是分别善恶树上的果子你不可吃，因为你吃的日子必定死。
>
> 《创世记》2 章 17 节

他们吃了，而一切都在那一瞬间改变了。正如神所说的一样，祂的话从不改变、永不改变。

> 天起了凉风，耶和华神在园中行走，那人和他妻子听见神的声音，就藏在园里的树木中，躲避耶和华神的面。
>
> 《创世记》3 章 8 节

亚当、夏娃在园中听见神走近的时候，《圣经》没有记载他们在丛林中想什么——不过，你若曾在父母不在家时不慎在掷球时把邻居的窗户打破了，当你看见他们回家时……相信你定能想到那种心情。亚当、夏娃得罪的并非是他们的邻居，他们是违背了宇宙之主，那位圣洁、独一的神的命令。这位创造者——主人会怎样说呢？这位全能的神又会怎样做呢？

> 耶和华神呼唤那人，对他说："你在哪里？"
>
> 《创世记》3 章 9 节

何等的释放！神表面上不知道发生了什么事。祂甚至不知道他们在哪里！他们如同两个刚偷吃的小孩子，探出头来，一脸无知的样子。啊！你在找我们吗？亚当说：

> "……我在园中听见你的声音，我就害怕，因为我赤身露体，我便藏了。"
>
> 《创世记》3 章 10 节

他终于发言了，但却说错了话。好像一个逃学的孩子，假冒母亲写了一张为缺课请假的字条，还在上面签上了"我的母亲"。亚当忘记了他以前从不害怕，也从不为赤身露体而不安。亚当脸上粘着不少偷吃的碎饼渣。神说：

"谁告诉你赤身露体呢？莫非你吃了我吩咐你不可吃的那树上的果子吗？"

《创世记》3 章 11 节

问题，问题！

为何神问那么多的问题？全知的神怎么会不知道亚当和夏娃躲在"什么地方"？神岂不知"为何"他们会察觉到自己赤身露体的呢？神是否如此有限，所以要问犯事的人到底有没有吃"那树上的果子"？事实上，神"清楚"知道所发生的一切事，祂发问的原因是要亚当和夏娃清醒地思想一下事情的发生。他们已经违背神了！他们情愿相信撒但而不信神。

当我们研读《圣经》时，会发现神常常用问题来帮助我们明白更多。

神的错

神的问题也给亚当和夏娃承认自己犯错的机会。

那人说："你所赐给我，与我同居的女人，她把那树上的果子给我，我就吃了。"

《创世记》3 章 12 节

亚当十分勉强地承认了，但皆因是神赐给他的"那女人"把果子给他吃才会如此。亚当自己是受害者而已！

"这全是神的错！"

"若神没有造那女人……那么她便不会给我那果子，那么我便不会吃那果子。"相信你也可以听得一清二楚。最后仍是神的错！

耶和华神对女人说："你作的是什么事呢？"女人说："那蛇引诱我，我就吃了。"

《创世记》3 章 13 节

终于真相大白了。他们二人均无可指责。全是蛇的错。夏娃也是受害人。当然，若神没有造蛇……那么她也不会犯罪。是神酿成的错！

神没有问蛇。有人笑称蛇"没有脚"，根本无法在神面前"站立得住"。其实是亚当、夏娃两人自己选择了犯罪。神给他们自主的机会，他们却误用了——更否认自己的过错。

亚当和夏娃都说了不该说的话。若他们真有悔意，神很可能即时就地——以祂的方法——恢复与他们的友情。我们不知道真相如何。

他们说的话	他们该说的话
亚当说："你所赐给我，与我同居的女人，她把那树上的果子给我，我就吃了。"	"神啊！我令你大失所望。我违背了你明明禁止不可吃那果子的命令。我犯了罪。请原谅我！"
夏娃说："那蛇引诱我，我就吃了。"	"神啊！我也因违背你的命令犯了罪。我希望与你重修旧好。请指示我该做的事。"
受害人心态，指责别人。	要为自己的行动负责，寻找复合的途径。

神并没有毁灭亚当和夏娃。若我们是法官、陪审团或执法官，很可能已下令处决他们；但神所表现的爱，是超乎我们所想像的。

一个应许

人的原罪给人类带来严重的后果。我们看见，亚当、夏娃代表全人类。他们的罪带来咒诅，但神因祂的爱而赐下应许。

> 耶和华神对蛇说："你既作了这事……我又要叫你和女人彼此为仇，你的后裔和女人的后裔，也彼此为仇。女人的后裔要伤你的头，你要伤他的脚跟。"
>
> 《创世记》3 章 14 节上，15 节

这几句话值得我们深入地研究。神并不是说女人与蛇要彼此厌恶。这应许有两方面：

魔鬼 和它的跟随者	女人的后裔 和她的男性后裔
耶和华对蛇说， 你既作了这事……	
我又叫你	和女人彼此为仇；
……你的后裔	与女人的后裔也彼此为仇；
	他要伤……
……你的头，你要伤	他的脚跟。

神说有一天祂会把人从撒但手中拯救出来。将会有一男孩,由女人所生,他会"伤"撒但的头——一个致命伤。撒但也会伤那男孩,但只会"伤"他的脚跟——一个会痊愈的伤。

这是关于夏娃将会后裔众多的第一个应许。这男孩将被称为"受膏者",因为神有特别的差使给他。神给"这拣选的一位"的差使,乃是要把人类从罪的后果和撒但的权势中"拯救"出来。为这缘故,他又被称为那应许要来的"拯救者"。这对亚当和夏娃来说,必然是大喜的信息。

"拯救者"的应许是表明神品格的另一个名字,祂被称为"那位拯救者"或"救主"。

……除了我以外,再没有神。我是公义的神,又是**救主**。除了我以外,再没有别神。

《以赛亚书》45 章 21 节

一个咒诅

正如我们在上文提及的,罪有它的必然后果。它一向如此。正如违背地心引力的定律便会带来骨折的后果,违背神的话语也必带来严重的后果。神没有纵容亚当和夏娃犯罪。祂并没有说,"忘记它吧",或"你没有办法,我们就当它从没发生过",或"这只不过是一件很小的罪"。事实并非如此,因为破坏已经造成。亚当和夏娃都是有罪的。一次的犯罪带来了刑罚;一次的犯罪带来了恐惧和羞耻;一次的犯罪引发更多的罪。地和其上的一切都因这咒诅而受害。动物、海、鸟类,甚至大地都受影响。所造之物不再尽是美好。由于咒诅的结果,《圣经》说:

……一切受造之物一同叹息劳苦……

《罗马书》8 章 22 节

人要通过生产之苦才能进入世界,又要经过死亡的痛苦才离开世界。活在世上时的人生充满不公平、劳碌和悲苦。神告诉亚当:

你必汗流满面才得糊口,直到你归了土,因为你是从土而出的;你本是尘土,仍要归于尘土。

《创世记》3 章 19 节

生命中的荆棘蒺藜,无论是真实的或是象征的,都使人的生存充满着痛苦与挣扎。人触发了连锁性的忧患。但人的罪所带来的最痛苦的后果,是神警告中所提及的"死亡"。

（四）死亡

> 耶和华神吩咐他，说："园中各样树上的果子，你可以随意吃；只
> 是分别善恶树上的果子，你不可吃，因为你吃的日子**必定死**！"
>
> 《创世记》2 章 16—17 节

实际上，当亚当和夏娃选择不理会神的警告时，他们正在考验神会否言出必行。"神真的会言出必行吗？人会死吗？或许神只是说说而已，只是吓吓我们而已，不会是真的吧。"《圣经》的回复是很清楚的：

> 天地废去较比律法的一点一画落空还容易。
>
> 《路加福音》16 章 17 节

我们不喜欢提及死亡。这是一个禁戒的话题。我曾走遍世界各地，造访一些极其偏远的民族，而我从未遇到过一个喜欢死亡的群体。我曾经站在一些开放的墓前，有些在教堂的园子中，也有些在森林内，但它们都有一个共通点——忧伤。在人内心的深处，死亡表达了一个铁一般的事实——分隔。我们所爱的人一去不返。我们当时的失落和分离感与《圣经》中提到死亡的意思非常接近。在神的话语中，死亡是表示某种的"分开"。这并**不是**指消灭或停止存在的状态。

我们也要知道死亡不能与它的源头分开——死亡是罪的结果。《圣经》提及死亡是罪的一种报酬或代价。正如一个人做工所得的工价一样，因此……

> ……罪的工价乃是死……
>
> 《罗马书》6 章 23 节上

《圣经》用不同的方法谈及"死亡"。让我们看看其中三个：

1. 肉身的死亡（人的灵与人的肉体分开）

死亡

我们明白为什么肉身会死亡，一点也不陌生，但我们需要知道的是，这肉身的死亡与亚当、夏娃有关。

当你从树上切下枝子时，枝子上的叶子不会马上枯萎而死。同样，当神对亚当说"你吃的时候必定死"时，神并不是说亚当吃后马上死去，神乃是指亚当会与他的生命源头切断关系，正如

枝子离开树干一样,他的身体会渐渐衰残败坏,最后……

> ……他们就死亡归于尘土。 《诗篇》104 篇 29 节下

肉身虽然死亡,但灵魂却继续存在。《圣经》中指出灵魂是不死的。

2. 关系的死亡(人的灵与神分开)

分离

亚当、夏娃的悖逆使他们与神亲密的关系终止了,但还有未了的事。亚当、夏娃的儿女,与他们的儿女的儿女,一直到今天所有的人,一出生的时候便与神分开。

神与人的关系是如此彻底的断绝,致使人肉身虽然活着,神看人却是……

> ……死在过犯罪恶之中…… 《以弗所书》2 章 1 节上

这里有一个重点是我们不能忽略的。让我解释一下。

我一生中有大部分时间是旅游或住在热带地区。有一段时间,我和太太住在一间搭在矮桩上的屋里。有一次,一只很大的老鼠爬进我们房子的一个狭缝内死了。不幸的是,老鼠死在我们睡房下面的地方。起初,我们毫无选择地任由它的尸体腐烂、消失。可惜尸体在炎热的天气下开始发臭,臭味正冲着我们的睡房传来,让我们对"恶臭"这字有了新的体会。这臭味使我们无法入睡,我们被迫搬到房子的另一端。睡在这奇臭的尸体附近并非我们习惯的事,我们被迫离开。

第二天早上,我们的儿子安得烈自荐为我们解决困难。他找了一支长棍,伸到屋底下的狭缝中,慢慢把那死老鼠拿出来。当尸体快要被拉出来的时候,安得烈突然后退,作了一个怪脸,说:"爸!它身上全是蛆虫。"安得烈拿了一个胶袋,然后套在手上,伸手到屋底下抓住那可怜小家伙的尾巴,把这满身是虫的尸体拖了出来。他把这可怕的残骸尽量拿得远远的,跑到住所边缘的丛林处,用力把它抛出去。

若那老鼠仍然活着又能感受到安得烈的感觉,它必会完全察觉到安得烈对它是厌恶至极,甚至是忿怒。当安得烈把那老鼠抛走的时候,若它能知道安得烈在想什么,它很可能听见他在说:"离开我的地方!"若那老

鼠问:"多久?"安得烈会回答:"永远不要再回来!"

这死老鼠之事,说明了神对罪的三种不同的感受。首先,祂忿怒。这不是一种恶意或苛刻的怒气,神不是一位脾气暴躁的人。这事实却反映出神纯全完美的性格,这可以理解为一种"义怒"。正如我们被那臭老鼠干扰一样,神也同样对罪产生忿怒。"罪使祂痛苦难受"。神造世界是要提供一个好的居住环境,但罪使一切都变得极其困难。每次我们做一些不好受的工作时,这正在提醒我们是罪破坏了神的创造。痛苦与受苦,忧伤与伤痛,污秽与恶臭,欺压与醉酒,地震与战争——这一切都不在神原先的创造中。罪如同放在美食中的毒药——不需很多便可以使一切变坏。罪如同我们的脸被黄蜂的针刺了一下——是很小的一个伤口,但却会影响你整个人。"罪不仅是破坏了定律;它是对神整个性格的侮辱。"正因如此,《圣经》这样说……

……神的忿怒必临到那悖逆之子。 《以弗所书》5 章 6 节下

亚当和夏娃不顾神清楚的指示,违背神的吩咐。这悖逆是罪的表现。《圣经》上说……

原来,神的忿怒,从天上显明在一切不虔不义的人身上……

《罗马书》1 章 18 节上

我们把罪分为有趣味的和邪恶的,无害的和极残酷的,大的和小的。《圣经》也提到罪能引起的不同后果,但对神而言,所有的罪对祂来说都是恶臭难耐的。罪是祂食物中的毒药。

其次,正如那死老鼠使我和太太被迫要搬到另一房间,又正如安得烈要把那死老鼠的尸体抛得远远一般,神也离开有罪的人。《圣经》上说……

……你们的罪恶使祂掩面不听你们。 《以赛亚书》59 章 2 节下

有时候我听见一些人说神好像离我们很远。《圣经》指出人与他的造物主确实是"分开"了。

你们从前与神隔绝…… 《歌罗西书》1 章 21 节上

圣洁的要求便是没有罪的存在。若罪人要进到神荣耀的圣洁中,这就如一大群从死里复活的臭鼠走进我岳母的客厅,将那洁白的地毯弄脏

了。它们所踏的每一处都不再洁净。整个地方都被破坏了。同样，一位完全的神不能容许罪在祂面前出现，因为……

> 你眼目清洁不看邪僻，不看奸恶…… 《哈巴谷书》1 章 13 节上

这便引进我们有关这死老鼠例子的第三点。神认为我们应该与祂分开多久呢？答案是很清楚的——"永永远远"！罪有无尽和永远的后果。正如我们不要与这发臭的死老鼠多住一个星期或任何一段时间，神也永远不容许罪留在祂的面前。

这是难以接受的事实，但请继续读下去。好消息快到了。到目前为止，我们要明白《圣经》郑重地指出人与神的关系中断了。关系切断了——死了。

3. 将来福乐的死亡（人的灵与神永远分开）——第二次的死

当一对男女订婚之后，他们期待着日后婚姻带来幸福快乐。他们会一起去看不同设计的房子，讨论住在什么地方以及他们会做些什么。但若是订婚告吹了，关系终止了，一切计划都会付诸东流。

永远的审判

《圣经》告诉我们，神为人死后预备了一个美好的家。这地方称为"天堂"。天堂是一个不可思议的地方，是神为人将来的幸福快乐而设计的。永生是计划中的一部分。单单是没有罪、痛苦和死亡的存在便已很好。

但正如有永生，也有"永死"。当《圣经》用"死"这个字的时候，它的含义有时是指"神起初为人设立的计划"的告终。这个死亡又称为"第二次的死"，因为它在人肉身死亡后才发生。"第二次的死"是为那些不会到天堂的人而预备的。《圣经》指出他们会去到"火湖"——一个神为撒但和它的鬼魔所预备的可怕地方。

> 我又看见一个白色的大宝座与坐在上面的……我又看见死了的人，无论大小，都站在宝座前。案卷展开了，并且另有一卷展开，就是生命册，死了的人都……受审判……这火湖就是第二次的死。若有人名字没记在生命册上，他就被扔在火湖里。
>
> 《启示录》20 章 11 节上，12 节，14 节下，15 节

《圣经》中提到"活活地被扔在烧着硫磺的火湖里"[a]，又提及"昼夜受痛苦，直到永永远远"[b]。这是一处充满悲苦、没有快乐的地方[c]。《圣经》中提及虫[d]（原意乃指蛆），黑暗[e]，人在极度痛苦中哀哭切齿，干燥缺水，干渴如裂[f]，又记得在世的日子，不愿其他人与他们一样。这是一个孤单痛苦，而非朋友宴乐狂欢的地方。

> a.《启示录》19 章 20 节；肉身虽死，灵魂继续生存。
> b.《启示录》20 章 10 节
> c.《诗篇》116 篇 3 节
> d.《马可福音》9 章 48 节
> e.《马太福音》8 章 12 节；22 章 13 节；25 章 30 节
> f.《路加福音》16 章 24 节

惟有胆怯的、不信的、可憎的、杀人的、淫乱的、行邪术的、拜偶像的和一切说谎话的，他们的份就在烧着硫磺的火湖里。这是第二次的死。

《启示录》21 章 8 节

稍后会再和大家讨论人的终局。

罪的本性

罪和死亡管辖着亚当的后代，并代代相传。有其父必有其子，苹果生苹果，猫儿生猫儿，罪人生罪人。

> 这就如罪是从一人入了世界，死又是从罪来的，于是死就临到众人，因为众人都犯了罪。
>
> 《罗马书》5 章 12 节

因为亚当的罪，他的后代有了他的罪性。因为他死了，他的后代也会死亡。[3]

我们很容易把罪行与"罪人"连在一起，但《圣经》提到的罪不止如此。人有"罪性"，也可称为"亚当本性"。这本性是一种"状态"。举例说，医生告诉我的朋友他的心脏状态不太好，而这个不好的"状态"会带来一些"病症"。当他上楼梯时，他会喘气，脸会变色，有时甚至要借用药物来舒缓。同样，人有罪也是一个"状态"，称为罪性。这个"状态"的"病症"便是种种罪行的表现。

亚当本性是个罪人——亚当会死。

亚当所有的后裔都有罪性，所以人人都会死。

一位诚实的神

若这一切有关罪和死亡的谈论令我们毛骨悚然，这只是在提醒我们神不会把不好的事物美化。祂会照实地告诉我们，罪和死是所有人都共有的，我们也要知道《圣经》已把它说明。我们期望一位完全的神告诉我们什么是事实和真理。

温习

起初，神与人是亲密的朋友，在完美的世界中和谐共处。只有完美的人才可以与完美的神一起生活。

当亚当、夏娃听从撒但而不听从神清楚的指示时，这关系的桥梁因而断裂。整个世界都变了。它变成了一个罪疚、忧伤和死亡的地方。

当亚当、夏娃犯罪后，他们改变自己的外表，企图让自己比实际情况好看一点。他们尝试掩饰他们的罪，但并不成功。鸿沟的源头仍然存在。

当我们继续看下去，我们会发现否认自己真正的罪性，企图以自己的方法去寻找神，尝试找一个可以回到完美世界的方法是人之常情。

遗传学家发现了什么?

史蒂芬·高(Stephen Jay Gould),哈佛大学的古生物学家和作家,于 1988 年在《新闻周刊》封面文章《亚当与夏娃的探索》一文中指出:

"我们发现人类虽然在外表上有不同,但都是同属一类的,其渊源并不古远,而是来自同一地方。人类相互间生物学上的亲缘关系,深远难测。"[4]

根据该文章,"……受过分子生物学训练的科学家……研究来自不同国家的遗传因子,他们发现一系列的 DNA,而从这一系列的 DNA,他们追溯出一个女人——人类的始祖。"

"……种族之间没有任何区别。"

《圣经》说:

亚当给他妻子起名叫夏娃,因为她是众生之母。

《创世记》3 章 20 节

在 1995 年,《时代杂志》的一篇短文中曾提及,有科学的证据指出:"……有一位始祖'亚当',他的染色体中的遗传物质是现今地上每一个人所共有的。"[5]

《圣经》说:

祂从一本造出万族的人,住在全地上……

《使徒行传》17 章 26 节上

这人类 DNA 的研究指出,我们都来自"同一位男人"和"同一位女人"。那些同意的人也很快地指出这不一定是指《圣经》中的亚当和夏娃。

无论如何,这个发现与《圣经》所说的吻合,这是一件很有意思的发现。这个与其他分子生物学证实《圣经》在数千年前所指出的,便是我们人与人之间是有密切关系的。

第五章

（一）一个矛盾

在前几课中，我们知道了一些有关神的事情。我们亦将继续探求，但现在需要先停下来，把神的特性与人现今的情况作一比较。

神用物理定律管理宇宙，也用属灵定律管理人与神之间的关系。正如物理和化学的知识有助于我们了解身边的世界，认识这些属灵的定律，能帮助我们明白生与死。要了解这些定律并不困难。首先，让我们先看看人的情况。

人的问题

负债者

在古时的中东国家，若有人欠债，会各有一份手写的债据，使双方都不会忘记所欠的数目。不能偿还的会被视为罪犯，并受到法律的惩罚。同样，《圣经》中提到人若在道德上犯了罪，便算为欠债，有需要付的欠债数目。我们如今面对的是：

……罪和死的律。 《罗马书》8 章 2 节下

律法上说：

……犯罪的……必死亡。 《以西结书》18 章 20 节上

债据

欠 　 付

罪
罪
罪
罪

须由欠债人清还

永死

* 罪的工价乃是死

* 《罗马书》6 章 23 节上

死亡

分离

永远的审判

问题是：我们是否能够偿还？答案肯定是"可以"的。但由于死亡是永远的，因此这罪债难以"付清"——因为清还的过程永远无法完成。要清还，我们必须承担所有死亡所包含的三方面的后果。坦白地说，大部分有思想的人都不愿意清还，问题是：债务——必须偿还，这是我们的债务。人类正处于一个困境之中。

两方面

这个困境有两方面，如同一个钱币的两面。

※ **我们有了一些不想要的东西**——罪的问题。因为犯了罪，我们有罪疚感，我们感到羞耻、痛苦，并与神分开，最后会经历第二次的死。

※ **我们需要一些自己没有的东西**——完全。我们需要一定程度的美善才可以使我们被神接纳。

问题是两方面的：我们怎样才能除去我们的罪？还有，我们怎样才能得着<u>等同</u>于神的"公义"，以使我们可以被祂接纳呢？

另一种说法是：人类在被造的时候，本是要活在神的面前。但当人违背神后，人就变了质。人失去可以被神接纳的无罪的本性。"如此，人如何能重获令他活在神面前的完美本性呢？"

当我们继续看《圣经》的内容时，我们要记着这些问题。

神的处境

要明白神的处境，我们要看看神本性中的两个特质。

1. 完全公正

我们知道神是一位完全的神，没有任何的罪。无罪表示神是诚实和公平——正直的。

> 祂是磐石，祂的作为完全，祂所行的无不公平，是诚实无伪的神，
> 又公义，又正直。　　　　　　　　　　　　　　　　《申命记》32 章 4 节

我们可以说神是一位毫无偏私的法官，祂公平公正地执行祂的法例。

如今的人可以隐藏所犯的罪，绝口不认罪，贿赂法官，或逍遥法外。但对神来说，没有一个犯罪的人可以逍遥法外而逃避神公平的审判。

因为人所作的事，连一切隐藏的事，无论是善是恶，神都必审问。

《传道书》12 章 14 节

诚实和公平是神完美本性中最基本的特质。

公义和公平是你宝座的根基；慈爱和诚实行在你前面。

《诗篇》89 篇 14 节上

因为神是完全的，我们可以相信祂是绝对公平的，我们也喜欢如此。但有一个坏消息：要完全公正便会要求罪得到该受的惩罚。我们可以从神对罪的惩罚看出神对罪是何等的认真。正如我们已知道的，《圣经》指出我们的罪债只能以我们的死来付清——包括死的三方面含义在内。

这不是一个好消息。可幸的是神本性中有另一方面的特质。

2. 完全慈爱

神不仅是完全公正，祂也是完全慈爱。基于祂的本性，神会爱。

※ 神在创造世界的时候已彰显了一种照顾和关心的爱。

※ 其后神彰显了一种更深层的爱——不配得的爱。这种爱被描述为"恩典"、"恩惠"、"仁慈"和"怜悯"。作为罪人，我们是不配得到神的仁慈，但尽管我们有罪，神仍然以祂完全的爱来爱我们。因为神是完全的，没有人比祂更能施与恩典和恩惠。

矛盾

如今我们有个矛盾。若是要完全"公正"，神就需要人偿还罪债——死亡的代价。但神亦是"慈爱"的，祂不希望毁灭人。神这两种属性是并存的。神的"慈爱"不会大于"公正"。那么祂又如何能保持祂的"慈爱"，同时又持守祂的"公正"呢？

首先，神审判所有的罪，无论是在生时或是在肉身死亡之后。祂在这方面是百分之百贯彻始终的。

我们都是必死的，如同水泼在地上，不能收回。

《撒母耳记下》14 章 14 节上

但神本性中的另一属性也会出现。因为祂的本性是爱⋯⋯

祂⋯⋯设法使逃亡的人不至成为赶出回不来的。

《撒母耳记下》14 章 14 节下

虽然神让我们的肉身死亡，但因祂的慈爱，祂为我们提供了一条可以避免永死刑罚的途径。同时，神让我们可以再次活在祂的面前。神是如何惩罚罪而同时拯救我们呢？神是如何惩罚罪而不使我们受罚呢？我们在以下几课中便会谈到。

骄傲

还有一件事，《圣经》指出撒但背叛神是因为它的骄傲。我们往往以为骄傲是一件好事，但《圣经》却指出骄傲使我们不愿向神求助。我们常常因为太骄傲而不肯谦卑地承认我们需要神。

神阻挡骄傲的人，赐恩给谦卑的人。   《彼得前书》5 章 5 节下

（二）赎罪

亚当和夏娃吃了果子之后，第一件事便是以无花果叶子遮盖他们的身体。虽然有了这衣服，亚当告诉神他仍然感到赤身露体——赤露敞开。这是有原因的，《圣经》告诉我们：

⋯⋯耶和华不像人看人，人是看外貌，耶和华是看内心。

《撒母耳记上》16 章 7 节下

神看穿了他们完全无效果的尝试——设法遮盖自己的身体，祂看见他们的内心。

《圣经》告诉我们，神并不接受亚当和夏娃这种自救的方式。无花果的叶子虽然遮盖了他们的赤身，但他们的心仍然充满罪恶。神希望他们明白，无论外表或内心，人都无法解决罪的问题。因此，祂拒绝接受他们那以"无花果的叶子"做的衣服。

遮盖

只有神可以提供祂所能接受的衣服。神宰杀了动物，然后……

耶和华神为亚当和他妻子用皮子作衣服，给他们穿。

《创世记》3 章 21 节

这是一幅极其真实、生动的图画，描述到"罪会引致死亡"的事实。亚当和夏娃从来未见过死亡。但当他们看见鲜血流地，动物垂死的喘息，最后一刻的眼神，生命顿然的结束，他们就必定异常震惊。神让他们及时体会到死亡的可怕。动物的死，使他们的赤身得到遮盖。

被逐

人犯罪后仍住在园中，也可以接近生命树。若吃这树上的果子，人便会长久活着。因此，神要把人逐出伊甸园。

耶和华神说："那人已经与我们 * 相似，能知道善恶。现在恐怕他伸手又摘生命树的果子吃，就永远活着。"耶和华神便打发他出伊甸园去，耕种他所自出之土。于是把他赶出去了。又在伊甸园的东边安设基路伯，和四面转动发火焰的剑，要把守生命树的道路。

《创世记》3 章 22—24 节

> * 留意"我们"这两个字。由于《圣经》清楚指出只有一位神，我们很自然地会问，到底当神说"……那人已经与我们相似"，是指祂在跟谁说话？当我们继续看下去时，便会找到这问题的答案。

这是一个怜悯的行动。神不愿意人永远活在罪中。你能想像世上所有坏人今天仍然活着的景况吗？神把人安置在园子之外，让罪的后果实现便是肉身的死亡。但神也想到坟墓之后的事，祂在计划如何使人避免第二次死亡，一个逃避火湖的方法。

该隐与亚伯 (参考 162—163 页的时间表)

有一日，那人和他妻子夏娃同房；夏娃就怀孕，生了该隐，便说："耶和华使我得了一个男子。"又生了该隐的兄弟亚伯。

《创世记》4 章 1—2 节上

该隐和亚伯都生在伊甸园外。由于他们是亚当和夏娃结合而生的后代,他们都有了亚当的罪性,与神分开。神是"公义"的,因此祂必定要执行祂的律法。该隐和亚伯也要因为他们的罪而死亡。

但神爱他们,因此,由于祂的怜悯,祂为他们预备了一个可以避免审判的方法。这方法有两方面:

内在——相信神

该隐和亚伯只需要相信神,相信祂所说的是真实的。例如,神应许亚当和夏娃,"那拯救者"要伤撒但的头,以拯救他们脱离罪的后果。"这可能吗?神会言出必行吗?"该隐和亚伯自己必须决定信不信神所说的。

外在——一个实物的教材

神要向他们指示需要什么才可以除去罪债。这将是一个很生动的实物教材。请作好准备,因为这将会使你震惊不安。

若我们仔细地研究《圣经》的内容,我们便会知道,神明确地、也是清楚地吩咐该隐和亚伯,要拿一只动物,把它杀了,让它的血流在祭坛*上。为何要这样做?以动物为祭的想法,使大部分人都会觉得可怕——难以接受。到底神在这行动背后蕴含什么意思呢?《圣经》上说:

> *祭坛是一个用石和泥砌成的平台,祭牲在其上被献为祭。

……若不流血,罪就不得赦免了。　　　　　　　《希伯来书》9 章 22 节下

神指出人的罪债只能藉着死来偿还,才能得到赦免。为何要流血呢?

因为活物的生命是在血中。我把这血赐给你们,可以在坛上为你们的生命赎罪,因血里有生命,所以能赎罪。

《利未记》17 章 11 节

血祭的观念有两方面:

※　**代替**:一般来说,人应为自己的罪而死,但如今因为一些将要发生的事,神愿意接受无罪的动物的死来代替人。这是以命换命,无罪的代替有罪的。这样的献祭表达了"罪与死的律"得以成就,公义得到满

足。但祭物是否可以不用流血而死，是否可以是被淹死的呢？

※ **代赎**：神说流血可使罪得以"代赎"。"代赎"的意思是"遮盖"。流出的血可以"遮盖"人的罪；因此当神看人的时候，祂不再看见罪。人被视为"正直"，神也因此能接纳人。神和人的关系得以恢复。人仍会经历肉身的死亡，但那永远的终局不再出现（就是被扔在火湖中，与神永远分开）。

人藉着对神的信心，就像祭坛上代替的死亡和代赎的血所表明的，人的罪被赦免，同时与神建立新的关系。

代赎——罪的遮盖

"代赎"这个词带有神的"公正"、"圣洁"和"公义"得到满足的意思。神的律法要求死作为罪的工价。当神看见无罪的祭牲的死，祂律法的要求便得到满足。

在祭坛上献上动物并不能除罪。人仍然有罪。牺牲的动物只描绘出罪得赦免所需要的是什么——死亡和流血。血为罪提供了"代赎"和"遮盖"。同样，神用皮做衣服有效地遮盖了亚当、夏娃的赤身，现在人的罪靠着血可以得到遮盖，因此能在神面前被接纳，我们可以说神是暂时不看人的罪，好像已经被涂抹了一般。

知道了神的指示后，我们现在回到该隐和亚伯的故事，看看故事的发展如何？

两个祭物

亚伯是牧羊的，该隐是种地的。有一日，该隐拿地里的出产为供物献给耶和华；亚伯也将他羊群中头生的和羊的脂油献上。

《创世记》4章2节下—4节上

该隐和亚伯都把祭物带给神，这是神吩咐他们做的。神要他们以行动表明对祂话语的信心。问题就在这里。他们都带来祭物，但这两种祭物却大不相同。

　　亚伯带来了一只动物，可以被宰并且流血，这是好的——这是神所吩咐要做的事。但该隐却带来了园中出产的菜蔬，是不能流血的。该隐献了祭，但不是神所要求的，他献错了。[1]他用了另类的、自己版本的无花果叶子。

拒绝

> 耶和华看中了亚伯和他的供物。只是看不中该隐和他的供物。
>
> 《创世记》4章4节下—5节上

神不接受该隐的祭物。该隐有两个错误：

首先，他的行为显示出他不相信神；其次，该隐的错误在于使用了自己的方法。祂不会接受人用自己想出来的方法来与祂和好。人可以有好的动机，但徒有诚意是不够的——它不能修补缺口。

我们常认为有独立的思考能力是一件好事，这也有它的道理。但是，我们要小心。一个独立的心态可以变成以自我为中心。当我们这种"我要做我自己的事"的心态进入人际关系中的时候——涉及谁对谁错，谁有谁没有，甚至处理国家大事——就可能会变得很丑陋。

该隐在"做他自己的事"。他认为他比神更清楚什么才是对的事。

接纳

另一方面，亚伯献上神所命令的祭物——会死和流血的动物。亚伯本该为自己的罪而死，但神因祂的怜悯，让动物替他成为代赎的祭物而死。亚伯把祭物献在神的面前，他相信神会守祂的诺言——差遣一位"拯救者"——救他脱离罪的可怕后果。亚伯很可能不知道那位"拯救者"的方法，但亚伯清楚地相信神有解决罪的方法。

> 亚伯因着信献祭与神，比该隐所献的更美，因此便得了称义的见证，就是神指他礼物作的见证……
>
> 《希伯来书》11章4节上

当亚伯带着信心来到神的面前时，他的祭物代赎了——遮盖了他的罪。当神看亚伯时，已看不见他的罪。在神的眼中，亚伯已是正直或完全的，而且能得到祂的接纳。

神的温柔

该隐对神心怀不满。

······该隐就大大地发怒，变了脸色。耶和华对该隐说："你为什么发怒呢？你为什么变了脸色呢？你若行得好，岂不蒙悦纳？你若行得不好，罪就伏在门前。它必恋慕你，你却要制伏它。"

《创世记》4 章 5 节下—7 节

祂温柔地告诉该隐，他将大难临头，他的罪性会毁灭他。祂告诉该隐，他若依从亚伯的途径，也可以蒙悦纳。《圣经》上没有记载该隐的回应，只是记下他之前发脾气。

问题

该隐与他兄弟亚伯说话，二人正在田间，该隐起来打他兄弟亚伯，把他杀了。耶和华对该隐说："你兄弟亚伯在哪里？"

《创世记》4 章 8—9 节上

正如神怎样问亚当、夏娃那样，神向该隐发问。神不用问该隐发生了什么事。神是全知的，祂知道所发生的一切事情。祂给该隐一个悔改的机会。但正如亚当、夏娃一样，该隐的话反映了他的内心。

该隐说："我不知道！我岂是看守我兄弟的吗？"耶和华说："你作了什么事呢？你兄弟的血有声音从地里向我哀告。"

《创世记》4 章 9 节下—10 节

罪是不能隐藏的。该隐杀了他的兄弟，然后企图为所犯的罪辩解。神指着该隐说："是你做的！"《圣经》中没有任何有关该隐懊悔的记载。神可以消灭他，但因祂的怜悯，祂只赶走他到别的地方去。丑恶奸诈成了人类的起点。

塞特（参考 162—163 页的时间表）

亚当又与妻子同房，她就生了一个儿子，起名叫塞特，意思说："神另给我立了一个儿子代替亚伯，因为该隐杀了他。"塞特也生了一个儿子,起名叫以挪士。 那时候,人才求告耶和华的名。

《创世记》4 章 25—26 节

虽然塞特出生带有"罪性",他却像亚伯一样真心信靠神。那位应许要来的"救主"是由塞特和他的后代而出的。神成就了祂所应许的。

死亡

现在是亚当离开的时候了。《圣经》说他有一个很大的家庭,而且活到很大的年纪。有些学者曾提出,起初创造时的温室效应是使人类不受宇宙光的伤害,所以早期历史的人都有很长的寿命。另一事实是导致疾病的病毒和细菌增长仍未开始,因此人寿命很长。这些理论都有它们的道理,然而,愈来愈多的科学家相信人寿命的长短是由基因所决定的。起初的时候,这些由基因决定的年数可能比较大。我们稍后会看看导致改变出现的原因。无论是什么原因,《圣经》说神对亚当所说的话终于实现了。

亚当生塞特之后,又在世八百年,并且生儿养女。亚当共活了九百三十岁就死了。

《创世记》5 章 4—5 节

塞特和该隐与谁结婚?

《圣经》指出亚当、夏娃有其他儿女。那个时代,兄弟姊妹可以通婚。儿女的遗传因子仍未有足够的时间变异,因此这种通婚不会引致不良的后果。在稍后的历史中,这种通婚是被禁止的。

亚伯死后如何？

虽然《圣经》没有提及亚伯被杀后他的灵魂到了什么地方，但从其他经文中知道，死了的人会到一个称为"乐园"的地方，这是神为信祂的人所预备的地方。在当时的历史中，有些《圣经》学者认为乐园与天堂有分别，但如今都同意是指同一处地方。

《圣经》中没有谈论太多关于"天堂"的事，可能是由于我们有限的头脑无法理解。《圣经》中的一位作者曾有机会亲临其境，但事后无法用具体的文字来描述——他只能用一些图画来尝试表达他的意思。当你看见神用六天所创造的世界，你很难想像祂以无尽的时间改善后的结果。《圣经》指出天堂是一个真实的地方，有真真实实的人活在其中，它如同伊甸园，但比伊甸园好得多。

人的罪性将被除尽：

凡不洁净的，并那行可憎与虚谎之事的，总不得进那城，
只有名字写在羔羊生命册上的才得进去。

《启示录》21 章 27 节

人会拥有一种神可以接纳的义。当一想起见神，《圣经》中的一位作者如此写……

……我必在义中见你的面……得见你的形像，就心满意足了。

《诗篇》17 篇 15 节

人与神重建关系。

我听见有大声音从宝座出来，说："看哪！神的帐幕在人间。祂要与人同住，他们要作祂的子民，神要亲自与他们同在，作他们的神。"

《启示录》21 章 3 节

生命的一切变得完美。

神要擦去他们一切的眼泪，不再有死亡，也不再有悲哀、哭号、疼痛，因为以前的事都过去了。坐宝座的说："看哪，我将一切都更新了。"

《启示录》21 章 4—5 节上

再没有丧礼也没有破坏了的关系，没有坟墓也没有伤心的告别，

没有医院也没有无家可归的人,没有伤残的或疾病缠身的,没有拐杖也没有手杖。代替这一切的,是一个充满无尽喜乐和福乐的天堂。

……在你面前有满足的喜乐,在你右手中有永远的福乐。

《诗篇》16 篇 11 节下

我们的身体不会再受到时空的限制。我们可以随意移动。很明显,我们也清楚地认得那些我们在地上曾认识或曾听说过的人。

天堂中的一部分是一座大城。计算一下,城的四分之一便可以容纳 200 亿人而绰绰有余。这城称为新耶路撒冷。

天使……将那由神那里从天而降的圣城耶路撒冷指示我……有神的荣耀。城的光辉如同极贵的宝石,好像碧玉,明如水晶。有高大的墙,有十二个门,门上有十二位天使……

《启示录》21 章 10 下—12 节上

城门白昼总不关闭,在那里原没有黑夜。《启示录》21 章 25 节

城内的街道是精金,好像明透的玻璃。《启示录》21 章 21 节下

天使又指示我在城内街道当中一道生命水的河,明亮如水晶,从神和羔羊的宝座流出来。　　　《启示录》22 章 1 节

这是一座我们前所未见的城——没有污染,没有生锈,没有腐烂,没有盗贼,没有罪恶——在每一方面都是完美的。所有天堂的居民会永远住在那里。

永恒的生命

不再有黑夜,他们也不用灯光、日光,因为主神要光照他们。他们要作王,直到永永远远。　　　《启示录》22 章 5 节

……我且要住在耶和华的殿中,直到永远!

《诗篇》23 篇 6 节

或许我们可以用以下的经文来结束这一段,经文虽不是直接指向天堂,但却说出了神为我们预备了什么。

神为爱祂的人所预备的,是眼睛未曾看见,耳朵未曾听见,人心也未曾想到的。　　　《哥林多前书》2 章 9 节

(三) 一对一对

很多人以为神的话语是一连串使人惊讶的神迹奇事。事实上,神迹奇事不是常有的。一些惊天动地的大事要数个世纪才出现一次。《圣经》记载故事到了这个时候,世界历史中一件大事发生之前,已过了十多个世代。每一个世代都代表着一段相当长的时间,而在每一段的时间中,世界的人口都有急剧的增长。

经过千百年后,神并没有忘记祂曾承诺要差遣那位"应许的拯救者"。每一代都有相信神的人。虽然世界的人口大幅度增长,但相信神的人并没有同样的增长。《圣经》中记载,除了少数人之外,大部分的人都背离神。

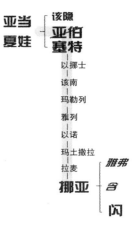

暴力

人类不仅离弃神,还竭尽全力跟随撒但。《圣经》中说:

> 耶和华见人在地上罪恶很大,终日所思想的尽都是恶。世界在神面前败坏,地上满了强暴。神观看世界,见是败坏了。凡有血气的人,在地上都败坏了行为。 《创世记》6 章 5 节,11—12 节

试想想,世上许多国家的晚间新闻所报道的,岂不全是骚乱、战争、暴力、强奸等事吗? 我们藉此可更具体地想像到当时的情况。《圣经》指出人的思想尽都是恶,背道和混乱充斥全地,世界活像地狱。

为己而活

还有,《圣经》宣称当时的社会,人人只顾为自己而活。[2] 神的话对他们已不重要,重要的是他们能随心所欲。人藐视神的计划,更设计了一套不寻求神,也不要与神和好的人生哲理。人根本没有想到要与神修补关系。人远离了公义,被罪缠绕。

因为,他们虽然知道神,却不当作神荣耀祂,也
不感谢祂。他们的思念变为虚妄,无知
的心就昏暗了。自称为聪明,
反成了愚拙,将不能朽坏
之神的荣耀变为偶像,
仿佛必朽坏的人和飞
禽、走兽、昆虫的样式。

所以,神任凭他们逞着
心里的情欲行污秽的事,
以致彼此玷辱自己的身体。他们将神的真实变为虚谎,去敬拜
事奉受造之物,不敬奉那造物的主。主乃是可称颂的,直到永
远。阿们!因此,神任凭他们放纵可羞耻的情欲。他们的女人
把顺性的用处变为逆性的用处。男人也是如此,弃了女人顺性
的用处,欲火攻心,彼此贪恋,男和男行可羞耻的事,就在自己身
上受这妄为当得的报应。

他们既然故意不认识神,神就任凭他们存邪僻的心,行那些不合
理的事。装满了各样不义、邪恶、贪婪、恶毒;满心是嫉妒、凶杀、
争竞、诡诈、毒恨。又是谗毁的、背后说人的、怨恨神的、侮慢人
的、狂傲的、自夸的、捏造恶事的、违背父母的、无知的、背约的、
无亲情的、不怜悯人的。他们虽知道神判定行这样事的人是当
死的,然而他们不但自己去行,还喜欢别人去行。[3]

《罗马书》1 章 21—32 节

　　《圣经》指出在历史的这一刻,人把自己出卖给罪。但正如我们前文
所提到的,犯罪是要承担后果的,这是一直以来的事实。正如我们违反地
心引力的定律,后果便是瘀伤和骨折;违反神的话也必有它的后果。神不
能容忍罪恶,《圣经》指出,神为这一切而难过。

耶和华说:"我要将所造的人……都从地上除灭,因为我造他们
后悔了。"

《创世记》6 章 7 节

　　人可能有一套无神论的人生哲理,但神仍然要人为他的罪负责。

挪亚（参考 162—163 页的时间表）

有一个人和他一家却与众不同。《圣经》上说：

> 惟有挪亚在耶和华眼前蒙恩。挪亚的后代，记在下面：挪亚是个
> 义人，在当时的世代是个完全人。挪亚与神同行。挪亚生了三
> 个儿子，就是闪、含、雅弗。
>
> 《创世记》6 章 8—10 节

虽然挪亚是一个好人，但神的话清楚地指出他仍是一个罪人。按照罪和死的律，挪亚要为罪而死。但《圣经》提到挪亚把动物带到神的面前献祭，明显地，他承认他要用无罪的代赎物来为他付上死的代价。挪亚相信神会救他脱离罪的后果。《圣经》指出挪亚信神，神便以他为义。挪亚与神有一个好的关系，"挪亚与神同行"这几个字表明了他与神的密切关系。

> 神就对挪亚说："凡有血气的人，他的尽头已经来到我面前，因为
> 地上满了他们的强暴，我要把他们和地一并毁灭。你要用歌斐
> 木造一只方舟，分一间一间地造，里外抹上松香。"
>
> 《创世记》6 章 13—14 节

出路

神吩咐挪亚建造方舟——一艘船。这不是一只小艇，而是一艘大船，如同现代的远洋货轮一般大。船舱有几层高，设有通风系统，以及一扇门——唯一的一扇门。船是用木造的，其中铺了一层树的沥青——这是古时候用来封船的材料。[4] 直至 1844 年，大小和比例几乎完全与方舟相同的大英帝国号（Great Britain）才出现。之前，方舟是世界上最大的一艘船。方舟的尺寸仍然被公认为是一般大船的理想尺寸。方舟的建造设计不是为了快速航行，而是为了保存生命。神告诉挪亚：

> "看哪！我要使洪水泛滥在地上，毁灭天下。凡地
> 上有血肉、有气息的活物，无一不死。我却要与你
> 立约*，你同你的妻，与儿子、儿妇，都要进入方舟。
> 凡有血肉的活物，每样两个，一公一母，你要带进方
> 舟，好在你那里保全生命。飞鸟各从其类，牲畜各从其类，地上
> 的昆虫各从其类，每样两个，要到你那里，好保全生命。你要拿

> * 一份同意
> 书、承诺文件
> 或合同。

各样食物积蓄起来,好作你和它们的食物。"挪亚就这样行,凡神

所吩咐的,他都照样行了。   《创世记》6 章 17—22 节

顺从

挪亚信神,他听从吩咐;但遵行神的指示不是容易的。挪亚从来没有造船的经验,更不用说要建造这么大的一艘船。他又如何向他的邻居说明有关世界性洪水的出现呢?

神说在一百二十年后洪水才会出现。[5] 在这段时间内,挪亚不但要负责建造方舟,更要警告世人神的审判将临。[6]

《圣经》告诉我们,在洪水之前,人的寿命有数百年之久,这方面的解释有不同的论据,但《圣经》没有说出原因,只是记载这个事实。若人有如此长的寿命,用一百二十年来建造方舟是可以接受的。洪水以后,我们发现人的寿命缩短了,人到九十岁已算是年纪老迈。

有不少精彩的著作,讨论洪水对人的寿命、对世界的天气和地理的影响。这些论著的理据都是基于《圣经》的记载和科学的观察。由于已有那么多丰富的资料,作者不再在这里重复讲论,以下数页将简要地引据一些理论,好帮助读者更容易明白整件事情的发展。

> 耶和华对挪亚说:"你和你的全家都要进入方舟,因为在这世代中,我见你在我面前是义人。"挪亚就遵着耶和华所吩咐的行了。正当那日,挪亚和他三个儿子,闪、含、雅弗,并挪亚的妻子和三个儿妇,都进入方舟。他们和百兽,各从其类;一切牲畜,各从其类;爬在地上的昆虫,各从其类;一切禽鸟,各从其类;都进入方舟。凡有血肉、有气息的活物,都一对一对地到挪亚那里,进入方舟。凡有血肉进入方舟的,都是有公有母,正如神所吩咐挪亚的。耶和华就把他关在方舟里头。

《创世记》7 章 1 节,5 节,13—16 节

一扇门

上船的时间足足用了七天。除了一些例外品种,挪亚把每一种动物,一对一对地带上了船。就算把现已绝种的动物计算在内,方舟都有足够的地方容纳所有的动物,它们只是占去了全船的百分之六十的地方,[7] 其

他的地方用来存放粮食。把初生的动物带进方舟可以省下不少地方。为了节省食物,有些动物可能是处于冬眠的状态。但无论如何,神总有方法维持它们的生命。

一切准备就绪,神即把门关上。审判已经临到,大雨降下,水平线慢慢向上升,无论外面的人如何喊叫求助,挪亚都不为所动而开门。挪亚和他的家人也不用担心门会被洪水冲破,他们是百分之百的安全,因为门是神亲自关上的——那是唯一通往安全的关口。神保护信祂的人,摒弃叛逆祂的人。

神是恩慈的。祂给人一百二十年的时间从罪中回转,接受祂的怜悯。如今时候到了,审判降临,一切都依照神的话成就。人往往空发威胁,但神却言出必行。

当挪亚六百岁,二月十七日那一天,大渊的泉源都裂开了,天上的窗户也敞开了。四十昼夜降大雨在地上。

《创世记》7 章 11—12 节

地下水盆和天上的水

有些漫画描绘这时的情景是:有一艘船屋,船上有个老人,四周有动物围绕着,他在狂风暴雨中全身湿透。这种演绎方式是错误的。人若在这暴风雨中站立在外面,必死无疑。

首先,地层破裂了,地下水涌上来。《圣经》以"水势浩大"的词句来形容,曾有些推测提到地下水盆崩裂,水在压力下直喷上天。然后,这些水与大气层中的水混合,再一起倾流到地上,如同"天上的水库打开了水闸"一般。如此大的地壳震动必定会牵引到很多火山活动起来。很可能当时出现了"陆地移动"的现象。藉着先进的电脑科技,一位世界著名研究地壳结构的学者造了一个为时数月的立体的"陆地移动"过程。[8] 当裂缝撕裂地壳的时候,地壳的碎块陷入地心,海床与陆地转换了。

形容这景象的希伯来文的意思是"灾难性的洪水"。在《圣经》中,这字只用来形容这一次的洪水,再没有其他景况可以此来形容。虽然自然科学可以解释洪水出现的各种情况,但不要忘记全能的神可以营造洪水的环境,以及随之而来的灾难。这对祂来说是全无困难的。

"雨"下了四十天,但经文中显示,水由地下涌出持续了一百五十天之久。

> 洪水泛滥在地上四十天,水往上涨,把方舟从地上漂起。水势浩大,在地上大大地往上涨,方舟在水面上漂来漂去。水势在地上极其浩大,天下的高山都淹没了。 《创世记》7章17—19节

> 凡在旱地上、鼻孔有气息的生灵都死了。凡地上各类的活物,连人带牲畜、昆虫,以及空中的飞鸟,都从地上除灭了,只留下挪亚和那些与他同在方舟里的。 《创世记》7章22—23节

神记念挪亚和挪亚方舟里的一切走兽牲畜。神叫风吹地，水势渐落。渊源和天上的窗户都闭塞了，天上的大雨也止住了。水从地上渐退。

《创世记》8 章 1—3 节上

在洪水之前，当时的山峰相信是没有现在的高耸。如果在今天你要把地面变为平地，水要覆盖全地达两英里（三公里）之深。《圣经》上说，在洪水之后，今日所见的山"向上升"，而山谷则"向下凹沉"，形成海床。

诸水高过山岭。你的斥责一发，水便奔逃。你的雷声一发，水便奔流，诸山升上，诸谷沉下，归你为他所安定之地。你定了界限，使水不能过去，不再转回遮盖地面。

《诗篇》104 篇 6 节下—9 节

不一样的地球

挪亚和他的家人在方舟中度过了 371 天，直至神开门让他们出来。在这日之前，大水已消退，方舟停搁在山区。当他们离开方舟时，地面不仅干了，更有出产生长。这是一个与以前大不相同的地球。就是我们现在居住的环境。

神对挪亚说："你和你的妻子、儿子、儿妇，都可以出方舟。在你那里凡有血肉的活物，就是飞鸟、牲畜和一切爬在地上的昆虫，都要带出来，叫它在地上多多滋生，大大兴旺。"于是挪亚和他的妻子、儿子、儿妇，都出来了。

挪亚为耶和华筑了一座坛，拿各类洁净的牲畜、飞鸟献在坛上为燔祭。耶和华闻那馨香之气……

《创世记》8 章 15—18 节，20—21 节上

一个应许

挪亚离开方舟后第一件事便是建造祭坛，献上带血的祭给神。所献的祭不能除罪，它只是描绘出所要付的代价——死而流血。这证明了挪亚对神的信心，他相信神是信实的，会按着应许拯救他一家。神也喜悦这事。

神赐福给挪亚和他的儿子，对他们说："你们要生养众多，遍满了地。"

《创世记》9 章 1 节

"我与你们和你们的后裔立约。……凡有血肉的，不再被洪水灭绝，也不再有洪水毁坏地了。"神说："我与你们，并你们这里的各样活物所立的永约，是有记号的。我把虹放在云彩中，这就可作我与地立约的记号了。"

《创世记》9 章 9 节，11—13 节

神应许以后不再以洪水毁灭地球。每当下雨时，彩虹会作为这个应许的提醒。虽然洪水已过了数千年，神仍然守祂的承诺。

出方舟挪亚的儿子，就是闪、含、雅弗。含是迦南的父亲。这是挪亚的三个儿子，他们的后裔分散在全地。

《创世记》9 章 18—19 节

人类有了一个新的开始。

挪亚共活了九百五十岁就死了。

《创世记》9 章 29 节

恐龙,化石,煤和石油又如何?

在《圣经》中我们找不到"恐龙"这个词——这个词是近代才出现的,是一位英国的解剖学家在 1841 年发明出来的。在《圣经》早期的书卷中记载的一些动物到今天已不存在了,其中两种与化石的记载有极吻合相似的地方。[9]

若凭《圣经》所说,可以假定一开始恐龙是与人一同被造,一同生活的。由于很多恐龙都是类似爬虫的动物,大部分是会不停地生长直至死亡为止。若它们有人类在洪水之前那么长的寿命*,这便解释了它们为何有如此庞大的身躯。

> * 很多人活到超过九百年。

《圣经》记载陆地上的动物各有一对进入了方舟。显然,进入方舟的动物都是年幼的,这不仅可以节省空间,也能尽量保存洪水后的繁殖机会。恐龙的平均身形只有一匹小马那么大,而最大的恐龙出生时的体积也不会比一个足球大,计算一下便会知道,方舟上是会有足够的空间,能让这样多的生物停留。

我们只能推测它们消灭的原因。近数十年,很多动物都在地上消失了。就算在近期的例子中,也很难找出准确的原因。在千万年前,要找出原因便更难了。由于洪水后的天气有了极大的改变,一般都认为这些动物难以生存下去。

洪水所形成的情况解答了很多大自然的问题。举例说,洪水遗留下来的大量淤泥,水的巨大压力,大量的腐蚀,都可以解释现今所发现的煤、石油和化石的沉积物。很多化石显示出它们在很短的时间内,灾难性地被埋葬。这些如同一个巨大的化石"坟场"。这些完整的化石,例如一条鱼,表明埋葬的过程是极其迅速,沉淀物很快便硬化,以致食腐肉的动物、细菌与腐烂都没有机会破坏它们的特征。

有关创造与洪水的观点有很多富启发性的著作,提供了合理和有逻辑性的解释。你若被问题困扰,可参考附录所提供的资料,再进一步查考分析这方面的问题。

（四）巴别

《创世记》第十章有时被称为"列国表"，说明了世上主要的民族是由挪亚的三个儿子开始。这一章以这节经文作为结束：

> 这些都是挪亚三个儿子的宗族，各随他们的支派立国，洪水以后，他们在地上分为邦国。
>
> 《创世记》10 章 32 节

再次，人类一代一代地过去，地球上的人口不断地增加。故事的发展到了历史学家称为人类文明的发源地：古代的"美索不达米亚"，即今日的伊拉克。

那时，天下人的口音言语都是一样。他们往东边迁移的时候，在示拿地遇见一片平原，就住在那里。他们彼此商量说："来吧！我们要作砖，把砖烧透了。"他们就拿砖当石头，又拿石漆当灰泥。他们说："来吧！我们要建造一座城和一座塔，塔顶通天，为要传扬我们的名，免得我们分散在全地上。"

《创世记》11 章 1—4 节下

人的计划

洪水之后，神吩咐人：

> 要生养众多，遍满了地。
>
> 《创世记》9 章 1 节下

人这时却试图改变神的计划，加上了自己的主意：

首先，人认为要聚在一处，建造大城，这直接违背了神的命令。再次，人以为自己"比神更清楚"什么是对的事。

由此可见，人在顺服上有困难。你有否想过，为何小孩子生来就不听父母的教训？因为人的自然倾向就是不肯服从。基本上，人不喜欢听从吩咐，喜欢随心所欲。这就是巴别的人的问题所在。

其次，人在大城之外，要建造高塔，为要荣耀自己。他们说要……

……传扬我们的名…… 《创世记》11章4节下

我们可以听见撒但的喃喃咒语，因为这正是撒但当初的野心。

迷失

当然，这种种计划都没有把神计算在内。人忙于要成为"大人物"，为自己"立名"，其原因是骄傲自大，把神抛诸脑后。站在一位如此伟大，如此高超，如此显赫，如此大能的神旁边要高抬自己。神要这些"立名"的人显出他们的荒谬。事实上，《圣经》指出，神是唯一配被高举的。

因此，人的计划并不符合神的命令。人再一次背弃至高的神。

巴别是《圣经》记载第一个有组织的宗教。《圣经》常用巴别或被称为巴比伦来代表人类的宗教追寻。人要建造一个高达于天的塔，用自己的方法寻找神。你们可以想像他们在炎热中辛劳地收集泥土，烧成砖块，然后用沥青把它们黏在一起。这必然是极其辛劳的工作，目的是为了能达到天上。其实，这不会成功，因寻找神只能依从神的方法。"宗教"这词的解释就是："人寻找神的努力"。人的本性就是不断地通过不同途径去寻找神。但可惜这都是无望的追寻。《圣经》告诉我们人在一个属灵的旷野中迷失了，人不能靠自己找到归回神面前的途径。人不能除去自己的罪，也不能有足够的义使自己可以蒙神悦纳。

《圣经》指出，唯一真正通往神的道路是由神自己提供的，这与人的宗教大不相同。

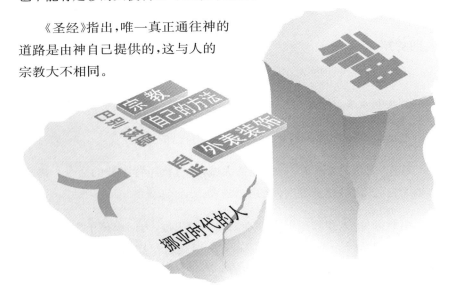

祂施下怜悯，来到人的当中，提供一条可以避免罪的刑罚的途径。我们是神所拯救的，祂是救主。《圣经》清楚地指出巴别的人不理会这个事实。当然，他们这些努力逃不过神的眼睛。神清楚地知道他们的意图……

……乃设法使逃亡的人不至成为赶出回不来的。

《撒母耳记下》14 章 14 节下

巴别的人忽略了这一点。他们在那动人的建筑上的所有努力，当然都没有逃过神的目光。神完全明白了他们的所作所为。

耶和华降临，[10]要看看世人所建造的城和塔。耶和华说："看哪，他们成为一样的人民，都是一样的言语，如今既作起这事来，以后他们所要作的事，就没有不成就的了。"

《创世记》11 章 5—6 节

神知道当人有共同的语言时，人类的科技就会迅速发展，这是历史可证实的。生活愈先进愈舒适，人对神的需要愈减少，这似乎也是规律。神虽赋予人自由意志，但祂并不希望人离开祂独自生活。

分散

这故事还未完结。神对人的背叛作出了行动，神说：

"我们*下去，在那里变乱他们的口音，使他们的言语彼此不通。"于是，耶和华使他们从那里分散在全地上。他们就停工不造那城了。

《创世记》11 章 7—8 节

> *请再次留意"我们"这两个字。《圣经》清楚说明只有一位神。那么，当神说"我们"时祂是在对谁说话呢？我们稍后再看这点。

有人说南北美洲土著人横过阿留申（Aleutian）地峡移居。这说法无法作出圆满解释，虽然语言上有些关联，但仍无法从语言学上证实。人数稀少、语言独特的孤立群体，会住在如此偏远的地方——由格陵兰北部到亚马逊森林，这都难有合理的解释。《圣经》指出是神把他们分散——我认为这就是事情的真相。祂无疑也同时给他们知识去生活在新的环境中。

无论是什么原因——通过地峡的迁移或是神分散他们，神赐给他们新的语言。神做得很彻底。任何尝试学习一种新语言的人都会知道不可能短时间造出一种新的语言。神所创造的语言有些是相当复杂的，即或训练有素的语言学家，也要花很多年的时间才能学会，且不能完全了解。

人所建造的大城并没有消失，但它有一个名字，这个名字的意思是"混乱"。

> 因为耶和华在那里变乱天下人的言语，使众人分散在全地上，所以那城名叫巴别。
>
> 《创世记》11章9节

各种各族始于何时？[11]

从某一方面来说只有一个种族——人类。《圣经》以国家或部落作为人的分类，而不是以肤色或外表来定，但差别确实存在。这些差别到底是如何形成的呢？

为方便解释，让我们以肤色作为例子，也可以应用于眼睛、鼻形、发质和身高等方面。

我们一般认为肤色有很多种，但实际上只有一种主色，就是黑色素。若我们的黑色素成分很少，我们的肤色便较为浅白；若黑色素较多，肤色便会较深。除此之外，还有较次要的因素形成人类不同的肤色，独特的肤色不是某些种族所独有的。

如果黑人和白人结婚，他们的儿女将有棕色的皮肤。如果这一代再彼此结合的话，他们儿女的皮肤可以是黑色、白色或任何两者之间的颜色。为什么？因为父母二人皆具备构成不同肤色的一系列遗传因子。

现在，由上述婚姻选出黑皮肤的，与同肤色的后代结婚。然后，他们移居到一个他们不可能与其他肤色的人通婚的地方，那么，他们后代的肤色便会继续是黑色。他们不会拥有白色皮肤的遗传因子。

在同一情况下，白色皮肤的人也是一样，他们也不会拥有黑色皮肤的遗传因子。这种分成两种肤色的过程，在没有加进任何新的遗传因子的情况下，会在几代后才出现。虽然以上的解释相当精简，却足以看出问题并非如起初所想的一般困难。

《圣经》指出地上的万国万族皆源于挪亚。挪亚的三个儿子与他们的妻子的肤色想必是棕色的，因为他们必然拥有能在他们后代中产生白色和黑色皮肤的遗传因子。

第六章

（一）亚伯拉罕

在巴别变乱口音之后，经历了很多世代，《圣经》再次提到神介入人类的历史中。这些年间，神并没有忘记差遣"拯救者"的应许。虽然大部分人很少想到神，但每一代仍然有相信神的人。亚伯兰与撒莱便是其中一对夫妇。

> 撒莱不生育，没有孩子。
>
> 《创世记》11 章 30 节

亚伯兰的家乡是吾珥，在巴别的南边。由于跟从神的指示，他离开家乡去哈兰。神在那里第二次对他说话。

> 耶和华对亚伯兰说："你要离开本地……往我所要指示你的地方去。"亚伯兰就照着耶和华的吩咐去了，罗得也和他同去。亚伯兰出哈兰的时候，年七十五岁。[1]
>
> 《创世记》12 章 1 节，4 节

对亚伯兰来说，这事很不简单。他不能查考地图，也没有上网搜集有关该地的资料或与旅行社计划行程。他根本不知道要去什么地方！神并没有告诉他。他启程上路，只一心相信神会一天一天地带领他。那未知的目的地便是迦南，即今天的以色列。

> ……他们就到了迦南地。亚伯兰就在那里为向他显现的耶和华筑了一座坛。
>
> 《创世记》12 章 5 节下，7 节下

亚伯兰因为相信神是救他脱离罪的后果的救主，他把带血的祭献在坛上作为他的罪的"代赎——遮盖物"。动物的祭只是代表除罪的一个必需之举，亚伯兰的祭清楚表明了他知道自己需要一个代赎，为他付上死的

代价。他和亚伯、挪亚及历史中一切的义人一样，信靠神。

亚伯兰过的是半游牧民族的生活，当时的人称他为"希伯来人"，带有"漂流者"、"从那边过来的一位"的含义。亚伯兰在一个地方住了很久，那城镇便以"希伯仑"为名。由这时开始，亚伯兰和他的后代都被称为"希伯来人"。

四个应许

神给亚伯兰四个确实的应许：

1. 我必叫你成为大国……[2]
2. 我必叫你的名为大……[3]
3. 为你祝福的，我必赐福与他，那咒诅你的，我必咒诅他……[4]
4. ……地上的万族都要因你得福。

> 当神**赐福**给人时，会赐下恩惠和康泰。
> 当神**咒诅**人时，会带来不幸的事。

《创世记》12 章 2—3 节

神的首项应许对亚伯兰来说是个大好消息。若要成为大国，他必要先养儿育女。但由于他膝下无儿，撒莱又已过了生育的年龄，亚伯兰对这应许的兑现困惑不已。但神应许了，事就必会成就。

最后的一个应许是随着第一个应许而定，并且直接指向那"拯救者"。神告诉亚伯兰，他的后人将要成为"受膏者"，并成为所有人的祝福。《圣经》说亚伯兰信神，在希望见到那拯救者时大大欢喜。[5]

> 这事以后，耶和华在异象中有话对亚伯兰说："亚伯兰，你不要惧怕！我是你的盾牌，必大大地赏赐你。"
>
> 亚伯兰说："主耶和华啊，我既无子，你还赐我什么呢？"……于是领他走到外边说："你向天观看，数算众星，能数得过来吗？"又对他说："你的后裔将要如此。"亚伯兰信耶和华，耶和华就以此为他的义。

《创世记》15 章 1—2 节，5—6 节

最后一句是含有极重要的意思在内。我们来看一看以下三个有深远含义的字，它们即是"义"、"以"和"信"。最后一个字相当重要，我将会详细谈及它。

义

我们较早前曾提到"公义"是指神的完全、无可指责、圣洁、纯全、清洁、全无瑕疵和无罪。

以

翻译为"以"（credited）的一个字，字义中带有以付款作为清付账目的意思，这字在今天的金融界使用非常普遍。我们喜欢有钱财"算"在我们的账户中，因为我们是收款人！但《圣经》说：

> 亚伯兰信耶和华，耶和华就以此为他的义。 　　《创世记》15 章 6 节

记得那因罪而来的"债据"吗？当然，亚伯兰也不例外，神说因为亚伯兰的信心——他信靠神——他便被"以"为"义"。

负债者

这如同神在说，"亚伯兰，因为你信靠我，我会在你的罪的账户上先付款。我会把'我的'完全放在你的账目上。你现今要明白，'我的'义胜过了你的恶。我所要给你的能超出你所有的罪。你可以视你的罪债已完全付清了。因为我所给你的是'我的'义，不仅可以解决你的罪债，它更可以让你有与我一同住在天堂所需要的完美。"

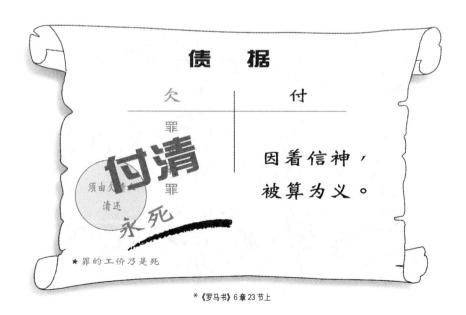

《圣经》中提及亚伯兰相信神会守祂的诺言,因此他……

……等候那座有根基的城,就是神所经营、所建造的。

《希伯来书》11 章 10 节

虽然亚伯兰的身体最终会死去,但亚伯兰不会经历随着第二次死而来的惩罚。他知道他会与神一起,永远活在天堂里。

较早前,我们曾问过“一个银币的两面”的问题,我们怎能除去我们的罪,同时又能有一种“与神的义相等的义”,以使我们可以在神的面前被接纳? 对亚伯兰来说,答案很简单:信靠神,相信祂的应许,神便会供应所需。

(二) 相信

第三个字,“信”,是很容易被误解的。我们要按照神的话语所说的,对这个字有所理解:

※ 相信、信心、信靠和信任,这四个词的概念,常常交替使用。

亚伯兰**相信**耶和华	他**相信**神所说的话
亚伯兰对耶和华有**信心**	他对祂的话有**信心**
亚伯兰**信靠**耶和华	他知道神是可**信**的
亚伯兰**信任**耶和华	他单单**信任**神

※ 真正的信心是建立于事实而非感觉。当你坐在一张椅子上,你相信它能承托你。你坐在它的上面不是因为你对这椅子有好感或有一份特别的感情。你应该是因为看见这椅子是可靠的,基于这个事实,你坐于其上。亚伯兰的信心是基于一个事实——神的应许。这可以用一个很简单的数学公式来表达。

> 　神说:“你要有一个儿子”
> ＋ 创造主是一位全能和说实话的神
> 　亚伯兰会有一个儿子

※ 这并不在乎你“信心的多少”,[6] 而是你信的是“谁”。亚伯兰的信心或许有时会动摇,但他的信是牢牢地建立在神的身上。

※　真正符合《圣经》的信心或相信,不会只停留在思想上的认同。若是如此,这便不是真诚的信心。

信心可以用以下的例子说明:两位朋友一同去游乐场,其中一位问:"你相信那过山车不会出轨吗?"另一位朋友回答:"当然相信!"然后,第一位朋友便说:"这样,我们去坐吧!"若第二位朋友不愿意,并且用诸般理由推辞,那他的信心便大有疑问。他口里可能说信,但心中却有怀疑。

过山车很可能会有故障,或有其他很好的理由拒绝乘坐,但重点是:相信和信心都会影响我们的行动!

亚伯兰的信心不单是点头同意。他把自己的一生、声誉、行动都投入其中。因着信,他顺服神,来到一个陌生之地。因着信,他在坛上献祭,相信神会救他脱离罪的后果。

同时,我们需要明白,亚伯兰的顺服并非尝试向神或其他人证明他信心的真实。相反,因为他信神,他便会很自然地做神要他做的事。因此,当我们读到"亚伯兰信神……",我们要想到其中所包含的一切。

当我们继续研读下去时,便会明白更多的事实,并且会进一步看见信心是偿还罪债的必要条件。目前,只要知道神恩待信靠祂的人便足够了。

因着亚伯兰的信心,神把他的名字改为亚伯拉罕,意思是"多国之父"。撒莱则被改名为撒拉,意思是"公主"。神用这方法来表明祂会履行祂的诺言,虽然当时他们二人都已过了生育年龄。

(三) 以撒

> 耶和华按着先前的话眷顾撒拉,便照祂所说的给撒拉成就。当亚伯拉罕年老的时候,撒拉怀了孕。到神所说的日期,就给亚伯拉罕生了一个儿子。亚伯拉罕给撒拉所生的儿子起名叫以撒。
>
> 《创世记》21 章 1—3 节

纵然亚伯拉罕和撒拉已经年纪老迈,神仍然信守诺言。祂是信实的,乐于成就人看为不可能的事。

这些事以后,神要试验亚伯拉罕,就呼叫他说:"亚伯拉罕!"

他说:"我在这里。"

神说:"你带着你的儿子,就是你独生的儿子,你所爱的以撒,往摩利亚地去,在我所要指示你的山上,把他献为燔祭。"

亚伯拉罕清早起来,备上驴,带着两个仆人和他儿子以撒,也劈好了燔祭的柴,就起身往神所指示他的地方去了。

到了第三日,亚伯拉罕举目远远地看见那地方。

亚伯拉罕对他的仆人说:"你们和驴在此等候,我与童子往那里去拜一拜,就回到你们这里来。"

亚伯拉罕把燔祭的柴放在他儿子以撒身上,自己手里拿着火与刀,于是二人同行。以撒对他父亲亚伯拉罕说:"父亲哪!"

亚伯拉罕说:"我儿,我在这里。"

以撒说:"请看,火与柴都有了,但燔祭的羊羔在哪里呢?"

亚伯拉罕说:"我儿,神必自己预备作燔祭的羊羔。"于是二人同行。

他们到了神所指示的地方,亚伯拉罕在那里筑坛,把柴摆好,捆绑他的儿子以撒,放在坛的柴上。亚伯拉罕就伸手拿刀,要杀他的儿子。耶和华的使者从天上呼叫他说:"亚伯拉罕!亚伯拉罕!"

他说:"我在这里。"

天使说:"你不可在这童子身上下手,一点不可害他!现在我知道你是敬畏神的了,因为你没有将你的儿子,就是你独生的儿子,留下不给我。"亚伯拉罕举目观看,不料,有一只公羊,两角扣在稠密的小树中,亚伯拉罕就取了那只公羊来,献为燔祭,代替他的儿子。

亚伯拉罕给那地方起名叫"耶和华以勒",直到今日人还说:"在耶和华的山上必有预备。"耶和华的使者第二次从天上呼叫亚伯拉罕说:"耶和华说:你既行了这事,不留下你的儿子,就是你独生的儿子,我便指着自己起誓说:论福,我必赐大福给你;论子孙,我必叫你的子孙多起来,如同天上的星,海边的沙。你子孙必得着仇敌的城门,并且地上万国都必因你的后裔得福,因为你听从了我的话。"

《创世记》22 章 1—18 节

这是一个意味深长的故事。乍看之下,似乎神认可用婴孩献祭!且慢,让我们深入看清楚。

你的独生子

当时的情况很简单。神要求亚伯拉罕把他儿子献在坛上——把他杀死。这要求非同寻常。当神提醒亚伯拉罕这是他的独生子时,事实上亚伯拉罕不用提醒也会清楚这一点。他为这儿子等候多年,以撒不仅是神应许将要成为众多后代的唯一儿子。神在这事上当然是很清楚的,一个死去了的儿子是不可能有后代的!

神的要求很可能使亚伯拉罕感到困惑。他曾目睹别的族裔以人为祭,又知道这是人讨神欢心的普遍方式。但是,神吩咐献以撒,这吩咐与亚伯拉罕一向对创造者的认识是矛盾的。神,因为祂的慈爱,应许以撒将要有众多的儿女。而现在神的要求与神以前的应许无法吻合。神怎么能是自相矛盾呢?但是,亚伯拉罕又知道神是可信的,因此他照神的吩咐去做。他带着儿子,备上驴,带着献祭所需的物品,启程去做神所吩咐的事。他的内心必定极其痛苦!亚伯拉罕在顺服的事上迈出了一大步,而这一步显出了他对神的良善有肯定的信心。

《圣经》没有让我们自己去推测亚伯拉罕在想什么。它告诉我们亚伯拉罕持守神的应许,深信即或他献以撒为祭,神也会使他从死里复活。

亚伯拉罕因着信,被试验的时候,就把以撒献上。他以为神还能叫人从死里复活,他也仿佛从死中得回他的儿子来。

《希伯来书》11 章 17 节上,19 节

《圣经》指出神要试验亚伯拉罕的信心。我们稍后会找出那原因。亚

伯拉罕把儿子献上是经历最后考验,他向自己,也向我们,显出了他对神真实无伪的信心。

亚伯拉罕、以撒和两位仆人向摩利亚地的山走去。当他们走近时,以撒背着柴,和亚伯拉罕独自前行。以撒在路上向他父亲发问。以撒必然见过很多次献祭,他不需要有高深的教育也能察觉少了一样重要的东西——祭物。羊羔在哪里呢?

以撒说:"请看,火与柴都有了,但燔祭的羊羔在哪里呢?"

《创世记》22 章 7 节下

我们可能会猜测,以撒有没有想到其他宗教盛行的孩童献祭。不过他同样深深地相信神! 当他的父亲回答说神会预备羔羊时,以撒便安心地继续上路。《圣经》说他们二人同行。

神指示他们在摩利亚地的山上建立祭坛。很多年后,犹太人的圣殿便是建立在摩利亚山,或许便是亚伯拉罕献以撒之所在地。

捆绑

他们到了神所指示的地方,亚伯拉罕在那里筑坛,把柴摆好,捆绑他的儿子以撒,放在坛的柴上。

《创世记》22 章 9 节

亚伯拉罕的儿子并非一个孩童。"童子"一词,在希伯来文中可以是指适合打仗年龄的青年男子。以撒当然可以反抗,虽然亚伯拉罕已不再年轻,但《圣经》中没有任何以撒反抗的记载。明显地,以撒是愿意顺服他的父亲,他的行动表示了他对顺从神话语的父亲深信不疑。

以撒被绑在祭坛后,已不能有任何反抗,他在神直接清楚的命令下要被宰杀,他不能救自己。《圣经》上说亚伯拉罕伸手拿刀——你可以看见这位老人家的手在颤抖。他的牙齿在打战,他的心在破裂,这是"他的"儿子啊! 心中的压力是何等的大,那颤抖的手慢慢举起,刀锋在晦暗的光中闪亮。当他决定要把刀刺下去的那一刻⋯⋯神阻止了他。耶和华的使者从天上呼叫亚伯拉罕说:

"你不可在这童子身上下手,一点不可害他! 现在我知道你是敬畏神的了,因为你没有将你的儿子,就是你独生的儿子,留下不

给我。"   《创世记》22 章 12 节

当时的场面必定非常感人。你可以看见父子两人沉重的心情释放了。神出面阻拦。死亡的判决终于过去！——至少对以撒来说是如此。但仍然要有死亡。

代替品

《圣经》说神预备了一只动物。

亚伯拉罕举目观看，不料，有一只公羊，两角扣在稠密的小树中。

《创世记》22 章 13 节上

公羊因为两角被缠着不能动，故不会因为挣扎求脱而受伤。

亚伯拉罕就取了那只公羊来，献为燔祭，代替他的儿子。

《创世记》22 章 13 节下

虽有死亡,但却是以公羊取代了以撒。公羊的死免去了以撒的死。神供应了代替品。这事在亚伯拉罕的脑海中留下了深刻的印象,因此他给这座山起了一个名字,以提醒自己记住神是一位应许的神。

> 亚伯拉罕给那地方起名叫"耶和华以勒",直到今日人还说:"在耶和华的山上必有预备。"
>
> 《创世记》22 章 14 节

亚伯拉罕藉此认识神真的是……

……在患难时作他救主的啊! 《耶利米书》14 章 8 节

神重申祂对亚伯拉罕的应许作为结束。他将有无数的后代——整个以色列国。神的应许亦包括了那将要来的"受膏者",他将是亚伯拉罕和以撒的后人,他要使万国得福。

> 耶和华说:"……我便指着自己起誓说,……地上万国都必因你的后裔得福,因为你听从了我的话。"
>
> 《创世记》22 章 16 节下,18 节

神对亚伯拉罕的要求是"一生中仅有的一次——甚至是人类历史中唯一的一次"。神不但要向亚伯拉罕说明,也要向我们说明审判、信心以及透过代替品而得到解救的真理。

正如亚伯拉罕的儿子以撒因为神直接的命令要面对死亡,同样,所有人都落在死的审判之下。[7] 以撒不能救自己,但亚伯拉罕相信神,他相信这位慈爱的神总有方法扭转局面。神亦真的干预事情的发生。祂以代替品提供了逃避的方法。这是以命抵命——无罪的为有罪的代死。

正如亚伯献上祭物代替他死,同样,公羊代替以撒死。神接受亚伯的祭物,神同样接受公羊代替亚伯拉罕的儿子成为祭物。这是神的心意。人要按神的方法到神面前,相信祂的话是可信的。

第七章

（一）以色列与犹大

神应许亚伯拉罕与以撒那位"拯救者"将是他们的后人。他们二人均得享长寿而终。

雅各（以色列）

以撒有两个儿子：以扫和雅各。以扫，跟该隐一样——按自己的意思生活，做自己喜欢做的事。另一方面，雅各相信神的话，因此，神以他为义，雅各常常把带血的祭献给神。

公元前2000年		公元1900年
（亚伯兰）亚伯拉罕撒拉（撒莱）	雅各（以色列）	流便 西缅 利未 **犹大** 但 拿弗他利 迦得 亚设 以萨迦 西布伦 约瑟 便雅悯
以撒	以扫	

> 于是，雅各……到了……伯特利。他在那里筑了一座坛，因为……神在那里向他显现。
>
> 《创世记》35 章 6—7 节

雅各也相信神话语中的原则，就是……

> ……若不流血，罪就不得赦免了。　　　《希伯来书》9 章 22 节下

> 因为活物的生命是在血中，我把这血赐给你们，可以在坛上为你们的生命赎罪。因血里有生命，所以能赎罪。
>
> 《利未记》17 章 11 节

雅各虽然是个罪人，神却在他生命中居首位。稍后，他的名字被改为"以色列"，是"神得胜"的意思。今天的以色列国，是雅各的后人，也是以他的名字为国家的名字。

神向雅各重申祂的应许，也就是祂向亚伯拉罕和以撒所立的应许，神对雅各说：

> 我是耶和华你祖亚伯拉罕的神，也是以撒的神……地上万族必因你和你的后裔得福。　　　《创世记》28 章 13—14 节

神说雅各的后嗣中有一位要使地上万国得福——就是那"应许的拯

救者"。

雅各（或以色列）共有十二个儿子，而以色列的十二个支派[1] 是由他们而出。雅各在临终之前为儿子"犹大"祝福，指出那"拯救者"将出自他的支派。

埃及

亚伯拉罕、以撒和雅各在迦南地（今天的以色列）过着半游牧式的生活。雅各晚年时，所住的地方遇上饥荒，他与儿子和家人迁到埃及。当时，这群难民只有七十人，埃及给了他们很好的待遇。

三百五十年后，他们仍在埃及。估计当时那里的以色列人已经有二百五十万。亚伯拉罕、以撒、雅各的后代果然成了大国，但他们有个问题——他们住在不该住的国家里。神应许他们的是迦南而非埃及。但是，神在那七十人未到埃及之前已告诉雅各：

> "我也与你同在，你无论往哪里去，我必保佑你，领你归回这地，
> 总不离弃你，直到我成全了向你所应许的。"

《创世记》28 章 15 节

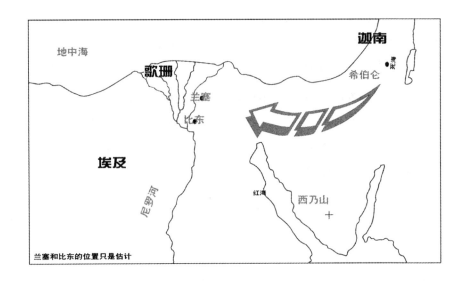

兰塞和比东的位置只是估计

（二）摩西

二百五十万的以色列人住在埃及是一件不容忽视的事。埃及王（或法老）出了一个主意：

> 看哪，这以色列民比我们还多，又比我们强盛。来吧！我们不如用巧计待他们，恐怕他们多起来，日后若遇什么争战的事，就连合我们的仇敌攻击我们，离开这地去了。
>
> 《出埃及记》1章9—10节

> 于是埃及人派督工的辖制他们，加重担苦害他们。他们为法老建造两座积货城，就是比东和兰塞。　《出埃及记》1章11节

以色列人不单是奴隶，并且是做苦工的奴隶。

> 只是越发苦害他们，他们越发多起来，越发蔓延。埃及人就因以色列人愁烦。埃及人严严地使以色列人作工，使他们因作苦工觉得命苦；无论是和泥，是作砖，是作田间各样的工，在一切的工上都严严地待他们。　《出埃及记》1章12—14节

但神并没有忘记祂的应许，《圣经》说……

> 神听见他们的哀声，就记念祂与亚伯拉罕、以撒、雅各所立的约。神看顾以色列人，也知道他们的苦情。　《出埃及记》2章24—25节

以色列人离开的时候到了。神所要的人已经准备就绪——一位称为"摩西"的以色列人。

摩西生在埃及，父母是以色列人。出生时，摩西面对死亡。在神的保守下，他被拯救并成为法老家里的一位成员，得到最好的教育。长大后，摩西为了帮助一个以色列人而杀了一个埃及人，为此他逃到旷野。在那里，他成了一位牧羊人，在接下来的四十年学习带领羊群。这是神要他学习的功课。

> 摩西……领羊群往野外去，到了神的山，就是何烈山。耶和华的使者从荆棘里火焰中向摩西显现。摩西观看，不料，荆棘被火烧，却没有烧毁。
>
> 《出埃及记》3章1—2节

不难想像，摩西必定目瞪口呆了好一会儿，非常困惑。到底是怎样一回事？他妻子若知道有这种不会烧毁的木材，岂不是会很高兴，可以供应很多厨房所需的燃料啊！

> 摩西说："我要过去看这大异象，这荆棘为何没有烧坏呢？"耶和华神见他过去要看，就从荆棘里呼叫说："摩西！摩西！"
>
> 《出埃及记》3章3—4节上

这棵树竟然还会说话！我们可以想像摩西当时四处张望，手心冒汗，希望没有其他人在场听见。与一棵灌木谈话，人家会怎么想呢？

> 他（摩西）说："我在这里。"神说："不要近前来，当把你脚上的鞋脱下来，因为你所站之地是圣地。"又说："我是你父亲的神，是亚伯拉罕的神，以撒的神，雅各的神。"
>
> 《出埃及记》3章4节下—6节上

摩西必定全身打颤。他从小便听闻有关至高神的事情。他知道神是地上一切的创造者——主人。他知道这是一位圣洁的神，会因为人的罪而与人分开。摩西自己也是一个罪人——一个杀人犯。

> 摩西蒙上脸，因为怕看神。

> 耶和华说："我的百姓在埃及所受的困苦，我实在看见了；他们因受督工的辖制所发的哀声，我也听见了。我原知道他们的痛苦。
>
> 故此，我要打发你去见法老，使你可以将我的百姓以色列人从埃及领出来。"
>
> 《出埃及记》3章6节下，7节，10节

摩西松了一口气，神并不是要审判摩西，而是给他一份差事。但问题来了，摩西只是一个牧羊人，似乎不能承担这个任务。他有何身份呢？百姓又怎会相信一个自称与荆棘说话的人呢！摩西对神说：

> "我到以色列人那里，对他们说：'你们祖宗的神打发我到你们这里来。'他们若问我说：'祂叫什么名字？'我要对他们说什么呢？"

> 神对摩西说："我是自有永有的。"又说："你要对以色列人这样

说:'那自有的打发我到你们这里来。'" 《出埃及记》3章13—14节

"自有永有"的意思是神是靠自己的能力而存在的。

神又对摩西说:"你要对以色列人这样说:'耶和华你们祖宗的神,就是亚伯拉罕的神,以撒的神,雅各的神,打发我到你们这里来。耶和华是我的名,直到永远;这也是我的纪念,直到万代。

你去招聚以色列的长老,对他们说:'耶和华你们祖宗的神,就是亚伯拉罕的神,以撒的神,雅各的神,向我显现,说:我实在眷顾了你们,我也看见埃及人怎样待你们。我也说,要将你们从埃及的困苦中领出来,往迦南人、赫人、亚摩利人、比利洗人、希未人、耶布斯人的地去,就是到流奶与蜜之地。他们必听你的话。'"

《出埃及记》3章15—18节上

虽然摩西犹豫,但他知道神所应许的,祂必然守信。摩西收拾一切返回埃及,回到法老和为奴的以色列人当中。路上,他遇见神安排做他代言人的哥哥亚伦。

摩西、亚伦就去招聚以色列的众长老。亚伦将耶和华对摩西所说的一切话述说了一遍……百姓就信了。以色列人听见耶和华眷顾他们,鉴察他们的困苦,就低头下拜。

《出埃及记》4章29节,30节上,31节

一切都正如神所说的。百姓相信他,而且敬拜神。神守祂的诺言。

(三) 法老与逾越节

摩西、亚伦使以色列的领袖相信神所说的,这是一回事,但要法老接受建议又是另一回事,要完成这工作想必是困难重重。

后来摩西、亚伦去对法老说:"耶和华以色列的神这样说:'容我的百姓去,……'"

法老说:"耶和华是谁,使我听他的话,容以色列人去呢?我不认识耶和华,也不容以色列人去!" 《出埃及记》5章1—2节

当然,法老在某方面是对的,因他不认识耶和华神。埃及敬奉众多的

神——太阳神、暴风之神、尼罗河神,甚至法老本人也是一位神。每一个神以不同的记号代表:兀鹰、青蛙、蝎子等等。埃及人敬拜受造之物而非造物之主。法老不仅不认识真神,他甚至不愿意认识祂。他若敬拜造物主,便会失去自己的权力和地位。而让以色列人离开,埃及在经济上也会蒙受很大的损失——失去大量的免费劳工,法老坚决反对这样的建议。

> 耶和华对摩西说:"现在你必看见我向法老所行的事,……所以你要对以色列人说:'我是耶和华。我要用伸出来的膀臂重重地刑罚埃及人,救赎你们脱离他们的重担,不作他们的苦工。'"
>
> 《出埃及记》6 章 1 节上,6 节

神告诉摩西,祂会用各种灾害惩罚埃及。只有如此,法老才会让以色列人离开。这似乎不大合理。若神降灾给埃及,难道法老不会报复吗?神用祂向以色列列祖所立的应许鼓励他们。

> "我要以你们为我的百姓,我也要作你们的神……我起誓应许给亚伯拉罕、以撒、雅各的那地,我要把你们领进去,将那地赐给你们为业。我是耶和华。"
>
> 《出埃及记》6 章 7 节上,8 节

神的子民

神说以色列人要作"祂的"子民。这并不是说"只有"以色列人才会跟随真神,而是神让人通过祂与以色列人的关系,更容易地认识祂是怎样的一位神。各国要认识神只要看一看这一个国家,便可以很清楚地、有声有色地知道神是如何对待人的!

神说要以降灾给埃及来拯救以色列人,在这过程中,祂要教导这两个国家有关祂的功课。

以色列人:所要学的功课……

> "你们**要知道我是耶和华你们的神**,是救你们脱离埃及人之重担的。"
>
> 《出埃及记》6 章 7 节下

埃及人:所要学的功课……

> "我伸手攻击埃及,将以色列人从他们中间领出来的时候,埃及

> 人就要知道我是耶和华。"
> 《出埃及记》7章5节

神要教导两国的人同一个功课——只有祂是神。但是,法老不肯理会摩西、亚伦的要求,因此神告诉他们:

> 明日早晨他出来往水边去,你要往河边迎接他……对他说:"耶和华希伯来人的神打发我来见你说:'容我的百姓去,……到如今你还是不听。'
>
> 耶和华这样说:'我要用我手里的杖击打河中的水,水就变作血,因此,你必知道我是耶和华。河里的鱼必死,河也要腥臭,埃及人就要厌恶吃这河里的水。'"
> 《出埃及记》7章15节上,16—18节

事情果然实现了。神攻击埃及宗教中的神——尼罗河,使之变为血。神使他们的神发出腥臭,祂使他们厌弃这河! 但是……

> ……法老心里刚硬,不肯听摩西、亚伦……法老转身进宫,也不把这事放在心上。
> 《出埃及记》7章22—23节

真神对诸神

一连串的事情随之而来。神警告法老要让以色列人离开;当法老说不的时候,神便降灾下来,每一种灾害都是针对埃及诸神,首先是尼罗河的水变成"血"。

然后,神使"青蛙"成灾,无孔不入。食物中、床上、遍地、各处都有。

随之而来是成群的"虱子"。

跟着是"苍蝇"。

然后"牲畜"中发生瘟疫——它们都死了。

这一切之后,人生了"脓疮",极其痛苦。

接着,"冰雹"摧毁了一切农作物。

剩下的又被大群的"蝗虫"所吃。

最后,真神击败假神——太阳,"黑暗"的咒诅使太阳黯然无光。

神一共用了十灾——最后和最严重的一个灾尚未来到。神对摩西和亚伦说:

> 耶和华对摩西说:"我再使一样的灾殃临到法老和埃及,然后他

必容你们离开这地。他容你去的时候,总要催逼你们都从这地出去。"

摩西说:"耶和华这样说:'约到半夜,我必出去巡行埃及遍地,凡在埃及地,从坐宝座的法老,直到磨子后的婢女,**所有的长子……都必死**。'"

《出埃及记》11 章 1 节,4—5 节

最后一灾是最严重的,假若他们不遵照神的指示而行,埃及人与以色列人所遭遇的都会一样。神,是一位公正的神,会使罪得到惩罚,但作为一位满有慈爱的神,祂也会"恩慈地"提供一个逃避死亡的方法。

取一羊羔……

耶和华在埃及地晓谕摩西、亚伦说:"……本月初十日,各人要按着父家取羊羔,一家一只。"

《出埃及记》12 章 1 节,3 节

没有残疾的公羊羔

不能有任何残疾或缺陷。神要一只完美的羊羔。

"要无残疾,一岁的公羊羔,你们或从绵羊里取,或从山羊里取,都可以。"

《出埃及记》12 章 5 节

在指定的时间内宰杀羊羔

"要留到本月十四日,在黄昏的时候,以色列全会众把羊羔宰了。"

《出埃及记》12 章 6 节

把血涂在门框和门楣上

"各家要取点血,涂在吃羊羔的房屋左右的门框上和门楣上。"

《出埃及记》12 章 7 节

在屋内留至早晨

"拿一把牛膝草,蘸盆里的血,打在门楣上和左右的门框上。你们谁也不可出自己的房门,直到早晨。"

《出埃及记》12 章 22 节

骨头不可折断

"应当在一个房子里吃,不可把一点肉从房子里带到外头去。羊羔的骨头,一根也不可折断。"

《出埃及记》12 章 46 节

我要越过

"因为那夜我要巡行埃及地,把埃及地一切头生的,无论是人是
牲畜,都击杀了,又要败坏埃及一切的神。我是耶和华。这血要
在你们所住的房屋上作记号,我一见这血,就越过你们去,我击
杀埃及地头生的时候,灾殃必不临到你们身上灭你们。"

《出埃及记》12 章 12—13 节

当神要审判、击杀长子时，祂会"越过"所有已涂上血的房子。

耶和华怎样吩咐摩西、亚伦，以色列人就怎样行。

《出埃及记》12 章 28 节

他们的服从，表明他们对神的信靠，相信神所说的是真实的。

思想

你可以想像有人这样想："这简直是荒谬，要把最好的羊羔宰杀。我有一只又老又有残疾的，应该可以了吧！"

又或有人找朋友说："喂，今晚天气真好，我们在屋外享受一下吧！"

有人或者会说："我才不会用血弄脏我的门框和门楣——真恶心！我只会把它们倒在后门的地上。"

神会越过吗？当然不会。他们可能都怀着最好的意图行事，但却没有相信神所说的话。只"做他们自己的事"——正如该隐一样，又如挪亚时代的人。他们罪有应得，神会使他们与埃及人一同受罚，因为他们不愿意信祂。

另一方面，若有埃及人听见神所要降的灾，心里想："我们的神既是假的，以色列人所敬拜的是真神。我要以他们的神作我的神，那祂会要求我作什么呢？"若这埃及人信靠神的话，遵照逾越节的要求而行，神那夜会"越过"他的房子吗？他能避免刑罚吗？会的，祂会——因为他按照神的方法来到祂面前。神会接纳他的信心，向他施恩。

到了半夜，耶和华把埃及地所有的长子，就是从坐宝座的法老，直到被掳囚在监里之人的长子，以及一切头生的牲畜，尽都杀了。

法老和一切臣仆，并埃及众人，夜间都起来了。在埃及有大哀号，无一家不死一个人的。

夜间，法老召了摩西、亚伦来，说："起来！连你们带以色列人，从我民中出去，依你们所说的，去事奉耶和华吧！也依你们所说的，连羊群牛群带着走吧！并要为我祝福。"埃及人催促百姓，打发他们快快出离那地，因为埃及人说："我们都要死了。"

正当那日，耶和华将以色列人……从埃及地领出来。

《出埃及记》12 章 29—33 节，51 节

神守诺言

神以恩慈对待法老，给他多次机会让以色列人离开，但法老不断拒绝。神说要惩罚埃及人，祂也照所说的行了。神不像我们。我们可能会对孩子说要管教他们，但往往都没有贯彻实行。但神永远信守祂的诺言。埃及人受了惩罚。

另一方面，以色列人信神，因而经历了神的慈爱。当祂施行审判时，祂一看见门框和门楣上涂了血便越过此家门。长子得以保存生命是因为被杀的羊羔。自起初便是如此。神接受亚伯的祭，因有一动物替他死。当亚伯拉罕献以撒为祭时，公羊代替以撒而死。这次在逾越节，羊羔代替长子而死。

这些代替的祭物表达了人相信神是他的救主的信心。因为他们相信神，并照祂的吩咐而行。

这节日成为以色列人的传统。每年他们都会守"逾越节"的晚餐，记念神使他们不再作奴隶。

你们要记念这日，守为耶和华的节，作为你们世世代代永远的
定例。 　　　　　　　　　　　　　　　　《出埃及记》12 章 14 节

以色列人脱离了捆绑，被从前的主人赶离该地。神守祂的诺言——一切都如祂所说的成全了。

第八章

（一）面包、鹌鹑与水

以色列人启程时，急促而纷乱。为使他们尽快离开，埃及人给了他们不少贵重的物品；他们没有足够的时间收拾行装，匆匆忙忙把牲畜赶在前头。加上他们约有二百五十万的人，离开时真是一片大混乱！摩西虽是领袖，但也难以指挥如此庞大的人群，向他们呼喊："往这边走！"就是视力最好的人也无法在队伍中看见摩西在前头引领！不过，神自有方法解决这些难题。

> 日间，耶和华在云柱中领他们的路；夜间，在火柱中光照他们，使他们日夜都可以行走。
>
> 《出埃及记》13 章 21 节

沿途有了标记，人群很快有了秩序。他们只要信靠神向前看，并跟随那云柱的方向走。他们甚至可以在夜间上路，因为神也为他们预备了火柱引路。这是一个大规模的群众管理！

> 非利士地的道路虽近，神却不领他们从那里走，因为神说："恐怕百姓遇见打仗后悔，就回埃及去。"所以神领百姓绕道而行，走红海旷野的路。
>
> 《出埃及记》13 章 17—18 节

神看顾以色列人。祂带领他们进到无人居住的西乃旷野。在旷野虽没有敌人，却也没有粮食，大家便开始埋怨。

> 以色列全会众在旷野向摩西、亚伦发怨言，说："巴不得我们早死在埃及地耶和华的手下；那时我们坐在肉锅旁边，吃得饱足。你们将我们领出来，到这旷野，是要叫这全会众都饿死啊！"
>
> 《出埃及记》16 章 2—3 节

百姓埋怨，甚至有人情愿回到为奴之地。很可惜，他们轻视神的供应，因为神在过去也曾显出祂的看顾，也绝不会不顾他们而去。他们大可以到神面前求食物，因为神乐意做他们的供应者。可是，他们只是在埋怨！

面包与鹌鹑

> 耶和华晓谕摩西说:"我已经听见以色列人的怨言,你告诉他们说:'到黄昏的时候,你们要吃肉,早晨必有食物得饱,你们就知道我是耶和华你们的神。'"

> 到了晚上,有鹌鹑飞来,遮满了营。早晨,在营四围的地上有露水。露水上升之后,不料,野地面上有如白霜的小圆物。以色列人看见,不知道是什么,就彼此对问说:"这是什么呢?"*

> *"这是什么呢?"就是"吗哪"这词的意思。

> 摩西对他们说:"这就是耶和华给你们吃的食物。"

> 《出埃及记》16 章 11—15 节

以色列人不必劳苦就得肉食和面包,神供应了他们的需用。每天预备好的面包提醒他们:"神是那供应者"。他们必定为起初的埋怨而惭愧。神在教导以色列人新的功课。

一个简单的功课

> 这面包不仅是食物,其中还有更深一层的目的。神说⋯⋯

> ⋯⋯我好试验他们遵不遵我的法度。 《出埃及记》16 章 4 节下

> 神要摩西吩咐百姓,每天只可收取当天所需的面包分量。这是何等简单的吩咐⋯⋯

> 然而他们不听摩西的话,内中有留到早晨的,就生虫变臭了;摩西便向他们发怒。 《出埃及记》16 章 20 节

这功课很简单,没有人会因此受害,这功课的目的只是要百姓学习神是信实和值得信靠的,不顺服只会带来损害。

执迷不悟

> 以色列全会众都遵耶和华的吩咐,按着站口从汛的旷野往前行,在利非订安营。百姓没有水喝,所以与摩西争闹,说:"给我们水喝吧!⋯⋯你为什么将我们从埃及领出来,使我们和我们的儿

女并牲畜都渴死呢?"

摩西就呼求耶和华说:"我向这百姓怎样行呢?他们几乎要拿石头打死我。"

《出埃及记》17章1节,2节上,3节下,4节

他们没有学到前车可鉴的功课,而再次落在埋怨之中,这次是为了水。

耶和华对摩西说:"你手里拿着你先前击打河水的杖,……我必在何烈的磐石那里站在你面前,你要击打磐石,从磐石里必有水流出来,使百姓可以喝。"摩西就在以色列的长老眼前这样行了。

《出埃及记》17章5—6节

水

你也许看过描绘这神迹的图画。画中摩西拿着杖站在磐石旁,一道水泉如同厨房的水龙头直喷到地上。当然水必然是滔滔涌流,多少干渴的人等待水喝,还有多少牲畜。流出来的水绝不可能只是点点滴滴,而是滔滔不绝的急流!《圣经》说:

祂打开磐石,水就涌出,在干旱之处,水流成河。

《诗篇》105篇41节

百姓虽然不配,神仍然丰富地供应他们所需。神,作为他们的创造者——主人,本可以挥动皮鞭,要他们乖乖地坐好听从祂的话。毕竟,罪是有它的后果的。但神是有忍耐,又有温柔。祂向他们显出恩慈——一种不配得的慈爱。作为罪人,人不配得神的慈爱,但祂仍然供应人所需。

(二) 十条诫命

神称以色列人为"祂的"子民,作为神的子民,他们要向全世界表明神与人关系的榜样。但是以色列人仍需更多地认识神。神对人展现自己是一个持续的过程,祂性格的另一个重要启示即将来临。

以色列人出埃及地以后,满了三个月的那一天,就来到西乃的旷

野。……就在那里的山下安营。

摩西到神那里,耶和华从山上呼唤他说:"你要这样告诉雅各家,晓谕以色列人说:'我向埃及人所行的事,你们都看见了,且看见我如鹰将你们背在翅膀上,带来归我。如今你们**若**实在听从我的话,遵守我的约,**就要**在万民中作属我的子民;因为全地都是我的,你们要归我作祭司的国度,为圣洁的国民。'这些话你要告诉以色列人。"

《出埃及记》19 章 1—6 节

若……就

简单而言,便是神说:"你们若听从我,我便接纳你们,你们便可以向万国表明我是怎样的一位神。"条件是——最关键的一句话:"你若听从我,便要……"

直至目前为止,以色列人的表现仍相当差。纵然神早已吩咐,他们却仍收取过于所需用的吗哪。他们又以埋怨代替信靠。若真正信靠神便该如此说:"神啊,我们没有听从你的话。你是圣洁的,我们都是有罪的。若你要我们作圣洁的祭司——并要按着我们对你的顺从来接纳我们——我们便有祸了!"

不成问题

摩西聚集百姓询问他们怎样回应神的宣告,他得到很好的回应。

百姓都同声回答说:"凡耶和华所说的,我们都要遵行。"摩西就将百姓的话回复耶和华。

《出埃及记》19 章 8 节

他们同声地说:"神啊!是的,我们接纳你一切的要求,我们会成为良好的祭司。圣洁方面也没问题。我们会成为前所未有的圣洁国民。我们可以做到!"或许这有点夸张,但相信你会明白其中所要表达的意思。事实上,人在这个时候根本还未明白何谓圣洁和公义。因此,神要清清楚楚地教导百姓。

实物教材

课程先由一些实物教材开始。

> 耶和华又对摩西说："你往百姓那里去，叫他们今天明天自洁，又
> 叫他们洗衣服。到第三天要预备好了，因为第三天耶和华要在
> 众百姓眼前降临在西乃山上。"
>
> 《出埃及记》19 章 10—11 节

神吩咐摩西要百姓"分别为圣"或分别出来。神要他们洗衣服。这实物教材是要帮助以色列人明白他们要"不沾染"罪恶。以色列人洗衣服是表明在神面前的清洁和纯全，清洗的本身不能使他们的罪得到洗净。这些行动只能帮助他们明白属灵的洁净是公义所需的重要成份。

神还有别的实物教材，祂吩咐摩西：

> 你要在山的四围给百姓定界限，说："你们当谨慎，不可上山去，
> 也不可摸山的边界；凡摸这山的，必要治死他。"
>
> 《出埃及记》19 章 12 节

界限刻划了神与人之间因罪而来的分隔。神警告人不能接近祂，因为祂是圣洁的，罪人无法活在祂的面前。这是要提醒各人，罪的结局便是死亡。

> 到了第三天早晨，在山上有雷轰、闪电和密云，并且角声甚大，营
> 中的百姓尽都发颤。摩西率领百姓出营迎接神，都站在山下。
> 西乃全山冒烟，因为耶和华在火中降于山上，山的烟气上腾，如
> 烧窑一般，遍山大大地震动。角声渐渐地高而又高，摩西就说
> 话，神有声音答应他。
>
> 《出埃及记》19 章 16—19 节

神最后的一个实物教材是相当骇人的——雷轰、闪电、密云、洪亮的角声、烟及火，以及震动的山。所有百姓都震惊不已！罪人在圣洁的神面前是应当惧怕的，这一点神绝不含糊。

在随后的几分钟内，人对神的认识进了一大步。神为"你们要圣洁与公义"这句话下了清楚的定义，这好比神在说："你已眼见看顾你们的神是怎样的一位神。如今我要做从未做过的事——我从未如此清楚地说明过，就是"若"你们遵守我将要颁布的十条诫命，你们"就"可以成为圣洁的国民——与我有特别关系的独特国民，你们会知道生活行为的准则。其他的国家也可以看见这些事实。"[1]

然后，神说：

第一诫

> *"我是耶和华你的神……除了我以外，你不可有别的神。"*
>
> 《出埃及记》20 章 2 节上，3 节

神告诉人不可敬拜任何人或物。原因非常清楚：

> *"我是耶和华，在我以外并没有别神。"* 《以赛亚书》45 章 5 节上

只有神配得人的敬拜。这不是有关单信"一位"神的问题，而是要信"这一位"神——这一位真神。凡想成为公义的人都要单单敬拜耶和华。

人以为只要没有敬拜"异教"的神，便可以心安理得，但这个命令的含义是：若家庭、地位、工作、外表、钱财、娱乐、身体，任何事情或任何人，对你而言，比神更重要，你就已干犯了这条律例。

第二诫

> *"不可为自己雕刻偶像；也不可作什么形像仿佛上天、下地和地底下、水中的百物。不可跪拜那些像；也不可事奉它，……"*
>
> 《出埃及记》20 章 4—5 节上

第一诫指出我们不能敬拜其他的神。第二诫指出人不能敬拜"任何"神的形像或偶像，不论他是真的或是假的。神甚至不要人跪拜任何用来代表祂的形像、肖像或图像。因为神是个灵，人不需要为祂做任何的形像。任何人造的形像都不值得敬拜——只有真神配得。

> *"我是耶和华，这是我的名，我必不将我的荣耀归给假神，也不将我的称赞归给雕刻的偶像。"* 《以赛亚书》42 章 8 节

神的另一个要求是圣洁——使人可以被创造的神所接受——就是人不能敬拜任何被造物或代表祂的形像或图像。

第三诫

"不可妄称耶和华你神的名；因为妄称耶和华名的，耶和华
必不以他为无罪。"

《出埃及记》20 章 7 节

神告诉人祂是该受尊重的。作为独一的神，祂的名不能被滥用。作为全地的审判者，祂该受尊敬。作为君王，祂配得我们最高的敬重。第三诫相当清楚：要成为公义，人必须尊重至高的神。

第四诫

"当记念安息日，守为圣日。六日要劳碌作你一切的工，但
第七日是向耶和华你神当守的安息日。……无论何工都
不可作。"

《出埃及记》20 章 8—10 节

神吩咐以色列人要守第七日——星期六——作为安息的一日。在这特别的日子，要向世人表明神与他们的独特关系。《圣经》说：

你要吩咐以色列人说："你们务要守我的安息日，因为这是你我
之间世世代代的证据，使你们知道我耶和华是叫你们成为圣的。"

《出埃及记》31 章 13 节

神要以色列人知道若要成为圣洁，他们必要守安息日作为区别的记号。

第五诫

"当孝敬父母，……"

《出埃及记》20 章 12 节上

这诫命乃是要儿女敬重父母。神指出正常的家庭该和睦同居而非彼此敌对。儿女应该有尊敬和顺服的表现。在这经文中，假定父母是以家庭为重。

神告诉作儿女的，圣洁的条件是要与父母关系良好。神要家庭成为一个遵守规矩，彼此尊敬而非一个混乱和充满怒气的地方。

> 吵架、漠视、辩驳、含怒、静默抗议、批评——这些都是不敬的
> 行为。

第六诫

"不可杀人。"　　　　　　　　　　　　　　　　　　　《出埃及记》20 章 13 节

神赐人生命,因此人不可夺去别人的生命。但神不仅指杀人的
行为,也针对行动背后的动机。

《圣经》告诉我们:

神……连心中的思念和主意,都能辨明。并且被造的没有一样
在祂面前不显然的;原来万物,在那与我们有关系的主眼前,都
是赤露敞开的。　　　　　　　　　　　　　　《希伯来书》4 章 12 节下—13 节

因为神鉴察人的内心,祂对杀人的定义比我们的更广、更深。神认为
一些人的怒气也属于杀人。

你们听见有吩咐古人的话,说:"不可杀人",又说:"凡杀人的,难
免受审判。"只是我告诉你们:凡向弟兄动怒的,难免受审判……
凡骂弟兄是魔利的,难免地狱的火。

《马太福音》5 章 21—22 节

要达到神的生活标准,人一定不可乱发脾气或无故地生气。

第七诫

"不可奸淫。"　　　　　　　　　　　　　　　　　　　《出埃及记》20 章 14 节

神说明人只有在婚姻内才可以有性关系,唯一可以有性关系的
就是配偶。

但是,神是鉴察人内心的,祂知道人的不洁思想。

你们听见有话说:"不可奸淫。"只是我告诉你们:凡看见妇女就

动淫念的，这人心里已经与她犯奸淫了。

《马太福音》5 章 27—28 节

若以眼望配偶以外的人而想与对方有性关系，便干犯了这条诚命。成为圣洁乃是行为和思想都要圣洁。

第八诫

"不可偷盗。"
《出埃及记》20 章 15 节

神禁止人夺取别人的财物。神容许人拥有自己的产业。偷盗就是不听从神，而偷盗的人不能算为公义。

> 偷盗包括欺骗作弊——无论是在考试或税务上。

第九诫

"不可作假见证陷害人。"
《出埃及记》20 章 16 节

人要诚实，因为神不容忍虚谎。前文提及撒但的本性是说谎者，他是欺骗人的。但神刚好相反。真理来自神的本性——这是祂最基本的本质。祂是——

……那无谎言的神……
《提多书》1 章 2 节

我们可以绝对相信神所说的话，因为……

……神决不能说谎……
《希伯来书》6 章 18 节

因为神是信实的，一切谎言对神来说都是"公然的"不顺从。撒但则是"谎言之父"，一切说谎的人都跟随他。根据神的律法，闲言碎语、虚假控诉、造谣诽谤都是罪。

第十诫

"不可贪恋人的房屋，也不可贪恋人的妻子、仆婢、牛驴，并他一切所有的。"
《出埃及记》20 章 17 节

人不可嫉妒别人拥有的财物、能力、外表或其他任何事物。

撒但曾说："我要与至高者同等"，他贪恋神的位置。贪恋、贪心或嫉妒都是罪，都是神不能接受的，这正是撒但所走的路。

在我们的社会中，人不断地抵触、干犯这个律例的规限。这是非常微妙的。很多人渴望能有高人一等的待遇，盼望与某某人看齐的心态，并对自己说我是"配得的"。其实这是我们的骄傲——另一种的罪在作祟。

现在我知道了

十条诫命在此作结。神把它们写在石版上，表示祂的律例永不更改。随着时间的推移，人可以说服自己欺诈是可以接受的，但神的律法仍然认定它是错误的。

如今人知道，神以什么为罪。《圣经》的一位作者对这方面的真理如此说……

……只是非因律法，我就不知何为罪。非律法说："不可起贪心。"我就不知何为贪心。

《罗马书》7 章 7 节

但问题依然存在。神对这些律例的要求到底有多严格呢？若人偶然违反了其中一条，那么是否可以接受呢？神的要求是什么呢？

（三）法庭

十诫已颁布了。但人若不知道"怎样"遵守，以及"何时遵守"，这些诫命便是空设，是纸上谈兵而已。有例外吗？假若有人以往曾犯奸淫，神是否要他永远受罚呢？一位完全的颁布律法者的期望是什么呢？

首先，神告诉我们，若要被祂接受，必要遵守十条诫命——每一条！

"我再……确实的说，他是欠着行全律法的债。"

《加拉太书》5章3节

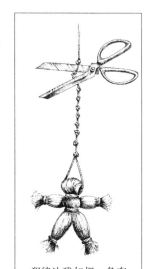

犯律法犹如把一条有十个结的绳子剪断，只要剪了其中一个，整根绳子便会断开。同样，只要干犯了一条律法，便违反了神整个对与错的标准，成为有罪了。

我们可以只是守其中四条而忽略其他吗？神说得很清楚，我们要守所有的诚命。不仅如此……

> 因为凡遵守全律法的，只在一条上跌倒，他就是犯了众条。
>
> 《雅各书》2 章 10 节

神告诉我们，若犯了一条——只是一次——我们便如同犯了所有的诚命，我们便不是完全的，神也不能接受我们到祂的圣洁面前。

神是全然圣洁的，祂也只能接受完全公义的人。人的义必须与神的义相同，否则关系便不能重建。

我们不仅要守全律法，神甚至要我们为自己所有的罪，包括自己不察觉的罪负上责任。

> 若有人犯罪，行了耶和华所吩咐不可行的什么事，他虽然不知道，还是有了罪，就要担当他的罪孽。　　《利未记》5 章 17 节

有一次，我正把这课题跟一对夫妇分享，当我谈到这一点时，那位丈夫用力地拍着桌面，口中用神的名在咒骂。（他的妻子则马上指出他刚违反了神的律法，妄用神的名。这真是一个不合宜的时刻！）他说："神真不公平！若这是神接受我的唯一方法，神已使之成为不可能了。我根本无法完完全全地遵守这些律例！"他的失望是十分明显的。

罪的知识

神知道人是不能完全地遵守这些律例的。祂赐下十诫之目的十分清楚。

> 我们晓得律法上的话，……**好塞住各人的口，叫普世的人都伏在神审判之下**。　　《罗马书》3 章 19 节

这节经文提及两件事：

1. 十诫使那些自称能被神接纳的人哑口无言。人若认真地读这十诫，必会察觉到自己的罪。

2. 十诫让我们看见自己是犯罪的人。起初人是神的朋友，在恶事上"无份"。但当亚当、夏娃不听从神的指示时，神便脱下了友谊的外套，穿

上了法官袍。神本是人的朋友，如今成了法官，传召人到法庭中。没有一位律师起来为人辩护。没有一位律师可以为人辩护。无论他怎样聪明都不能使法庭对被控者另眼相看。没有可依赖的陪审团，没有贿赂的可能，公正的法官宣判，人因违犯神的律法被**裁定有罪**。

所以凡有血气的，没有一个因行律法能在神面前称义，因为律法本是叫人知罪。

《罗马书》3 章 20 节

十条诫命的目的乃是要我们知道或意识到我们自己是罪人。它让我们看见神的圣洁与我们的罪性。这是一个对与错的简单衡量标准。它们好像一个测温器——可以显示我们有病但不会使我们痊愈。

一面镜子

十诫对我们来说犹如一面镜子，照出我们脸上的污秽。若你独自一人，你无法得知你的脸是否清洁。或许有人可以指着你说："你的脸很脏呢！"但你可以否认说："我的脸一点不脏，我看不见！"你当然可以如此相信。但若有一面镜子，你便可以看见脸上的污秽，亦无法否认这事实。对着镜子，你变得"哑口无言"，你必需承认那肮脏的脸——你的"罪"。

罪也是一样。人不知道何谓"罪"，直至神颁布诫命。正如镜子照出污秽，十诫也使我们察觉出罪来。

十诫"不是"要我们靠着遵守律例来与神和好，这不是律法的目的。这好比我们尝试从镜子上擦掉污秽！镜子是为了反照污秽而不能洁净污秽。事实上，当你尝试在镜子上擦去脸上的污秽时，很可能会把镜子也弄脏了；它再也不能清楚地反照事物。尝试遵守十诫的人，往往会修改或减少诫命，以使自己不会显得太差。

神的角度

我们从另一个角度来看这一点。还记得前面我们如何把我们对长满蛆虫的死鼠的看法与神对罪的看法所作的比较吗？尝试以遵守十诫来讨神喜欢，就像在死鼠尸体上喷上香水一样——这不会使我们更容易接受它。"死鼠已经发臭"。同样，遵守十诫不能使我们更容易被神接纳。"我们仍是罪人"。

这把我们带回到神赐十诫的理由上……

……罪因着诫命更显出是恶极了。 《罗马书》7章13节下

神要我们看所有的罪,无论大小,都与祂的看法一样——是极恶,是全然的败坏,极具破坏性,极之可恶,令人毛骨悚然,污秽不堪。祂要我们体会祂的纯洁无瑕是远超过一切我们自己所能有的义。祂要我们明白甚至在最好的时候,"我们的义也不能与祂的圣洁**等同**。"两者相差得太远了。

鸿沟

当时,有人可能以为自己比别人好,甚至夸口神爱他多于其他人。但是,当律法赐下后,神要每一个人都明白……

我是在罪孽里生的,在我母亲怀胎的时候,就有了罪。

《诗篇》51篇5节

如今,人不仅认识自己真的有罪,也当看见神的完美。神的圣洁——祂的公义——是人无法达到的,人根本无能力达到。因罪而来的鸿沟比人所想像的更大。由于没有人可以完全遵守律例,律法不能成为连接这破口的桥梁。

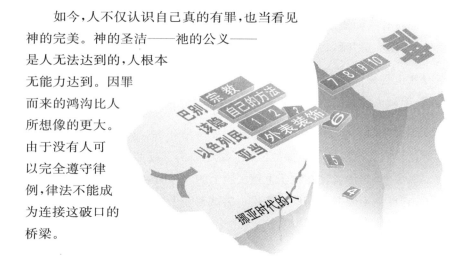

两个群体

以色列人对十诫的初步反应,与现今很多人相同。《圣经》说全以色列会众都震惊发颤,他们多半是因为行雷和闪电而惊恐。他们受外在的现象所影响,为这浩大的能力彰显而震惊。对于十诫,他们仍未学到功课——还以为自己有能力遵守。正如今天大多数人的想法一样,他们注重遵守诫命而忽略了它们的目的。

另一方面,也有些以色列人对神的公义标准有了深一层的体会。他们如今明白神所指的"圣洁"**乃是**"无罪"的意思。他们害怕,是为了另一个原因,他们知道无法完全遵守整套律法。

无论是什么原因,《圣经》说以色列人震惊。

他们对摩西说:"求你和我们说话,我们必听,不要神和我们说话,恐怕我们死亡。"

《出埃及记》20 章 19 节

耶和华对摩西说:"你上山到我这里来,住在这里,我要将石版并我所写的律法和诫命赐给你,使你可以教训百姓。"

《出埃及记》24 章 12 节

如今十条诫命已开始生效,以色列人要以此为他们的道德标准。但当人扪心自问,就知道人若要"被神接纳",就必须依靠着另一个途径。

十个建议?

十诫在古时被指为道德的律例,似乎它们只是与道德和行为有关。

道德的律例虽然不能使人与神重修旧好,但并不表示它们毫无价值。正如物质界的定律使宇宙有规律,属灵的律例使国家有规律。

很多国家拒绝接受《圣经》中的行为法则,要活在一个无道德标准的社会中。这种社会根本不存在,这种文化也无法延续下去。其实不要任何立场,就是已经有了立场。

人拒绝接受《圣经》的标准便会盲目地走向错误,而且一代比一代更接受罪。《圣经》指出这只会带来混乱。

你是哪一种人?

大部分人都会承认他是"罪人"。但是,很少会承认他们是"无助的罪人"。个中分别很大。

※ "罪人"相信他们可以做些什么来得到神的接纳呢? 他们相信神是要他们遵守十诫,去教会、祈祷、受洗、捐献或对邻舍友好,他们以为做任何以上的一件事都可以讨神欢心。

一个人的"善"可以除去"恶",由此能赚取神的接纳:这种想法并非《圣经》的道理。"做善事"是值得欣赏的,但《圣经》指出这一切行为都不能修补已遭破坏的人与神的关系。我们有一个不能解决的深层问题——我们"罪的境况"。

《圣经》中没有的观念

※ 另一方面,一个"无助的罪人"知道,他不能凭做什么来赚得神的接纳。他不能清除那污染他生命、如死鼠般的罪。《圣经》指出,我们是全然无助的。

我们都像不洁净的人,所有的义都像污秽的衣服;我们都像叶子渐渐枯干,我们的罪孽好像风把我们吹去。

《以赛亚书》64章6节

我们的"善"达不到神圣洁的要求。为了解释这点,人可以说:"我们所有的义都像污秽的死鼠",正如我们厌恶在腐烂中的死鼠,对那位完全、圣洁的神来说,罪也是可厌的。

第九章

（一）会幕

正如上一章所说,有些以色列人以为能靠着守十诫而得到神的接纳,他们愚蠢地选择了属灵的旷野路。另一方面,有些人已作好准备,让神指示他们那唯一能被接纳的途径。

迷失

让我们从整本《圣经》的角度来想一想。若神要写一个教学计划,来教导人该做什么才可以与祂"和好",祂会从何开始呢？祂首先教导人的会是什么呢？

课程大纲——第一步

例子：一个人在河里游泳时,被急流卷走,他在挣扎中大声呼救！一群人正在观望,但当时除了一位游泳技术高明的人外,其他人都没有能力救他。

岸上的人不断求那人去救那遇溺者。但他不肯,他只是站着,看着那人拼命地挣扎。最后,那人筋疲力尽了,那懂游泳的人便跳入水中把他救上岸来。

众人批评他耽搁太久,他说："遇溺的人只要还有一点力气,决不会让我救他。等他放弃拯救自己的努力时,我才可以救他。"[1]

结论：亲近神的第一步,乃是要知道自己是一个"无助"的罪人,不能从罪的永远后果中把自己救出来。

神若是这样地教授祂的课程,你很可能会听见以色列人反对的呼声："神啊！这点你早已提到了。我们早知道了！"假定神如此回答："是的,我知道,我正是要你们明白这一点。要我接纳你们的第一步,便是要你们知道自己是无助的罪人。我只会拯救那些放弃自己拯救自己的人。"

以上的内容可能纯属推想,但其中的应用却是实际的。这正是《圣经》一贯的教导。现在,让我们再进一步探讨。

耶和华晓谕摩西说："你告诉以色列人当为我送礼物来,凡甘心乐意的,你们就可以收下归我。……又当为我造圣所,使我可以住在他们中间。"

《出埃及记》25 章 1—2 节,8 节

实物教材

以色列人要建造一所"圣殿"——一个神圣的地方，称为"会幕"* ，这是神在他们中间居住的地方。神"并非"因为需要一个居所才如此要求，神是要造一个颇具匠心的实物教材。我们继续研究下去，自会渐渐明白其中的意思。我会用以下一些篇幅来作解释，因此千万不要不耐烦而跳到下一课去。这是拼图中重要的一块。

> * "会幕"不要与教堂混为一谈。它们之间没有任何关系。

开始时，神要求百姓为建筑工程作甘心的捐献。祂清楚说明祂要的是百姓甘心情愿的捐献，不作任何号召，也不勉强。人按自己的意愿捐献。神清楚地指出：

"制造帐幕和其中的一切器具，都要照我所指示你的样式。"

《出埃及记》25 章 9 节

基本图样

会幕是可以拆散移动的。它像帐幕一般有墙壁，有类似毛毡的布料盖顶。它分为两部分：三分之一是称为"至圣所"的房间，而另外的三分之二称为"圣所"。有一层厚厚的帘，有时被称为"幔子"，把这两个地方分开。

"这幔子要将圣所和至圣所隔开。"　　　《出埃及记》26 章 33 节下

会幕有一个外院，有一个约七英尺（两公尺）高的围栏把整个外院围住，当中只有一道门作出口。

在"帐幕"与"外院"中，主要的摆设共有七件。[2]

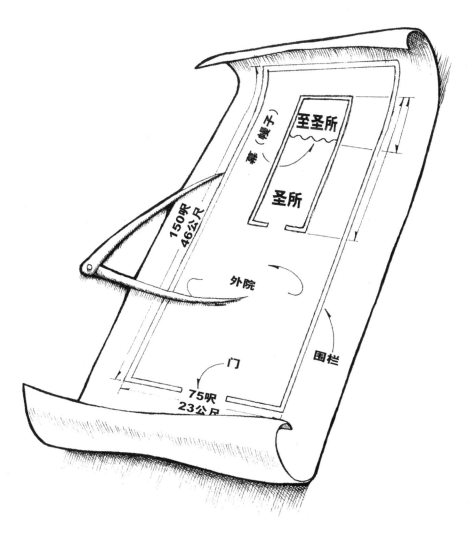

至圣所

幕（幔子）

圣所

150呎
46公尺

外院

围栏

门

75呎
23公尺

会幕基本图样

外院

❶ 铜坛

这是在外院中第一样的摆设。它是很大的,用木造成,再以铜包裹,拐角上有四个角,放置在院门内。

❷ 洗濯盆

是一个用铜造的大盆,放在铜坛与圣所的中间,其中盛载水作洁净之用。它代表人必须先洁净自己才可以到神的面前。

❸ 灯台

神没有说明灯台的大小,但我们知道它的形状,一条主干分出七条枝子,由于它是由精金制造,它的大小自然因此受到限制。

❹ 陈设饼的桌子

这特别的桌子上放置了十二块饼,每一块代表以色列的一个支派。

❺ 金坛或香坛

这坛放置于分隔"至圣所"与"圣所"的幔子前。当以色列人在外祷告时,坛上便献香。上升的香气代表着向神发出的祷告。

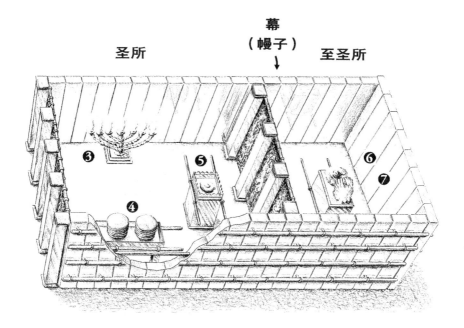

圣所　　　　幕
　　　　　（幔子）　　　至圣所
　　　　　　↓

至圣所

❻ 约柜

这个包上纯金的木盒可用作箱子。其中存放了两件我们熟悉的东西：十诫的法版和盛载着神在旷野供应以色列人食用之吗哪的罐子。

❼ 施恩座

约柜有一个精心设计的盖，是用纯金造的，其上有两位天使伸展他们的翅膀。约柜与它的施恩座是至圣所中唯一的摆设，神说：

"我要在那里与你相会，又要从法柜施恩座上二基路伯中间，和你说我所要吩咐你传给以色列人的一切事。"

《出埃及记》25 章 22 节

祭司

"你要从以色列人中,使你的哥哥亚伦和他的儿子……一同就近你,给我供祭司的职分。"

《出埃及记》28 章 1 节

神吩咐摩西立亚伦和他的儿子在会幕中作"祭司"。亚伦被立为"大祭司"。神把这些人与其他人分开,并不是因为他们本身有什么特别,而是因为神要祂的百姓尊重祂的圣洁。神不要一群未经训练的乌合之众打理会幕,这些祭司受过特殊训练,当以色列人漂流时,他们负责监管会幕的一切。

会幕完成

以色列人到达西乃山九个月后,会幕完成了。

耶和华怎样吩咐的,他们就怎样作了。摩西看见一切的工都作成了,就给他们祝福。

《出埃及记》39 章 43 节

第二年正月初一日,帐幕就立起来。

《出埃及记》40 章 17 节

会幕完成后,带领以色列人的云彩便停在至圣所上面,代表神与祂的百姓同在。

当时,云彩遮盖会幕,耶和华的荣光就充满了帐幕。摩西不能进会幕,因为云彩停在其上,并且耶和华的荣光充满了帐幕。

《出埃及记》40 章 34—35 节

实物教材的实施

会幕安置后,也就到了使用这实物教材的时候了。神对摩西说:

"你晓谕以色列人说:'你们中间若有人献供物给耶和华,要从牛群羊群中,献牲畜为供物。'"

《利未记》1 章 2 节

神吩咐人要把祭物带到会幕,

祭物要"……从牛群羊群中……"

《利未记》1 章 2 节下

可以是一只羊,山羊或牛,不能用猪、马或骆驼。

他们要"……献……公牛……"　　　　　　　　　　《利未记》1 章 3 节上

它必要"……没有残疾的……"　　　　　　　　　《利未记》1 章 3 节上

供物不可以有任何疾病或残缺不全。

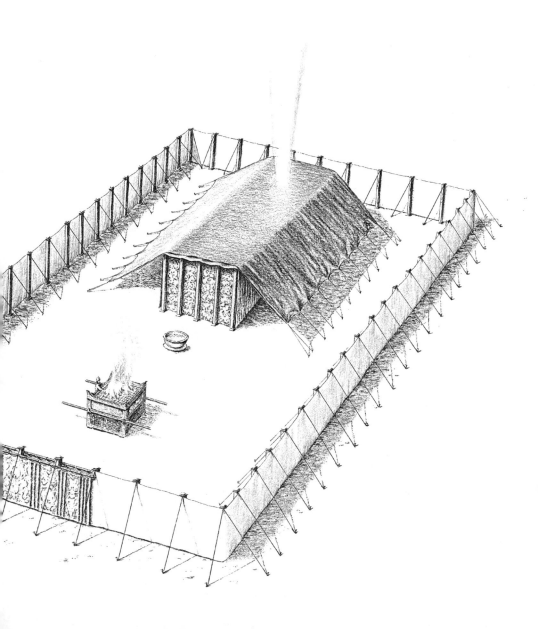

……要在会幕门口献……可以在耶和华面前蒙悦纳。

《利未记》1章3节下

祭物要献在院门内的铜*坛上。除了承认自己是无助的罪人，献祭还是亲近神的首要行动。献祭的人要……

……按手在燔祭牲的头上，燔祭便蒙悦纳，为他赎罪。

《利未记》1章4节

> * 在《圣经》中，铜一般是与罪的审判有关。

当他把手放在动物的头上时，表示他与那祭物认同。手放在头上代表按手的人的罪转移到动物的身上。如今因为动物承担了人的罪，它便要死。"罪的工价乃是死"。献祭的人会割破它的喉咙，清楚地表示这动物的死是因为"他的"罪。这是"无罪的替有罪的死"——作为一个代替物。《圣经》指出神接受这代替人的祭物。

以色列人对这必定很熟悉。他们的先祖岂不是献上带血的祭物给神吗？他们过去的确如此。

公义的救主

神再次提醒祂的人民，唯一能被神接受的是，相信祂是——

……公义的神，又是救主……　　　　　　　　《以赛亚书》45 章 21 节

以动物献祭，人给出对神内在信任的外在证据——以显明他们相信。因为死亡是对罪的惩罚，献祭则描绘出什么是罪得以赦免所必需的。

……若不流血，罪就不得赦免了。　　　　　　《希伯来书》9 章 22 节下

因为活物的生命是在血中，我把这血赐给你们，可以在坛上为你们的生命赎罪。因血里有生命，所以能赎罪。

《利未记》17 章 11 节

当神看到动物的死时，祂为"罪和死的律"所定的条件得到满足而感到满意——为罪而付出了"死的代价"。神并不想向人追讨罪债；人不会被判决；终极的后果也不会临到。然而，神愿为人对祂的信靠而喜悦，并把义算在他们身上，正如祂为亚伯拉罕所做的那样。

负债者

亚伯拉罕信神，这就算为他的义。　　　　　　《罗马书》4 章 3 节

因为义来自于神，它就提供了与神同在所需的完美条件。

这里完全没有什么新的方式。这正是亚伯、挪亚、亚伯拉罕、以撒、雅各和历世历代其他所有义人到神面前的方式。

赎罪日

祭司为了履行职务，在会幕中可以自由行动，但不能进入至圣所。

至圣所代表神与人同在。罪人连窥看它也不可以。在两房之间的幔子非常厚，使人看不见房内的一切。它保护着这最神圣的地方。甚至连大祭司亚伦也只能每年一次在赎罪日进入至圣所。[3]

惟有大祭司一年一次独自进去，没有不带着血为自己和百姓的过错献上。

《希伯来书》9 章 7 节

违反这吩咐的后果便是死亡。

要告诉你哥哥亚伦，不可随时进圣所的幔子内，到柜上的施恩座前，免得他死亡，因为我要从云中显现在施恩座上。

《利未记》16 章 2 节

赎罪日是一年一次的节日，叫人不断想到人的罪要在神的面前被隐蔽。每年都要重复这种礼仪，因为虽然神不再计算人的罪，但动物的血不能清付罪债。祭物只是一个暂时的遮盖物。

会幕、摆设、祭司、祭物与赎罪日——这都是神精心的实物教材。这些实物有助于解释神对人的计划。

（二）不信

以色列人对神的认识正在不断增加。神在他们缺乏的时候供应水和食物。《圣经》告诉我们，神甚至使他们穿的鞋也特别耐用——没有穿破。以色列人如今有了可依据的道德规条。虽然遵守十诫不会使人被神接纳，但它提供了一个全国一致的生活标准。他们知道什么是对，什么是错。神也因祂的爱提供了一个藉着带血的祭物蒙祂接纳的方法。你或许以为以色列人会因此世世代代对神存感恩的心。他们若真有感恩的心，他们却没有在行为中表现出来。他们开始埋怨，一再地埋怨。

为避免我们自以为义，以为只有以色列人才如此冥顽不灵，勿忘我们与他们也是同出一辙的。

以色列人可以说是代表着全人类。他们一年比一年更认识神，但随着这种认识的增加，便带来更多的责任。《圣经》说：

因为多给谁，就向谁多取；多托谁，就向谁多要。

《路加福音》12 章 48 节下

整体而言，以色列人如今对神的认识，比地上其他任何国家的人更多。

他们从何珥山起行，往红海那条路走，要绕过以东地。百姓因这路难行，心中甚是烦躁，就怨讟神和摩西，说："你们为什么把我们从埃及领出来,使我们死在旷野呢?"

《民数记》21 章 4—5 节上

这些控诉其实并不正确——神,伟大的供应者,"曾"供应他们所需的一切。他们没有感谢神每天的供应,反而控诉祂没有照顾他们。他们不理会神的律例,说谎并羞辱神的名。

我们在前文中提及违反定律有它的后果,正如违反地心引力的定律会引致骨折,违反神道德的定律也有它的后果。

过去,神多次容忍 * 他们的罪——祂是有恩慈的。以色列人与创造主的关系再不是初相识的了。他们学到了很多关于神的事。他们有了十诫而且是他们要遵守的。神不能容忍人的罪恶。"由他们吧! 我便当一切都没有发生。"不,罪有它的后果,它一向都是如此。

> 于是,耶和华使火蛇进入百姓中间,蛇就咬他们,以色列人中死了许多。　　《民数记》21 章 6 节

起初神已经说过罪是会带来死亡——肉身上、关系上和永恒上的死亡。这事实也因为多人的死亡被显明出来了。

> * 神只会在一段时间内容忍罪恶,至终必会审判罪恶。参考《使徒行传》17 章 30 节

以色列人非常绝望,知道只有神才可以从祂的惩罚中拯救他们。他们十分无助。

> 百姓到摩西那里说:"我们怨讟耶和华和你,有罪了。求你祷告耶和华,叫这些蛇离开我们。"　　《民数记》21 章 7 节上

神审判人的目的是为了改变人的态度——改变人的心思意念。在《圣经》中,这种心态的改变称为"悔改"。人只能在还有生命的时候悔改才能蒙神悦纳。肉身死亡后,罪人在火湖中面对审判,那时才"改变想法"则为时已晚。

以色列人知道自己犯了罪,他们悔改、求神拯救。他们再次信靠神。

于是，摩西为百姓祷告。耶和华对摩西说："你制造一条火蛇，挂在杆子上，凡被咬的，一望这蛇，就必得活。"摩西便制造一条铜蛇，挂在杆子上，凡被蛇咬的，一望这铜蛇，就活了。

《民数记》21章7节下—9节

杆子上的铜蛇并不是一些障眼法的伎俩。神只是给以色列人机会去表示他们是真的相信神。一个以色列人被蛇咬后，只要转眼望那铜蛇便可得医治。这一眼，表达了他对神的信心，相信神所说的话是真实的。

假设有一个人被蛇咬后不肯望那铜蛇,反而对其他人说:"老摩西实在疯了。以为望一望那荒谬可笑的铜蛇便可以使中毒的人得医治,他简直是疯了。我才不信呢!"这人必定死,不单因他被蛇咬,也因为他不信神。神看重信心,且审判不信的心。

要知道,我们认识神多少,就要负上责任多少,这是很重要的。我们要为我们所知道的负责任。

若干年后,摩西所造的铜蛇被希西家王所毁,因为百姓拜它,干犯了神的十诫之一。参考《列王纪下》18 章 4 节

温习:死亡

《圣经》中提及死亡的三方面:

1. **肉体的死亡**——人的灵与人的身体分开
2. **关系上的死亡**——人的灵与神分开
3. **将来喜乐的死亡**——人的灵永远与神分开

……罪的工价乃是死……　　　　　　　　《罗马书》6 章 23 节上

(三) 士师、列王和先知

我们现在要把数百年的事迹浓缩在数页纸内。对历史没有兴趣的人可以放心,以下的叙述内容不会令你难以消化,纵然你不完全明白,也可以帮助你明白一点点历史背景。如将每一段的标题与在162—163 页的图表相对照,会对你有一定的帮助。

以色列人从离开埃及到进入迦南，一共经过四十年之久。摩西在进入迦南地前离世，并由另一位满有能力的将领约书亚替代。

进入应许之地后，以色列人经过多年才安顿下来。地按"支派"分配，每一个支派基本上都是分别由雅各（以色列）的十二个儿子而建立起来。

士师时代

以色列人跟随神一段时间，渐渐又偏离了真理，最后相信偶像。因以色列人敬拜假神，神惩罚他们，神兴起其他国家，使这些国家强盛胜过以色列人，并强迫以色列人服侍和进贡给这些强国。过了一段时间，以色列人悔改并呼求神拯救他们，神又兴起领袖，称为"士师"，带领以色列人驱走征服他们的国家。这个循环持续了三百年之久。这段时期内，神一共兴起了十五位士师。

有些人以为只要你"信神"，便可平安无恙。但在他们的思想背后，他们以为所有的路——所有的信仰——至终会带他们到神那里。这并不是《圣经》的教导，《圣经》告诉我们，有很多假神，但只有一位真神。以色列人被审判，因为他们相信假神。

列王时代

世上列国中，以色列是最蒙福的，因为神自己就是他们的领袖和君王。但岁月流转，以色列要效法其他国家的做法，他们不要神作他们的王，他们要立人作王。神宽容地应允他们所求，但他们偏离真道的惯性，和跟随假神的做法并没有改变。

以色列有很多君王，但其中只有几位是相信神并跟从神的。正因如此，早期的循环又继续下去，唯一不同的是他们以"君王"代替了"士师"。

君王中有几位特别值得我们注意。大卫王该是以色列王朝中最伟大,也是最有名的一位。大卫王与其他统治以色列的君王不同,他真心跟从神。他相信只有神能救他脱离罪的后果。大卫称神为"我的救主"。

大卫王也是一位伟大的先知,神指示他写下部分的《圣经》篇章。大卫写的,大部分是用来赞美神的慈爱和怜悯的诗歌。大卫特别提到那位"应许的拯救者",神应允大卫:那位"受膏者"将是他的后人。[4] 大卫王有一个心愿,就是要把暂时性的会幕改成一个有类似结构而永久性的建筑物,并称它为"圣殿"。他希望把它建造在耶路撒冷,那城正是他统治时的国家首都。虽然大卫把所需要的物资都准备好了,但后来却是由他的儿子所罗门来完成这项工程。

所罗门王有两件事迹闻名后世:他的智慧和他所建造的圣殿,圣殿这伟大的建筑是在耶路撒冷的摩利亚山上,很可能是亚伯拉罕准备献以撒的同一个地方。

所罗门死后,以色列国家一分为二:北国十个支派仍然称为"以色列",而南国两个支派则称为"犹大国"。这次分裂,便是以色列人离开神的第一步。北国首先远离神,百姓表面上遵从神的吩咐,但内心却远离祂。

先知

神差遣先知不仅责备百姓在道德上的败坏,亦为将要来的审判提出警告。

有许多先知被神选召,写下《圣经》的一些经卷。其中有些提及有关那"应许的拯救者"的详细资料。

总的来说,这些先知都不被以色列人和他们的君王所接纳。这是有原因的。因为先知所传讲的并不是他们喜欢听的。举例说,先知以赛亚告诉百姓:

主说:"因为这百姓亲近我,用嘴唇尊敬我,心却远离我;他们敬畏我,不过是领受人的吩咐。"　　　　　　　　《以赛亚书》29 章 13 节

大部分人拒绝先知所传递的信息,他们不肯听从神。他们甚至迫害和杀害先知。更糟的是,撒但所派遣的众假先知令情况变得更混乱。神虽然已清楚地告诉百姓如何分辨真伪,但假先知仍然较受欢迎,因为他们

传讲百姓喜欢听的信息。

以色列分散

最后神的审判临到。亚述人在公元前 722 年入侵北国的十个支派，把以色列民掳走。《圣经》并没有记载以色列人有组织地回归以色列地。

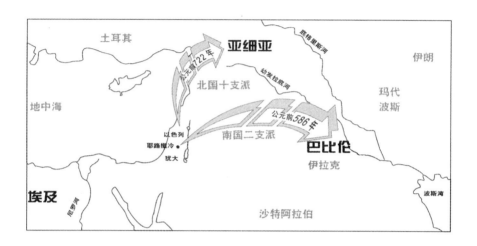

犹大被掳

南国两个支派继续成为一个独立的政治实体，直至公元前 586 年，巴比伦人 * 摧毁耶路撒冷城，毁了所罗门所建的圣殿，然后百姓被放逐。

放逐出外后，百姓被称为"犹太人"——因为他们大部分是出自犹大支派。圣殿不再成为敬拜的中心，于是犹太人设立了会堂 ** 作为一个社交、教导和研究《圣经》的地方。

> * 此乃指兴建巴别塔的人。
>
> ** 希腊文 synagogue（会堂）意思为"聚集之处"。

放逐持续了七十年之久。公元前 536 年，南国的两个支派开始回到他们的家园，在耶路撒冷和邻近的地方安定下来，这正是以前犹大支派所拥有的地方。圣殿被重建，但已不及所罗门时期的宏伟；而献祭的制度也恢复了。

希腊人的影响

大概在公元前 400 年,《圣经》的记载虽然沉默了四个世纪,但历史却没有停顿下来。亚历山大大帝,希腊的一位杰出将领,横扫中东,期间犹太人也被吞没了。亚历山大的使者引进希腊文作为通商的语言,而希腊的文化在往后的数百年内,成了人身份、地位的象征。

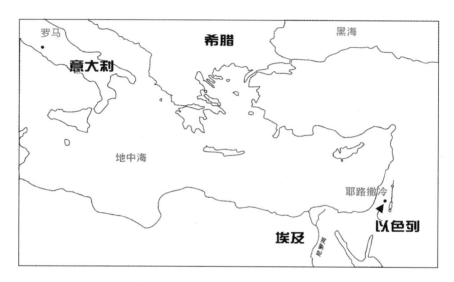

有些犹太人很接纳希腊文化,把神的信仰也混合于其中,这些人称为"撒都该人"。他们人数不多,但都是些有钱有势的人。他们试图控制大祭司,一个转变为可以买卖的职分;更可惜的是,他们否定了《圣经》的一些记载。撒都该人"撒弃"了神话语的一部分。

大概有二百年之久,犹太人服在希腊的权势下,直至公元前 166 年,他们反叛了。马加比(Judas Maccabeus)带领百姓进入一个自治的时期。

就在这个时候,一群宗教狂热的犹太人出现了,他们被称为"法利赛人"。法利赛人抗拒希腊文化的影响,坚持摩西的"律法"。出于热心,他们在摩西律法以外增添了其他律法作为一个保护环,目的是希望"真正的律法"不会被破坏。这些加添的律法,拥有跟"摩西的律法"一样的权威。法利赛人在神的话语上"添加"了一部分。

犹太社会中另一群享有地位的人是"文士"。文士的工作就如同复印机。在未有印刷机之前,这些人小心翼翼地抄写神的话语。"文士"这个词,代表着教育与宗教的热诚,是一个工作多于宗教或政治团体的头衔。

罗马人

在马加比的领导下,犹太人的自由持续了近一百年。庞贝(Pompey)将军在公元前 67 年进入耶路撒冷,罗马的铁蹄粉碎了犹太人的自由。

只要犹太人缴税和不叛乱,罗马对犹太人的宗教生活便非常宽容。当时的世界进入了一个充满隐忧的时期。

罗马帝国由于版图太大,难以由中央有效地管理,因此在各地选立不同的领袖统管。犹大地是罗马的一个省份,一个名叫希律的人被任命为一个傀儡王,人称他为"希律大帝"。他极其残暴,可以说是有名无实的犹太教徒。在罗马的政权下,他与他的后人统治了心怀不满的犹太人达一百年之久。百姓渴望得到解救,盼望有人能帮助他们得到解脱。

两千年前,神应许亚伯拉罕,在他的后人中,会有一位"应许的拯救者"出现。过去几个世纪中,虽然人数不多,但都有人相信神的话,并愿意与祂"和好"。这些人都热切地期待那"受膏者"的到来。在罗马帝国的早期,那些持守神应许的人仍在等待这应许的应验,及至时候到了,他们却不知道。一切都已准备好了,天上的天使不敢作声,撒但也惊栗。这位"应许的拯救者"到底是谁呢?

家谱：由亚当到耶稣

实线代表祖宗排列
深字代表有详细的记载

亚当
夏娃

该隐
亚伯
塞特

以挪士
该南
玛勒列
雅列
以诺
玛土撒拉
拉麦

挪亚

雅弗
含
闪

亚法撒
沙拉
希伯
法勒

拉吴
西鹿
拿鹤
他拉

哈兰

罗得

摩押
便亚米

夏甲
（亚伯拉罕）

亚伯兰
撒拉
（撒莱）

以撒

拿鹤

以扫

以实玛利

雅各
（以色列）

众多子孙

亚兰

希斯仑

法勒斯

流便
西缅
利未
犹大
但
拿弗他利
迦得
亚设
以萨迦
西布伦
约瑟
便雅悯

拿顺
亚米拿达

亚伦
摩西
约书亚 ⋯⋯

约伯?

第四章
第五章
第六章
第七、八章
第九章

日期　不确定[5]　2100BC　1900BC　1500BC

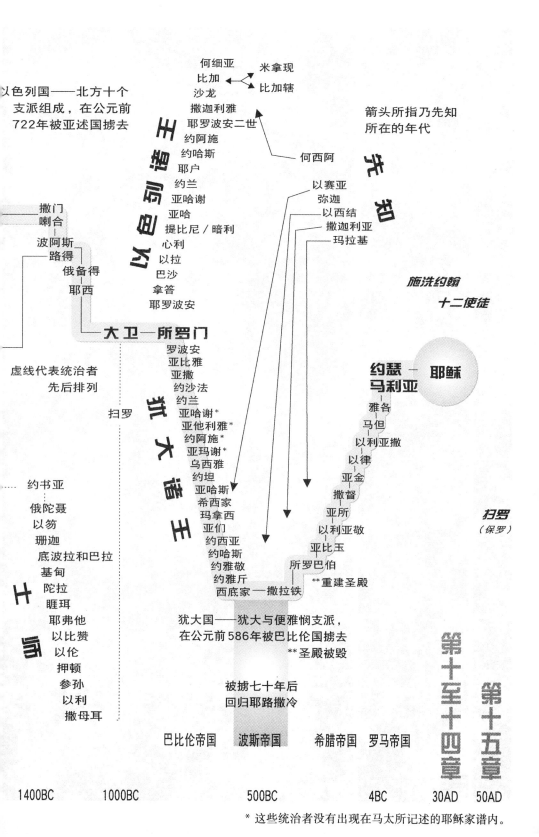

以色列国——北方十个
支派组成，在公元前
722年被亚述国掳去

何细亚
比加 ←→ 米拿现
沙龙 ←→ 比加辖
撒迦利雅
耶罗波安二世
约阿施
约哈斯
耶户
约兰
亚哈谢
亚哈
提比尼／暗利
心利
以拉
巴沙
拿答
耶罗波安

箭头所指乃先知
所在的年代

王　朝　临　到　以　色　列

先　知

撒门
喇合
波阿斯
路得
俄备得
耶西

以赛亚
弥迦
以西结
撒迦利亚
玛拉基

施洗约翰

十二使徒

虚线代表统治者
先后排列

大卫—所罗门

扫罗

犹　大　诸　王

罗波安
亚比雅
亚撒
约沙法
约兰
亚哈谢*
亚他利雅*
约阿施*
亚玛谢*
乌西雅
约坦
亚哈斯
希西家
玛拿西
亚们
约西亚
约哈斯
约雅敬
约雅斤
西底家—撒拉铁

约瑟—耶稣
马利亚

雅各
马但
以利亚撒
以律
亚金
撒督
亚所
以利亚敬
亚比玉
所罗巴伯
**重建圣殿

扫罗
（保罗）

约书亚
俄陀聂
以笏
珊迦
底波拉和巴拉
基甸
陀拉
睚珥
耶弗他
以比赞
以伦
押顿
参孙
以利
撒母耳

士　师

犹大国——犹大与便雅悯支派，
在公元前586年被巴比伦国掳去
　　　　　**圣殿被毁

被掳七十年后
回归耶路撒冷

巴比伦帝国　　波斯帝国　　希腊帝国　罗马帝国

第　十　三　至　十　四　章

第　十　五　章

1400BC　　　1000BC　　　　　　500BC　　　　　　4BC　　30AD　50AD

* 这些统治者没有出现在马太所记述的耶稣家谱内。

第十章

（一）伊利莎白、马利亚和约翰

在那位"应许的拯救者"来临之时，神差遣一位特别的使者来宣告那将要发生的事。天使们静待观看，要知道那负责带来喜讯的人究竟是谁。是否是他们其中的一位？在同一时间，另一个不同的消息，就是有关那"拯救者"身份的消息传出去了。这在天上引起了一阵骚动。

> 当犹太王希律的时候，亚比雅班里有一个祭司，名叫撒迦利亚。他妻子是亚伦的后人，名叫伊利莎白。他们二人在神面前都是义人，遵行主的一切诫命礼仪，没有可指摘的；只是没有孩子，因为伊利莎白不生育，两个人又年纪老迈了。
>
> 撒迦利亚按班次在神面前供祭司的职分，照祭司的规矩掣签，得进主殿烧香。烧香的时候，众百姓在外面祷告。有主的使者站在香坛的右边向他显现。撒迦利亚看见，就惊慌害怕。
>
> 天使对他说："撒迦利亚，不要害怕，因为你的祈祷已经被听见了。你的妻子伊利莎白要给你生一个儿子，你要给他起名叫约翰。你必欢喜快乐；有许多人因他出世，也必喜乐。他在主面前将要为大，淡酒浓酒都不喝，从母腹里就被圣灵充满了。他要使许多以色列人回转，归于主他们的神。他必有以利亚的心志能力，行在主的前面，叫为父的心转向儿女，叫悖逆的人转从义人的智慧，又为主预备合用的百姓。"

《路加福音》1章 5—17 节

天使告诉撒迦利亚，他的儿子约翰要为那将要来的主预备道路。这无疑是一项新的消息，但消息最后的启示引起天上的骚动。

四百年前，先知玛拉基曾提及这件事。

万军之耶和华 说："我 要差遣我的使者在 我 前面预备道路。

你们所寻求的主，必忽然进入祂的殿；立约的使者，就是你们

所仰慕的，快要来到。"

《玛拉基书》3 章 1 节

这里写得十分清楚。撒迦利亚必定感到奇怪，怎么以前没有看得如此清楚。这是多么明显！万军之耶和华说："我要差遣这使者在我前面预备道路。"神自己会以"受膏者"的身份来到世上，而且，天使说那位要预备祂道路的使者，便是祭司撒迦利亚自己的儿子——约翰。

伊利莎白

撒迦利亚回家后不能说话。神守祂的诺言；所发生的事恰如天使所说的一样。

这些日子以后，他的妻子伊利莎白怀了孕，就隐藏了五个月，说："主在眷顾我的日子，这样看待我，要把我在人间的羞耻除掉。"

《路加福音》1 章 24—25 节

但有一个问题必定在烦扰着撒迦利亚。到底万军之耶和华怎样来到世上呢？祂是否会乘坐一辆由七匹白色骏马拖拉的金色马车到来，并有千万明亮灿烂的天使围绕着祂呢？祂是否会推翻罗马的统治者——使希律离开他的王位？这一切天使都没有提及。

马利亚

现在让我们转到另一个地方。天使造访了另一个人，这次是一位年轻的女子名叫马利亚。

到了第六个月，天使加百列奉神的差遣，往加利利的一座城去，这城名叫拿撒勒，到一个童女那里，是已经许配大卫家的一个人，名叫约瑟，童女的名字叫马利亚。

《路加福音》1 章 26—27 节

约瑟和马利亚根据犹太人的传统订了婚。《圣经》说约瑟、马利亚都是一千年前的大卫王的后代。

天使进去,对她说:"蒙大恩的女子,我问你安,主和你同在了!"

马利亚因这话就很惊慌,又反复思想这样问安是什么意思。天
使对她说:"马利亚,不要怕! 你在神面前已经蒙恩了。你要怀
孕生子,可以给他起名叫耶稣。"   《路加福音》1 章 28—31 节

什么? 马利亚无言以对。当马利亚回过神来的时候,她想到了一个
逻辑上的问题。

马利亚对天使说:"我没有出嫁,怎么有这事呢?"天使回答说:
"圣灵要临到你身上,至高者的能力要荫庇你,因此所要生的圣
者,必称为神的儿子。"   《路加福音》1 章 34—35 节

马利亚要成为那位"应许的拯救者"的母亲!

这一切都开始显得合理。马利亚熟悉历史的记载。早在伊甸园时
期,神已应许夏娃那位"应许的拯救者"是"她的后人",神没有说是"他们
的后人",即是没有说是男人和女人的后人。这应许将要应验了,这孩子
将会由童女所生——只是"她"的后人。这个婴孩不会有肉身的父亲,一
句不显眼的话如今变得重要了。

但这历史的小小片段,有一个更大的重点。由于婴孩不能从男人受
孕,祂不会在亚当的血缘中有份。所有亚当的后裔都承继了他的本性
——"罪性"。[1] 但耶稣不是"亚当的儿子"。祂是"神的儿子",承继的只有
至高者的"本性"。难怪天使称那婴孩为"圣者"。这孩子将会如同神一
样,是无罪的。耶稣在母腹中已是完全的。

所以,神"不会"以天上的华丽辉煌来到,祂反而会如同一般人一样来
到世上——一个婴孩! 天使说:

"况且你的亲戚伊利莎白,在年老的时候也怀了男胎,就是那素
来称为不生育的,现在有孕六个月了。因为出于神的话,没有一
句不带能力的。"马利亚说:"我是主的使女,情愿照你的话成就
在我身上。"天使就离开她去了。   《路加福音》1 章 36—38 节

马利亚知道伊利莎白年纪已很大,不可能有孩子。但若神可以使
伊利莎白怀孕,那她作为童女而可以生子也是可信的。马利亚决定相
信神。

先知约翰

> 伊利莎白的产期到了,就生了一个儿子。 《路加福音》1 章 57 节

约翰的出生恰如神所应许的一样。《圣经》形容这事轰动一时,事实上也该如此,因为当时女子不能生育是一件很羞耻的事。撒迦利亚十分兴奋,高声地赞美神,他的赞美词可说是世界历史的一个简单巡礼。他特别重复地提出过去历史中神所赐要差遣拯救者的应许。你可以看见年纪老迈的撒迦利亚把孩子高举,望着婴孩约翰的脸说:

> "孩子啊! 你要称为至高者的先知;因为你要行在主的前面,预备祂的道路,……" 《路加福音》1 章 76 节

约翰就是那宣告"应许的拯救者"将要来到世间的使者。

名字的意义

《圣经》中记载了在耶稣出生前的先知们，多次准确无误地提及祂来到世上的事。以赛亚在耶稣出生前七百年写下……

 因有一婴孩为我们而生，有一子赐给我们。政权必担在他的肩头上，他名称为奇妙、策士、全能的神、永在的父、和平的君。

《以赛亚书》9 章 6 节

请留意"一子"称为"全能的神"。神有很多名字，每一个名字都形容了祂品格的某方面。

神子：这名字只是一个隐喻，没有任何与肉身有关的含义。这名字只是指出耶稣有神的本性，与有罪性的"亚当之子"成为对比。

他是神荣耀所发的光辉，是神本体的真像……

《希伯来书》1 章 3 节上

人子：这名字强调耶稣的人性并宣告祂的身份。数百年来，学者们都认为这名字是指着"那位受膏者"[2] 而言。当我们把以上两个名字放在一起时，他们整体要表达的意思便是……

神在肉身显现……

《提摩太前书》3 章 16 节

道：神不是单单"告诉"我们关于祂自己的事，祂更向我们"彰显"祂自己。说的话变成了活的"道"。

太初有道，道与神同在……道成了肉身，住在我们中间……

《约翰福音》1 章 1 节，14 节

神亲自来到世上，说明人如何可以从永死中得拯救。试如此想想：你看见一部铲泥车正在清理路面，但在它必经之路有一座小小的蚁山，你知道这些蚂蚁将被毁灭，但你又能做什么呢？唯一的方法便是你要变成一只蚂蚁，然后用蚂蚁向其他蚂蚁发出警报的方法来警告它们。

> 基督耶稣降世，为要拯救罪人……
>
> 《提摩太前书》1 章 15 节上

试看看主出生前五百多年一位先知所说的话：

> "我在夜间的异象中观看，见有一位像人子的，驾着天云而来……得了权柄、荣耀、国度，使各方、各国、各族的人都侍奉他。"
>
> 《但以理书》7 章 13—14 节

（二）耶稣

> 耶稣基督降生的事记在下面：他母亲马利亚已经许配了约瑟，还没有迎娶，马利亚就从圣灵怀了孕。她丈夫约瑟是个义人，不愿意明明地羞辱她，想要暗暗地把她休了。
>
> 《马太福音》1 章 18—19 节

犹太人的婚约比西方订婚的观念含有一种更强的承诺关系。无论从哪一方面来看，二人已经是结了婚。约瑟被称为马利亚的丈夫，相反亦然，只是他们并未住在一起，也并没有任何性的结合。按照当时的传统，双方要离婚才可以毁弃婚约。

试想当时约瑟的心情如何，他必定非常焦急难耐。马利亚有了身孕，而那孩子不是他的。若公开这事，马利亚便会被指为淫妇，除非天使向马利亚显现的解释是真实准确的。不！那简直荒谬绝伦。这个可怜的女子必定是疯了。约瑟爱她，但怎样也不能娶一个对自己不忠，又企图用一个无聊的故事来掩饰自己羞辱行为的女子。我们无法知道约瑟到底怎样想，但却知道他是痛心地想要和马利亚悄悄地离婚。

正思念这事的时候，有主的使者向他梦中显现，说："大卫的子孙约瑟，不要怕！只管娶过你的妻子马利亚来，因她所怀的孕，是从圣灵来的。她将要生一个儿子，你要给祂起名叫耶稣，因祂要将自己的百姓从罪恶里救出来。"

这一切的事成就,是要应验主藉先知所说的话,说:"必有童女怀
孕生子,人要称祂的名为以马内利。"("以马内利"翻出来就是
"神与我们同在"。) 　　　　　　　　　　　　《马太福音》1 章 20—23 节

约瑟听得十分清楚。马利亚仍是处女但却要生孩子! 这孩子的名字
是"耶稣",意思是"拯救者"或"救主"。祂要把人从罪的后果中"拯救"出
来! 耶稣另一个名字是"以马内利",意思是"神与我们同在"。耶稣是神
以肉身住在人中间。

 先知以赛亚在七百年前已提及这事。

因此,主自己要给你们一个兆头,必有童女怀孕生子,给他起
名叫以马内利。 　　　　　　　　　　　　　　　《以赛亚书》7 章 14 节

约瑟必定目瞪口呆。以赛亚所说的是对的! 神正是如此说。但人
会怎样想呢? 无论如何,只有一件事是要做的——就是他要相信神所
说的。

约瑟醒了,起来,就遵着主使者的吩咐,把妻子娶过来,只是没有
和她同房,等她生了儿子。 　　　　　　　　　　《马太福音》1 章 24—25 节

报名上册

当那些日子,凯撒奥古斯都* 有旨意下来,叫天下
人民都报名上册。 　　　　　　《路加福音》2 章 1 节

> * 凯撒奥古斯都
> 是罗马帝国的统
> 治者。

凯撒需要金钱,罗马政府若有准确的人口登记,于是更多人会缴税。
约瑟满心焦虑,因为妻子快要生孩子了。本身是木匠的他可能已经开始
制造婴儿床,又与接生婆安排了清洁安全的地方预备接生。但如今他要
把妻子带到伯利恒去,就是一千年前大卫王的祖居之地。要带着将要临
盆的妻子走一百二十公里的路,无论是骑驴或徒步都绝不容易。为何罗
马政府要在这个时候出这样的主意呢? 为何不在约瑟的家乡拿撒勒作人
口登记呢? 这实在太不方便了。但罗马政府没有给百姓选择的机会,约
瑟必须要把马利亚带到伯利恒去。

众人各归各城，报名上册。约瑟也从加利利的
拿撒勒城上犹太去，到了大卫的城，名叫伯利
恒。因他本是大卫一族一家的人，要和他所聘
之妻马利亚一同报名上册。那时马利亚的身孕
已经重了。他们在那里的时候，马利亚的产期
到了，就生了头胎的儿子，用布包起来，放在马
槽里，因为客店里没有地方。

《路加福音》2 章 3—7 节

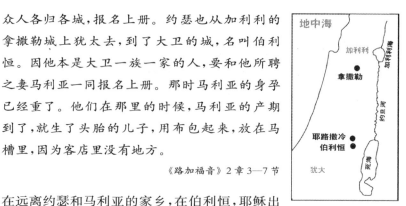

在远离约瑟和马利亚的家乡，在伯利恒，耶稣出
生了。城中人太多了，他们找到唯一的安歇地方便是一个马房。耶稣第
一张小床是个马槽，一个用来放饲料喂食牲畜的木槽。当约瑟看着马利
亚时，必定感叹自己一切细心安排的计划都不能实现。"伯利恒"！千挑
万选的一个地方！而且在一个肮脏的马房内！但看见孩子的出生，什么
都不再计较了，一切的问题已不再重要了。

就给他起名叫耶稣。

《马太福音》1 章 25 节下

牧羊人

在伯利恒之野地里有牧羊的人，夜间按着更次看守羊
群。有主的使者站在他们旁边，主的荣光四面照着他
们，牧羊的人就甚惧怕。那天使对他们说："不要惧
怕！我报给你们大喜的信息，是关乎万民的。因今天
在大卫的城里，为你们**生了救主**，就是**主*** 基督。你
们要看见一个婴孩，包着布，卧在马槽里，那就是记
号了。"

> *古代先
> 知用"主"
> 这名称来
> 指"那位拯
> 救者"。

忽然，有一大队天兵同那天使赞美神说："在至高之处荣耀归与
神！在地上平安归与祂所喜悦的人。"

《路加福音》2 章 8—14 节

牧羊人正工作，悉心地在打理羊群。伯利恒以北数里，耶路撒冷圣殿
献祭所用的很多就是这些羊。牧羊人的生活一贯如常，现在天使向他们
显现，一切都改变了。他们兴高采烈地互相对问："你听见我所听见的吗？
基督是主！"

基督/弥赛亚

希腊文的"基督"一词就是希伯来文的"弥赛亚",意思是"受膏者"。在过去的世代中,"弥赛亚"是指"那位应许的拯救者"。

如今天使告诉他们,"那位受膏者"——弥赛亚/基督——就是主。[3] 祂就是神自己。

> 众天使离开他们,升天去了。牧羊的人彼此说:"我们往伯利恒去,看看所成的事,就是主所指示我们的。"他们急忙去了,就寻见马利亚和约瑟,又有那婴孩卧在马槽里;既然看见,就把天使论这孩子的话传开了。
>
> 《路加福音》2 章 15—17 节

牧羊人都是穷人,照常理,根本不会被邀请出席君王诞生的庆典。然而,还有其他人来见耶稣。

博士

当希律王的时候,耶稣生在犹太的伯利恒。有几个博士* 从东方来到耶路撒冷,说:"那生下来作犹太人之王的在哪里?我们在东方看见祂的星,特来拜祂。"

《马太福音》2 章 1—2 节

> * 圣诞节的布置常有三位博士,但《圣经》并没有提及实在有多少位。这些博士可能不是犹太人,而是来自阿拉伯或东方有信仰的天文学家。

博士是有地位、有财富的人。这些人才会拜会君王。那时犹大地被立的王是希律大帝,这群有名望的人出现,令希律也大感震惊。他们绝对不会逃过犹大边境守卫的眼目,他们的到访没有带来任何威胁,因他们没有带来军队。他们只有一个问题:"那新生的王在哪里?"

希律王听见了,就心里不安;耶路撒冷合城的人,也都不安。

《马太福音》2 章 3 节

他就召齐了祭司长和民间的文士,问他们说:"基督当生在何处?"

《马太福音》2 章 4 节

预言

你可以想像那些激动的文士拂开书卷上的灰尘,弯下腰来细读内容的景象。他们震惊之余,也希望希律明白所记载的与"他们"无关,而是七百多年前一位名叫弥迦的先知所写的事。他们那发抖的指头,指着残旧的书卷。希律却不屑一顾。文士清清他的喉咙,然后读出:

> "伯利恒,以法他啊,⁴ 你在犹大诸城中为小,将来必有一位从你那里出来,在以色列中为我作掌权的;祂的根源从亘古,从太初就有。"
>
> 《弥迦书》5 章 2 节

这预言相当清楚,那婴孩"必要"生在伯利恒。这一点必使困惑的约瑟惊讶不已。希律想知道先知弥迦有没有记下更详尽的资料。有!弥迦的记载中清楚地指出这要出生的是从"太初就有"的。希律此时必是一脸苍白。这是不可能的。只有神是永恒的。神是不会以婴孩之身来到世上,更不会在伯利恒的郊野,祂应该有号筒和大队的马车迎接祂——在耶路撒冷。或许那些文士故意恐吓他、控制他。不妨给他们一个意想不到的反应,告诉他们该如何朝见这新生王! 他把祭司们都赶出去……

> 当下希律暗暗地召了博士来,细问那星是什么时候出现的,就差他们往伯利恒去,说:"你们去仔细寻访那小孩子,寻到了,就来报信,我也好去拜他。"
>
> 他们听见王的话就去了。在东方所看见的那星,忽然在他们前头行,直行到小孩子的地方,就在上头停住了。他们看见那星,就大大地欢喜。进了房子,看见小孩子和他母亲马利亚,就俯伏拜那小孩子,揭开宝盒,拿黄金、乳香、没药5 为礼物献给他。
>
> 《马太福音》2 章 7—11 节

敬拜

这些有钱有势的人敬拜耶稣,律法上写得很清楚——只有至高神可以接受敬拜。约瑟和马利亚对十诫非常熟悉,他们并没有干预,他们心中必然知道这几位博士在敬拜神——以人的肉体来到世上的神。

> 博士因为在梦中被主指示,不要回去见希律,就从别的路回本地去了。他们去后,有主的使者向约瑟梦中显现,说:"起来! 带着小孩子同他母亲逃往埃及,住在那里,等我吩咐你,因为希律必寻找小孩子,要除灭他。"
>
> 约瑟就起来,夜间带着小孩子和他母亲往埃及去,住在那里,直到希律死了。
>
> 《马太福音》2 章 12—15 节上

一般的历史也是如此记载,希律想尽办法要杀害耶稣,孩子却在埃及安然无恙。最后希律死了,约瑟、马利亚和耶稣又回到约瑟做木匠的地方——拿撒勒。

> 孩子渐渐长大,强健起来,充满智慧,又有神的恩在他身上。
>
> 《路加福音》2 章 40 节

耶路撒冷及邻近地区

往拿撒勒及加利利

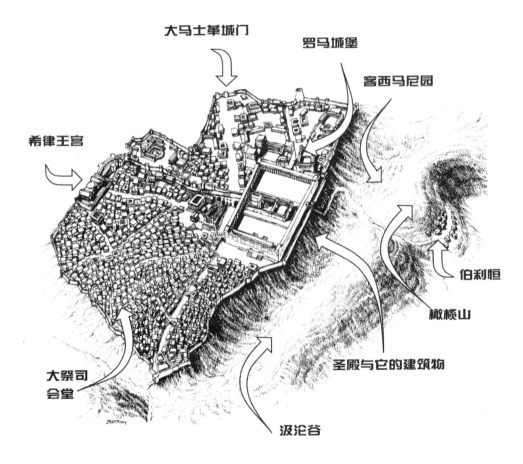

大马士革城门

罗马城堡

客西马尼园

希律王宫

伯利恒

橄榄山

圣殿与它的建筑物

大祭司
会堂

汲沦谷

往地中海

往约旦河及死海

（三）在智者中

虽然耶稣是神，但祂却选择了以婴孩的样式进到人类当中。对约瑟和马利亚来说，养育这孩子必定另有一番滋味。耶稣是无罪的。就算是年轻的祂，也从不急躁，不顶嘴，更不发脾气。有关耶稣的童年资料不多，只有一件在祂十二岁时发生的事迹被记载在《圣经》里。

> 每年到逾越节，祂父母就上耶路撒冷去。当祂十二岁的时候，他们按着节期的规矩上去。
>
> 《路加福音》2 章 41—42 节

根据犹太人的传统，男孩到了青春期的年龄，便可以成为宗教群体的成员 *。作为成员，便可享有成年人的权利和责任。当约瑟和马利亚按照规矩到耶路撒冷时，必定察觉耶稣已经到了"合适的年龄"。[6]

> * 一个男孩成为"立约之子"的传统礼仪，一直延续至今。

回家

节期结束了，各人都回家去。回程的细节记载不详，不过可以想像当时的情况。那些由拿撒勒来的人为了安全，互相照应，都会结伴同行。由于孩子们走得慢，他们便和妇女们及一些男人一早便先行启程。其他的男人会多逗留一会，办完最后要办的事，然后在日落后赶上其他人。

> 守满了节期，他们回去，孩童耶稣仍旧在耶路撒冷。祂的父母并不知道，以为祂在同行的人中间，走了一天的路程。
>
> 《路加福音》2 章 43—44 节上

你可以想像马利亚清早起来准备上路的时候，不见了耶稣，但她并不担心，因耶稣已算是成年了。祂很可能是与其他人在殿中流连。祂必是与约瑟在一起吧！她一面想，一面感到满足。何等美好的一个少年人！她为耶稣可以在殿中聆听智者的谈论感到高兴。

到了傍晚，约瑟赶到预定的集合地点。那一天很愉快，学习了很多，在殿中听了很多智者的话，在追赶行程的路上还不住讨论所学的。唯一可惜的是耶稣没有和他在一起。毕竟，祂已到了肩负己责的年龄了，祂也一定学了很多，明显地，祂已跟马利亚和其他孩子们先起程。他一定曾提醒耶稣祂不再是孩子了。当然，他不会常常这样提醒祂。其实，他从来不

用提醒耶稣什么。约瑟看见马利亚,大家相视微笑:

"你今天好吗?"

"很好!"

"耶稣开心吗?"

"耶稣?"

笑容突然消失了。

"我以为⋯⋯!"

"是的,但我也以为⋯⋯"

就在亲族和熟识的人中找祂。既找不着,就回耶路撒冷去找祂。

《路加福音》2 章 44 节下—45 节

寻找

他们必定非常惊惶。"糟糕!我们遗失了神的儿子!"他们找遍了一般孩子可能去的地方,市场上卖糖果的地方和当地他可能会逗留的建筑工地都找遍了。在绝望中,约瑟开始追溯他们曾去过的地方。最后一次是在圣殿中看见耶稣的。

过了三天,就遇见祂在殿里,坐在教师中间,一面听,一面问。凡听见祂的,都希奇祂的聪明和祂的应对。

《路加福音》2 章 46—47 节

耶稣留在祂应该停留的地方,正在做约瑟和马利亚希望祂做的事。只有一点不同,就是祂并不是在聆听殿中智者的教导,而是在教导他们。不,祂并不是在教授什么课题——但祂提问题的深入,透彻的理解和有深度的答案,都牵动着人的注意力。事实上,殿中的智者被祂每一句话所吸引。《圣经》指出那些有识之士都非常"希奇"!这并不出奇,他们正在聆听神自己在说话。面对宇宙的创造者,谁会不惊异战兢呢?

不单那些有识之士哑口无言,就连约瑟和马利亚也感到希奇。但无论如何,内心的担忧总算抚平了。他们立即脱口而出。

祂父母看见就很希奇。祂母亲对祂说:"我儿,为什么向我们这样行呢?看哪,你父亲和我伤心来找你!"

《路加福音》2 章 48 节

于是耶稣问他们一个问题。（你不会奇怪神会如此做。）

耶稣说："为什么找我呢？岂不知我应当以我父的事为念吗？"

《路加福音》2 章 49 节

一个温柔的提醒

这并不是无礼的反驳。耶稣只是说一个孩子当在属祂自己的地方——家中——祂父的家里。"但谁是祂的父？祂所指的父是谁呢？"我们会在下一段再作讨论。如今，你只要知道耶稣用这句话温柔地提醒祂在地上的父母祂到底是谁。

祂所说的这话，他们不明白。祂就同他们下去，回到拿撒勒，并且顺从他们。祂母亲把这一切的事都存在心里。耶稣的智慧和身量，并神和人喜爱祂的心，都一齐增长。

《路加福音》2 章 50—52 节

（四）洗礼

耶稣开始传道工作时约三十岁。当时，约翰，撒迦利亚的儿子，早已开始为祂铺路，告诉所有人"那受膏的一位"已经来到。这宣告引起了一阵骚动。

那时，有施洗的约翰出来，在犹太的旷野传道，说："天国近了，你们应当悔改！"
《马太福音》3 章 1—2 节

约翰被称为"施洗约翰"，因为他为众人"施洗"。对当时的中东人来说，洗礼的仪式十分普遍。受洗是很有意义的礼仪，但今天有关这词的意思却非常混乱。

认同

洗礼（Baptizo）表示"认同"。这词其中的一个意思是源于希腊社会的纺织业。意指在染布的时候，布被放在染缸中，吸取其中的色素。这布便与染料完全认同。

约翰指出犹太人已经远离神的圣言，他们要"改变"自己对罪的"想法"归向神；简单地说就是要悔改。那些受洗的犹太人表示他们认同（或个人同意）约翰所传悔改的信息。

> 那时，耶路撒冷和犹太全地，并约旦河一带地方的人，都出去到约翰那里，承认他们的罪，在约旦河里受他的洗。约翰看见许多法利赛人和撒都该人也来受洗，就对他们说："毒蛇的种类！谁指示你们逃避将来的忿怒呢？你们要结出果子来，与悔改的心相称。"
>
> 《马太福音》3 章 5—8 节

悔改

施洗约翰看见人群中有法利赛人与撒都该人。他们就是那些"增添"和"删减"《圣经》内容的人。这两类人没有什么共通之处，但有一事是相同的——他们都以为自己"比别人好"。他们甚为高傲。约翰称他们为"毒蛇"，因为他们把不堪忍受的严酷律例强加在别人身上，而自己却不遵守。约翰劝告他们悔改，改变自己的想法。

耶稣的洗礼

> 当下，耶稣从加利利来到约旦河，见了约翰，要受他的洗。约翰想要拦住祂，说："我当受你的洗，你反倒上我这里来吗？"
>
> 《马太福音》3 章 13—14 节

约翰知道耶稣是谁——祂是神。耶稣不需要悔改，因为祂是完全的。约翰知道自己才需要"祂"为他施洗，而非耶稣。

> 耶稣回答说："你暂且许我，因为我们理当这样尽诸般的义。"于是约翰许了祂。
>
> 《马太福音》3 章 15 节

耶稣坚持要接受洗礼，因祂要认同约翰所传的公义信息。祂要肯定约翰所传的道是真实的。

> 耶稣受了洗，随即从水里上来。天忽然为祂开了，祂就看见神的灵，仿佛鸽子降下，落在祂身上。从天上有声音说："这是我的爱子，我所喜悦的。"
>
> 《马太福音》3 章 16—17 节

稍后我们会再深入地看这一节经文，让我们首先看完这个故事。

神的羔羊

> 次日,约翰看见耶稣来到他那里,就说:"看哪,神的羔羊,除去世人罪孽的。这就是我曾说:'有一位在我以后来,反成了在我以前的,因祂本来在我以前。'"
>
> 《约翰福音》1 章 29—30 节

约翰指出耶稣就是"那应许的拯救者",那位除去世人罪孽的。他说耶稣是在他之前——耶稣是永恒的。约翰说:

> "我看见了,就证明这是神的儿子。"
>
> 《约翰福音》1 章 34 节

一次,我在与一对夫妇查考《圣经》,当读到"看哪,神的羔羊,除去世人的罪孽的!"这句话时,那位女士突然有很大的反应! 她兴奋地说,"羔羊,羔羊! 这与我们在《旧约》中所读到的羔羊是否有关呢?"

我告诉她说:"是的,是有关的,……当到了时候,这一切都会合情合理地被放在一起。"

笔者曾探访新几内亚岛内的一个部落。其部族接触到部分《圣经》思想。他们也曾接受洗礼,并相信自己的罪会被洗清。他们相信到一个地步,甚至不肯在有人受洗后进入河中,因为恐怕沾染其中的罪。

《圣经》清楚地告诉我们,神接纳我们不是因为洗礼。它只是一幅外在的图画,表达内里所发生的事。这事表达犹太人相信并认同约翰的信息。

今天,很多"神学家"对洗礼的解释,往往超出《圣经》的真义。

神是否对自己说话?

在《圣经》的头数页中,我们看见神用不寻常的方法说话,祂好像在对自己说话。举例说,当祂造人的时候……

神说:"**我们**要照着**我们**的形像,按着**我们**的样式造人……"

《创世记》1 章 26 节

当亚当犯罪后,我们发现神在谈话……

耶和华神说:"那人已经与**我们**相似,能知道善恶。"

《创世记》3 章 22 节

当神分散巴别的民众时,说……

"**我们**下去,在那里变乱他们的口音,使他们的言语彼此不通。"于是,耶和华使他们从那里分散……

《创世记》11 章 7—8 节

神在与谁谈话呢? 谁是"我们"呢?

当天使对马利亚说……

"**圣灵**要临到你身上,**至高者**的能力要荫庇你,因此所要生的圣者必称为**神的儿子**。"

《路加福音》1 章 35 节

在同一节经文中,我们看见"圣灵"、"至高者"和"神的儿子"。我们知道"至高者"便是神。我们已看过很多有关"耶稣"是神在肉身中的显现。祂们是否是同一位? 那么"圣灵"又如何呢?《圣经》又怎样说呢? 现在来看一看我们刚才所读的经文:

耶稣受了洗,随即从水里上来。天忽然为祂开了,祂就看见**神的灵**仿佛鸽子降下,落在祂身上。从**天上有声音**说:"这是我的**爱子**,我所喜悦的。"

《马太福音》3 章 16—17 节

这里有三个实体:"耶稣"、"神的灵"与"天上的声音"。混乱吗？若你不明白一些基本的《圣经》观念，你的确会觉得混乱。以下一些资料可以帮助你明白一点。

首先，我们要知道只有一位神。这是《圣经》中所强调的。

> 耶稣回答说："……以色列啊，你要听！主我们神，是独一的主。"
>
> 《马可福音》12 章 29 节

这是很清楚明白的。但是，有些关于神的事实是我们难以理解的；复杂的程度是我们难以想像的。举例说，一位"永远"的神的概念使我们难以明白；同一道理，要想像一位"无所不在"的神也是使人困惑的。我们有限的思想根本无法理解这两方面的真理。现在我们面对一个同样难以掌握的启示，但在神的话语中已有清楚的教导。《圣经》让我们知道神"同时"是父、子和圣灵——三个永恒而同等的位格所形成的本体。这三个位格形成一个"三位一体"，联合成为唯一的一位神。

以往，不少人尝试用以下的例子来解释三位一体的道理：

1. 鸡蛋：每只蛋有一个壳、一个蛋白和一个蛋黄三个独立的部分，但只是一只蛋。
2. 尺寸：一个盒子有高度、宽度和长度，虽然不同，但不可分开。
3. 乘数：$1 \times 1 \times 1 = 1$

虽然这些例子都解释了一部分道理，却仍然未能帮助我们完全明白。我们需要避免把神拉到我们的层次，然后以祂与我们是一样的来看待。神指出我们不能明白祂是因为……

> "……你想我恰和你一样……"
>
> 《诗篇》50 篇 21 节

童年时，生活中有很多事都不明白，只能单纯地接受。"什么是电？为何当我拔掉插头时，它不会跑到地上？我看不见它。你说把钳插入电闸时会触电，又是什么意思？"不明白电力的来源，并不表示电不存在。

作为成人，我们满以为可以靠着自己明白身边的世界。在过去的世代中，古代很多难以解释的事比比皆是。我们需要谦卑下来。我们所认识的宇宙中仍有很多神秘的地方。一百年后的人可能会以为我们对他们是显而易见的事是何等的无知。有一天，我们或许可以完全明白这"三位一体"的概念。

就算那一天真的来到，我们也要明白我们有限的思想不能完全明白这一位无限的神。《圣经》所启示的神是一位令我们惊讶不已的神。

试想一想：一位永恒的神；无所不知，无所不在，宇宙的创造者；"三位一体，一位，却有三个位格——父、子和圣灵——在品格和能力上完全相同。"不可思议！纵然这些概念难以理解，《圣经》说它们是真实的。

> 隐秘的事是属耶和华我们神的；惟有明显的事是永远属
> 我们和我们子孙的……   《申命记》29 章 29 节

"神"这个字本身已表示了三位一体。希伯来文的文法与中文不同。英文有单数和复数，希伯来文有"单数"（一）"双数"（二）和"复数"（三或更多）。"神"这个字在希伯来文的文法上是复数，可以是三位，但却有单数的含义。

虽然我们可以指三位一体中任何一位为神，但仍可以有以下的分别：

至高者 = 父
耶稣基督 = 子
灵 = 圣灵

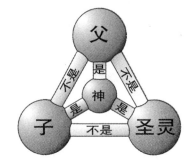

在过去很多世纪中，这个图曾用来解释三位一体。

第十一章

（一）受试探

在创世初期，明亮之星公然背叛神，要抢夺神的位分。如今神子，虽然是完完全全的神，却把祂的荣耀尊贵暂时搁置一旁，离开天堂降世为人。撒但必定以为耶稣会很容易受到伤害，相信只要能引诱耶稣听从他，他就必大获全胜。从神的角度看，这却是更能彰显祂自己的时候。

> 当时，耶稣被圣灵引到旷野，受魔鬼*的试探。祂禁食四十昼夜，后来就饿了。
>
> 《马太福音》4 章 1—2 节

> * 魔鬼意即控告者，毁谤者。

耶稣经过很长的时间没有进食。祂虽然是神，但祂也有一个真真实实的人所有的肉身的需要。

> 那试探人的进前来，对祂说："你若是神的儿子，可以吩咐这些石头变成食物。"
>
> 《马太福音》4 章 3 节

建议

撒但建议耶稣做那一般人都能明白的事，就是照顾祂肉身的需要。这也是耶稣证明祂身份的很好机会。若耶稣是神，祂便是曾用说话创造世界的那一位。相比之下，把石头变成面包是极为简单的事。但有一个问题，祂若如此做，便是听从了撒但的吩咐。

> 耶稣却回答说："经上记着说：'人活着，不是单靠食物，乃是靠神口里所出的一切话。'"
>
> 《马太福音》4 章 4 节

耶稣引用《圣经》

耶稣引用《圣经》中神的话语来回答撒但。祂指出跟从神比满足肉身的需要更为重要。这是很重要的一点，今天有不少人只为了今生的生活，而忽略了自己属灵的状况。

> 人就是赚得全世界，赔上自己的生命，有什么益处呢？
>
> 《马可福音》8 章 36 节

撒但的"引用"

魔鬼就带祂进了圣城,叫祂站在殿顶上,对祂说:"你若是神的儿子,可以跳下去,因为经上记着说:'主要为你吩咐祂的使者,用手托着你,免得你的脚碰在石头上。'"

《马太福音》4 章 5—6 节

这个挑战已达到高峰了。"证明吧! 证明你是神的儿子! 若神真是你的父,祂必会救你!"

撒但引用了《诗篇》的一段话。撒但喜欢宗教,而引用《圣经》也是撒但喜欢使用的伎俩,只是他所引用的,都不准确。他只是选择性地引用适合他的部分。这种方法曾在伊甸园中用在亚当和夏娃身上,如今他又试图用在耶稣身上。

耶稣引用《圣经》

再一次,耶稣正确地引用《圣经》来回应撒但的试探。祂无须用什么证明自己。

耶稣对他说:"经上又记着说:'不可试探主你的神。'"

《马太福音》4 章 7 节

撒但的建议被拒绝

魔鬼又带祂上了一座最高的山,将世上的万国与万国的荣华,都指给祂看,对祂说:"你若俯伏拜我,我就把这一切都赐给你。"

《马太福音》4 章 8—9 节

"若"耶稣敬拜魔鬼,撒但*便愿意把世界的万国都给耶稣。这岂不是耶稣最终想要的吗——要人跟从祂? 撒但却没有说假如耶稣敬拜他,就表示服侍他。敬拜和服侍是分不开的,不能分割的。撒但的计谋没有成功,耶稣再一次引用《圣经》。

> *"撒但"的意思是敌人或仇敌。

耶稣说:"撒但退去吧! 因为经上记着说:'当拜主你的神,单要事奉祂。'"于是魔鬼离了耶稣,有天使来伺候祂。

《马太福音》4 章 10—11 节

撒但无法使耶稣陷入他诡诈的网罗。耶稣是无可指责的,面对试探丝毫不妥协。撒但暂时退去了,但他要毁灭耶稣的决心仍没有减退。

从撒但的角度看来,他也有成功的地方,因为施洗约翰已被下在监里。[1]

> 耶稣听见约翰下了监,就退到加利利去;后又离开拿撒勒,往迦百农去,就住在那里。那地方靠海……
>
> 《马太福音》4 章 12—13 节

无罪

善恶之间的斗争并不是势均力敌的。耶稣,创造者,远比被造的撒但更有能力。耶稣虽然受试探,但却没有落在试探之中。祂是完全的。

过去出现的先知,无论是真是假,都没有一位自称是无罪。《圣经》中记载的人物都显明是罪人或自认是有罪的,但耶稣从来都不是。你遍查《圣经》,都不会找出一处耶稣犯罪或认罪的地方。就算是那些与祂最亲近的人,最了解祂为人品格的人,也如此说……

> "祂并没有犯罪,口里也没有诡诈。"   《彼得前书》2 章 22 节

耶稣受试探是祂与人认同的方法之一。当神审判世人的时候,没有一个人可以在祂面前说:"主啊,你不明白! 你是生在宫中;我却是在污泥之中。你从未受过试探;我却有。你从未遇过我所遇的事,你怎可审判我呢?"不,《圣经》中提及我们的神并非……

> ……不能体恤我们的软弱,祂也曾凡事受过试探,与我们一样;只是祂没有犯罪。   《希伯来书》4 章 15 节

耶稣把祂的公义显明给所有的人看。

(二) 能力与名声

> 约翰下监以后,耶稣来到加利利,宣传神的福音,说:"日期满了,
> 神的国近了! 你们当悔改,信福音。"

《马可福音》1 章 14—15 节

耶稣要犹太人有一个新的身份,一个由神带领的国度。起初,百姓不知道怎样回应耶稣的建议。这位衣着简陋的耶稣,"他的亲属岂不是在拿撒勒吗? 他父亲不是木匠吗?"而且他是在走路,君王是不用自己走路的! 君王会骑着骏马,还有骑兵和军队跟随,一直走往希律的宫殿去。君王会发出挑战,宣告以色列国独立。但耶稣的话语里找不到这一类的内容。祂说要"悔改"。这是怎样的一个王? 居然说出这样的话? 当地的闲言碎语传个不停,连最严肃的人也发出嗤笑。

但并非每个人都在讥笑。悔改是人内心的改变,而耶稣的统治便是要从人的心开始。那些真正遇见耶稣的人,……感到祂与众不同,祂的话会引发人的思想。

> 耶稣顺着加利利的海边走,看见西门和西门的兄弟安得烈在海里撒网,他们本是打鱼的。耶稣对他们说:"来跟从我! 我要叫你们得人如得鱼一样。"他们就立刻舍了网,跟从了祂。耶稣稍往前走,又见西庇太的儿子雅各和雅各的兄弟约翰在船上补网。耶稣随即招呼他们,他们就把父亲西庇太和雇工人留在船上,跟从耶稣去了。

《马可福音》1 章 16—20 节

权柄

> 到了迦百农,耶稣就在安息日进了会堂教训人。众人很希奇祂的教训,因为祂教训他们,正像有权柄的人,不像文士。

《马可福音》1 章 21—22 节

那些听过耶稣教训的人都知道祂不是一个平凡人。祂的教导带着权柄,引人注目,这也难怪,因为他们是在听神说话。耶稣不单说话有权柄,祂的作为也彰显着权能。

> 在会堂里，有一个人被污鬼附着。他喊叫说："拿撒勒人耶稣，我
> 们与你有什么相干？你来灭我们吗？我知道你是谁，乃是神的
> 圣者！"
>
> 《马可福音》1 章 23—24 节

这是一个被鬼附的例子。撒但的使者在这个人同意下住在他里面。鬼魔知道耶稣是谁，称祂为"神的圣者"！

> 耶稣责备他说："不要作声，从这人身上出来吧！"
>
> 《马可福音》1 章 25 节

鬼魔常常为了私心而扭曲真理，所以耶稣不许撒但把祂的身份告诉别人。耶稣吩咐污鬼离开，藉此证明自己是神。

> 污鬼叫那人抽了一阵风，大声喊叫，就出来了。众人都惊讶，以
> 致彼此对问说："这是什么事？是个新道理啊！祂用权柄吩咐污
> 鬼，连污鬼也听从了祂。"耶稣的名声就传遍了加利利的四方。
>
> 《马可福音》1 章 26—28 节

如今人的言论又改变了。耶稣这大能的表现必定在乡间成为热门的闲谈话题，这只是一个开始。

> 有一个长大麻风的来求耶稣，向祂跪下，说："你若肯，必能叫我
> 洁净了！"
>
> 耶稣动了慈心，就伸手摸他，说："我肯，你洁净了吧！"大麻风即
> 时离开他，他就洁净了。
>
> 《马可福音》1 章 40—42 节

古时的麻风是非常可怕的疾病——患者会成为残废人，然后慢慢死亡。《圣经》提及耶稣治好了各种疾病，甚至治好了患顽疾和严重残废的病人。没有哪个人会因为病不能医好而离开。祂更令死人复活！

要知道耶稣不是要在人面前表演，耶稣不仅怜悯祂所医治的人，祂更要人知道祂和自己所传的信息都是来自天上。是的，祂不需要马匹、战车或军队。祂只需要说话。祂是神。

(三) 尼哥底母

有一个法利赛人，名叫尼哥底母，是犹太人的官。这人夜里来见耶稣，说："拉比*，我们知道你是由神那里来作师傅的，因为你所行的神迹，若没有神同在，无人能行。"耶稣回答说："我实实在在地告诉你，人若不重生，就不能见神的国。"

《约翰福音》3章1—3节

* "拉比"是犹太人宗教领袖的一个名称。称呼别人为拉比，是带有尊敬之意。

重生？

尼哥底母是有地位的人。他是公会的成员，公会是向罗马人提供建议的犹太人统治团体。作为法利赛人，他严守摩西律法。作为犹太人、亚伯拉罕的后裔，他是神所拣选的百姓。尼哥底母的家庭背景很好，出身相当优越。但耶稣却对他说，"你必须重生"。耶稣本该说好话的——为何如此令人泄气？况且，重生又怎能发生呢？

尼哥底母说："人已经老了，如何能重生呢？岂能再进母腹生出来吗？"耶稣说："我实实在在地告诉你：人若不是从水和圣灵生的，就不能进神的国。从肉身生的，就是肉身；从灵生的，就是灵。我说'你们必须重生'，你不要以为希奇。"

《约翰福音》3章4—7节

事情原来如此：耶稣并不是说尼哥底母要再出生成为婴孩——"从水或肉身出生"。第二次的生是属灵的出生，表示一个属灵的开始。这一点很清楚。要到天堂的话，你不仅要有第一次肉身的出生，你也需要有第二次属灵的出生。但人怎能有属灵的出生呢？耶稣继续说：

"摩西在旷野怎样举蛇，人子也必照样被举起来，叫一切信祂的都得永生。"

《约翰福音》3章14—15节

耶稣指出，若要重生，尼哥底母便要学习效法摩西时代的人，他必定要承认自己是一个罪人，他要"改变自己的看法"，不要以为他的家庭背景可以使他蒙神悦纳。他要做的是信靠那位从天上而来的耶稣，相信祂能提供一个被神接纳的方法。若信任耶稣，耶稣可以把永生给尼哥底母。

信心与信靠

"相信"这个词在文中的意思不仅是理念上的同意。一个以色列人可以相信摩西的铜蛇能医治他,但若是没有"望"那杆子以表示他对神话语的信心,他仍然会死。在《圣经》中这个词的意思是包括从意志而来的行动,"相信"、"信心"和"信靠"都是同义词。

人的信心与所信的"对象"的关系很重要! 数年前,有人心术不正,把毒药放在止痛药内。结果,那些坚信那药物如宣传一般有效果的人,服药后便死了。他们是真的相信,但不慎信错了。

人可以相信外星人能救他脱离罪恶,但是,坚信于一个错误的信仰是没有意义的。假若他信心的对象是全能的神,这个相信就会有不同的结果。神如何守祂的诺言,我们已经讨论过了。

> 神爱世人,甚至将祂的独生子赐给他们,叫一切信祂的,不至灭亡,反得永生。
>
> 《约翰福音》3 章 16 节

永生

耶稣所应许的永生,并不是只对尼哥底母说的,而是对"一切信祂的人"说的! 天使指示约瑟和马利亚要给他们的儿子起名叫耶稣,意思是"拯救者"或"救主"。如今,耶稣表示祂会把人从罪的结局——从火湖的永远刑罚中拯救出来。

> 因为神差祂的儿子降世,不是要定世人的罪,乃是要叫世人因祂得救。
>
> 《约翰福音》3 章 17 节

耶稣并不是到地上来施行审判。祂是要拯救世人脱离罪、撒但和死亡所带来的悲惨结局。

> 信祂的人,不被定罪;不信的人,罪已经定了,因为他不信神独生子的名。
>
> 《约翰福音》3 章 18 节

没有中立之地

耶稣表明那些相信祂的人不会被视为罪人而受审判,但那些"不"信靠祂的人却已经在审判之下。这两者之间没有中立之地。有些人可能说:"让我先想一想",然后安逸地留在灰色地带。你必须作出相信的决定,否则你仍然是一个不信的人。不选择,事实上是已经选择了。

永远的审判

还有,就是你不需要等到死后才知道永恒的归宿,耶稣已清清楚楚地告诉我们。人已经伏在审判之下,正踏上了走向火湖之路,一直到他愿意相信耶稣才可以获得拯救、享有永生。这是耶稣的应许。

> "我实实在在地告诉你们,那听我话,又信差我来者的,就有永生,不至于定罪,是已经出死入生了。"
>
> 《约翰福音》5 章 24 节

耶稣没有忽略罪带来的审判。祂知道不是每一个人都相信祂,有人是因为不同的原因而不愿相信的。

> 光来到世间,世人因自己的行为是恶的,不爱光倒爱黑暗,定他们的罪就是在此。凡作恶的便恨光,并不来就光,恐怕他的行为受责备。
>
> 《约翰福音》3 章 19—20 节

耶稣谈论到属灵的光明和黑暗。祂说,很多人不爱光,因为光把罪显露出来。人不愿意他们自己罪人的身份被揭露,他们宁愿隐藏罪恶,把罪归咎于他人,恰如亚当和夏娃所作的一样。《圣经》上说,这些人选择了黑暗。但"光"究竟是什么呢?

> 耶稣又对众人说:"**我是世界的光。**"　　《约翰福音》8 章 12 节上

在创世的时候,神造了光,好让人可以看见要走的路。如今,祂来到世上,成为我们属灵的路上的"光"。

> "跟从我的,就不在黑暗里走,必要得着生命的光。"
>
> 《约翰福音》8 章 12 节下

(四) 排斥

过了些日子,耶稣又进了迦百农。人听见祂在房子里,就有许多人聚集,甚至连门前都没有空地,耶稣就对他们讲道。有人带着一个瘫子来见耶稣,是用四个人抬来的。　　《马可福音》2 章 1—3 节

瘫子

耶稣在各处都碰到相同的情况。祂一出现,病人、残废的人,便会随着祂而来。这一次,有四个人把一个瘫痪的朋友抬来了。

> 因为人多,不得近前,就把耶稣所在的房子,拆了房顶,既拆通了,就把瘫子连所躺卧的褥子都缒下来。
>
> 《马可福音》2章4节

当时的房子是平顶的,有楼梯可以上到房顶,晚上人们可以坐在房顶乘凉。那四个人不能接近耶稣,他们便走到房顶上,拆开房顶盖,把那瘫痪的人缒下去,到耶稣的面前。这功夫说来简单,但要拆开房顶盖委实是一点也不容易。我们可以想像当时灰尘碎片落在屋内的情景,耶稣的讲道当然会被迫中断,每个人注视着房顶,要看到底发生了什么事。当那四个人露面时,耶稣的听众可能大声地呼喊:"难道你们不懂尊重?! 我们的身上都扑满了灰尘! 你们把房子拆毁了!"但耶稣却有不同的回应。

> 耶稣见他们的信心,就对瘫子说:"小子,你的罪赦了。"
>
> 《马可福音》2章5节

内心

耶稣所关注的是人的内心。祂能赦免人的罪,祂是神,但祂的听众不全都接受这事实。虽然他们没有作声,他们的思想却是充满敌意。

> 有几个文士坐在那里,心里议论,说:"这个人为什么这样说呢?他说僭妄的话了! 除了神以外,谁能赦罪呢?"
>
> 《马可福音》2章6—7节

他们说得对,是只有神"可以"赦免罪!

> 耶稣心中知道他们心里这样议论,就说:"你们心里为什么这样议论呢?"
>
> 《马可福音》2章8节

耶稣说出了祂知道他们心中所想的。试想文士们当时是何等羞愧不安,他们可能追想十分钟前自己在想什么。耶稣必然知道他们的心思意念! 祂不是要讨好他们,祂问了一个问题。

> 或对瘫子说"你的罪赦了",或说"起来! 拿你的褥子行走",哪一

样容易呢？ 《马可福音》2 章 9 节

问题，问题

这么难回答的问题，就算是律法师也不能提出。你可以想像当时的文士们绞尽脑汁地思索："那人明显是瘫了的。要使他再次活动四肢根本是不可能的。只有神才可以医治这种残疾。但若耶稣能使残肢恢复功能，那便表示祂就是……不，这是不可能的。神不可能到世上来，而且像耶稣那样生活。耶稣只是一个普通人，住在落后的偏远地方。祂居然这么大胆地提出这个问题！祂以为自己是谁？神！？"耶稣在他们回应前回答了他们……

> "但要叫你们知道，人子在地上有赦罪的权柄。"就对瘫子说："我吩咐你起来！拿你的褥子回家去吧！"那人就起来，立刻拿着褥子，当众人面前出去了。以致众人都惊奇，归荣耀与神，说："我们从来没有见过这样的事。"
> 《马可福音》2 章 10—12 节

神迹的目的不是要作表演，像在舞台上或马戏团中表演一样。神迹乃是要证实耶稣的身份——祂是神。

无助的罪人

> 耶稣又出到海边去，众人都就了祂来，祂便教训他们。耶稣经过的时候，看见亚勒腓的儿子利未坐在税关上，就对他说："你跟从我来！"他就起来，跟从了耶稣。
> 《马可福音》2 章 13—14 节

虽然利未是犹太人，但他却为罗马人作税吏。这些贪财的人在税项上为自己加收款项，常常要百姓多交税金，好使自己从中得利。他们腐败，弄权，为罗马人欺压百姓，因而令人憎恶。然而，当耶稣经过税关的时候，却邀请利未跟随祂。

> 耶稣在利未家里坐席的时候，有好些税吏和罪人与耶稣并门徒一同坐席，因为这样的人多，他们也跟随耶稣。
>
> 法利赛人中的文士看见耶稣和罪人并税吏一同吃饭，就对祂门徒说："祂和税吏并罪人一同吃喝吗？"

> 耶稣听见,就对他们说:"康健的人用不着医生,有病的人才用得着。我来本不是召义人,乃是召罪人。"
>
> 《马可福音》2章15—17节

耶稣只帮助那些承认自己有罪的人。这往往是蒙神接纳的第一步。

在安息日作工

耶稣屡屡的指责必定使法利赛人气愤,对祂恨之入骨。他们面子尽失。他们留意着耶稣的行为,希望能找出祂犯错的罪证。

> 耶稣又进了会堂,在那里有一个人,枯干了一只手。众人窥探耶稣,在安息日医治不医治,意思是要控告耶稣。
>
> 《马可福音》3章1—2节

根据律法,任何人都不可在安息日作工。作工便是违反神的律法,便是罪。法利赛人对"工作"的理解包括了医生履行职务。律法上并没有说在这日医病是不可以的,但法利赛人在十诫以外,加上自己的一套法则,而这些法则是拥有《圣经》般的权威。因此,他们要看看耶稣是否医治这人,即是说祂会不会在安息日作工。但耶稣很明白神赐下律法的目的。祂也知道法利赛人要陷害祂的计谋,耶稣本可以避免这次冲突,但祂没有丝毫退缩。

> 耶稣对那枯干一只手的人说:"起来,站在当中!"
>
> 《马可福音》3章3节

你可以看见耶稣慢慢地转过头来,定睛看那些想要控诉祂的人。那一刹那的气氛非常凝重……

> (耶稣)又问众人说:"在安息日行善行恶,救命害命,哪样是可以的呢?"
>
> 《马可福音》3章4节上

祂又再次发出问题!法利赛人怒火中烧——充满愤怒和怨恨。作为宗教界的权威,他们的信誉受到严重的打击。

> 他们都不作声。耶稣怒目周围看他们,忧愁他们的心刚硬,就对那人说:"伸出手来!"他把手一伸,手就复了原。
>
> 《马可福音》3章4节下—5节

计谋

耶稣作了工。祂在安息日作工！他们当场抓住耶稣的把柄。

> 法利赛人出去，同希律一党的人商议，怎样可以除灭耶稣。
>
> 《马可福音》3章6节

一般来说，这种联盟是不可思议的。希律一党的人是支持希律和罗马政府的政治团体。另一方面，法利赛人藐视罗马人——但他们更恨耶稣。他们若要杀祂，必须要有罗马人的帮助。

那些宗教领袖排斥耶稣。对他们来说，耶稣不可能是"那应许的拯救者"。

十二门徒

> 耶稣和门徒退到海边去，有许多人从加利利跟随祂。还有许多人听见祂所作的大事，就从犹太、耶路撒冷、以土买、约旦河外，并推罗、西顿的四方，来到祂那里。

> 耶稣上了山，随自己的意思叫人来，他们便来到祂那里。祂就设立十二个人，要他们常和自己同在，也要差他们去传道，并给他们权柄赶鬼。这十二个人有：西门，耶稣又给他起名叫彼得，还有西庇太的儿子雅各和雅各的兄弟约翰，又给这两个人起名叫半尼其，就是雷子的意思；又有安得烈、腓力、巴多罗买、马太、多马、亚勒腓的儿子雅各和达太，并奋锐党的西门，还有卖耶稣的加略人犹大。
>
> 《马可福音》3章7—8节，13—19节

耶稣在跟随祂的人中，挑选了十二个门徒常跟祂在一起。门徒中各式各样的人都有，当中，一边有罗马政府聘用的税吏，另一边有要推翻罗马政府的奋锐党人。其他的人是一些渔夫。只有神才可以使这一群小子和平共处！无论他们的背景如何，这十二个门徒中除了一位之外，不论处在顺境或是逆境，都愿意跟随耶稣。

（五）生命之粮

这事以后，耶稣渡过加利利海，就是提比哩亚海。有许多人因为

看见祂在病人身上所行的神迹，就跟随祂。耶稣上了山，和门徒一同坐在那里。那时犹太人的逾越节近了。耶稣举目看见许多人来，就对腓力说："我们从哪里买饼叫这些人吃呢？"

《约翰福音》6 章 1—5 节

耶稣又发出问题。

祂说这话是要试验腓力，祂自己原知道要怎样行。腓力回答说："就是二十两银子的饼，叫他们各人吃一点，也是不够的。"

有一个门徒，就是西门彼得的兄弟安得烈，对耶稣说："在这里有一个孩童，带着五个大麦饼、两条鱼，只是分给这许多人，还算什么呢？"

《约翰福音》6 章 6—9 节

这话好比一个小孩在提醒他的父亲，听起来好像安得烈必定希望耶稣能有所行动。

耶稣说："你们叫众人坐下。"原来那地方的草多，众人就坐下，数目约有五千。耶稣拿起饼来，祝谢了，就分给那坐着的人，分鱼也是这样，都随着他们所要的。

《约翰福音》6 章 10—11 节

《圣经》的记载如此精简，可能令人忽略其中的情节。耶稣刚用了一个小孩的午餐喂饱了一大群人。这不是一个倍数的课程。耶稣把饼和鱼分给十二个门徒，他们再分给五千个男人——女人和孩童还未计算在内。这是前所未闻的事，耶稣一点也不为难。剩下的还足够每个门徒各拿一篮子回家。

众人看见耶稣所行的神迹，就说："这真是那要到世间来的先知。"

《约翰福音》6 章 14 节

要耶稣作王

那些在这次神迹中得益的人决定要拥戴耶稣为王。虽然耶稣将来会有作王的时刻，如今祂却没有兴趣在地上建立王国，耶稣要统治的，是人的心。

> 耶稣既知道众人要来强逼祂作王,就独自又退到山上去了。……
>
> 既在海那边找着了,就对祂说:"拉比,是几时到这里来的?"耶稣回答说:"我实实在在地告诉你们,你们找我,并不是因见了神迹,乃是因吃饼得饱。"
>
> 《约翰福音》6 章 15 节,25—26 节

错误的动机

这事显而易见,耶稣看出他们要祂作王,是为得免费食物,而不是对祂能行神迹是为显明祂是"那应许的拯救者"感到兴趣。耶稣说:

> "不要为那必坏的食物劳力,要为那存到永生的食物劳力,就是人子要赐给你们的,因为人子是父神所印证的。"
>
> 《约翰福音》6 章 27 节

所吃的食物只能维持片刻的生命,他们早晚都要面对死亡。因此,耶稣说,人生最终的目标应该是追求那位能赐永生的神。

> 众人问祂说:"我们当行什么,才算作神的工呢?"耶稣回答说:"信神所差来的,这就是作神的工。"
>
> 《约翰福音》6 章 28—29 节

那些人想知道要"作什么工"才能赚取永生。耶稣告诉他们,只要"相信";他们要"信靠"祂是他们的救主。这便是他们要做的一切。原来是如此的简单。

> 他们又说:"你行什么神迹,叫我们看见就信你?"
>
> 《约翰福音》6 章 30 节上

这是什么意思? 他们要求耶稣行一个神迹证明祂是神,似乎那以一个小孩子的午餐喂饱五千人的神迹还不足够?! 他们挂念的是另一次的免费餐,另一块饼。

生命的粮

> 耶稣说:"我实实在在地告诉你们,那从天上来的粮,不是摩西赐给你们的,乃是我父将天上来的真粮赐给你们。因为神的粮就是那从天上降下来赐生命给世界的。"

他们说："主啊,常将这粮赐给我们。"

耶稣说："**我就是生命的粮**,到我这里来的,必定不饿;信我的,永远不渴。"

《约翰福音》6 章 32—35 节

第十二章

（一）污秽的衣服

耶稣很懂得讲故事，祂常用比喻来表达祂的意思。比喻是蕴含简单道理的故事。以下的情况，便是祂用故事来谈论那些自以为在神的面前是"正直"的人。

> 耶稣向那些仗着自己是义人，藐视别人的，设一个比喻，说："有两个人上殿里去祷告：一个是法利赛人，一个是税吏。"
>
> 《路加福音》18 章 9—10 节

在当时的犹太人文化里，法利赛人被认为是一群严守摩西律法的人；相反，税吏被视为小人。如今，这两个道德标准各走极端的人在同一个地方祷告。

法利赛人

> 法利赛人站着，自言自语地祷告说："神啊，我感谢你，我不像别人勒索、不义、奸淫，也不像这个税吏。我一个礼拜禁食*两次，凡我所得的都捐上十分之一。" 《路加福音》18 章 11—12 节

> * 他禁食，相信是为了有更多时间祷告。他也把收入的十分之一奉献来作慈善的事。

法利赛人陈述了自己所行的一些好事，并自我赞扬一番。他也许还有更多可以拿出来张扬的，但这并不重要。他祷告的"方式"已表达了他内心的态度。他依仗自己正直的生活（或好行为）来使自己在神面前称义。

税吏

> 那税吏远远地站着，连举目望天也不敢，只捶着胸说："神啊，开恩可怜我这个罪人！"
>
> 《路加福音》18 章 13 节

> * 算为义，即被宣告是正直的意思。

税吏知道自己有罪，亦为此而难过，他极渴望能得到神的怜悯，他乞求神给他逃避惩罚的途径。耶稣继续说下去：

> "我告诉你们，这人回家去比那人倒算为义了。因为凡自高的，必降为卑；自卑的，必升为高。" 《路加福音》18 章 14 节

悔改

耶稣很有意思地把悔改和谦卑连在一起。《圣经》清楚地说明撒但的堕落是由于骄傲,人也是因为骄傲而不肯承认自己是罪人,不肯信靠神。法利赛人相信如果能遵守律法和有好行为,神便会喜悦。他的骄傲使他看不见自己的需要。耶稣说:

> "以赛亚指着你们假冒为善之人所说的预言是不错的。如经上说:'这百姓用嘴唇尊敬我,心却远离我。他们将人的吩咐当作道理教导人,所以拜我也是枉然。'你们是离弃神的诚命,拘守人的遗传。"
>
> 《马可福音》7 章 6—8 节

瞎眼

法利赛人在外表上有义的表现,但内心却是有罪。他们以人为的条规破坏了十诫的原意。耶稣说:

> "这就是你们承接遗传,废了神的道。你们还作许多这样的事。"
>
> 《马可福音》7 章 13 节

法利赛人相信凭着他们"宗教"的操守和"善行",以及他们的犹太人

"血统",便能与神和好。

但耶稣说这一切都不能使人蒙神悦纳,因为恶……

"……都是从里面出来,且能污秽人。"　　　　　　《马可福音》7 章 23 节

《圣经》在这方面表达得很清楚:好行为不能使人在神面前享有任何地位。事实上,

……所有的义都像污秽的衣服……　　　　　　《以赛亚书》64 章 6 节

奴仆

有些人认为自己是公义的化身,但《圣经》的论点却是相反。《圣经》指出所有人都……

……作罪的奴仆,以至于死……　　　　　　《罗马书》6 章 16 节

罪使人的生命受到捆绑。

"我实实在在地告诉你们,所有犯罪的,就是罪的奴仆。"

《约翰福音》8 章 34 节

人往往会有挫折感,就是愈努力行善愈是会失败。当人在生活的一方面得意的时候,在另一方面却又出现问题。无论在哪一方面,罪的本性都与人的努力追求在抗衡。难怪每年年初的立志都难以成功。

此外,《圣经》说撒但使人成为它的**奴仆**。这不是说他沉溺在邪教中;而是魔鬼用试探和骄傲操纵人,从而去达成它的目的。事实上,撒但不遗余力地使人相信他自己是良善的。《圣经》说那些人……

……已经被魔鬼任意掳去的,可以醒悟,脱离他的网罗。

《提摩太后书》2 章 26 节

纵然人是罪和撒但的奴仆,但人的生活也不应该变得邪恶。神仍然要人为自己的选择负责,但作为奴仆带来了一个窘境。要有配得来到完全的神面前所要的那一种完全,不是人的能力可以做到的。

这古老的问题仍然存在。我们如何能除去"罪",并且得到一种**与"神的义"相同**的"义",并因此可以在祂面前被接纳呢?

我生而为基督徒……

"基督徒"这个名词含有"基督的"或"属于基督一家"的意思。这个词的属灵意义已被扭曲到难以置信的地步。但根据这个名词的原意，若说有人"生而为基督徒"，都是不正确的。生在一个"基督徒家庭"，不会使人成为基督徒，正如生在医院里不会使你成为医生。肉身的出生跟我们与神之间的关系以及我们将来的归宿毫不相干。

虽然有时这个名词会用在一个国家上，但正确的理解是只能用在个人身上。有些"基督教国家"会以基督的名义来作恶。而其他的人则是在道德上败坏了。

（二）道路

耶稣常用日常的经历来阐明属灵的真理。在故事的开始，耶稣先提醒听众羊圈是怎样的。围墙是用石头砌成的，墙顶种上荆棘，是用来防止野兽或盗贼爬过围墙。羊圈只有一个门。

牧羊人日间带羊出外吃草。到了晚上，羊群回到羊圈，牧羊人睡在入口处。若不惊动牧羊人，没有人可以进入羊圈，也没有羊可以走离。牧羊人的身体成了羊圈的门。

所以,耶稣又对他们说:"我实实在在地告诉你们,我就是羊的门。"

《约翰福音》10 章 7 节

耶稣比喻那些信靠神的人如同羊一般,安然躺在羊圈内。

"我就是门,凡从我进来的,必然得救,并且出入得草吃。"

《约翰福音》10 章 9 节

耶稣说只有"祂"是门——没有别的门。人只能通过"祂"才可以从罪的可怕后果中被"拯救"出来。人只有藉着祂才可得着永生。

"盗贼来,无非要偷窃、杀害、毁坏;我来了,是要叫羊得生命,并且得的更丰盛。"

《约翰福音》10 章 10 节

盗贼不会关心羊群的需要,《圣经》称他们为假师傅。他们常常为了自己的权力或金钱,而滥用神的话语。这些"盗贼"编制了一套可以赚取永生的方法——这个方法似乎不错,但最终却是引至属灵的死亡。

> 有一条路人以为正,至终成为死亡之路。　　　　　　《箴言》14 章 12 节

另一方面,耶稣来是要赐下丰盛的生命,一个充满喜乐的生命。耶稣说:

> "我就是道路、真理、生命;若不藉着我,没有人能到父那里去。"
>
> 《约翰福音》14 章 6 节

耶稣说:祂是通往神"唯一"的**道路**。
　　　　祂说的话是"唯一"的**真理**。
　　　　"唯有"在祂里面才可以找到永远的**生命**。

耶稣强调没有人可以通过其他途径到神的面前。正如牧羊人是羊圈唯一的门,耶稣是到神面前唯一的道路。

(三) 拉撒路

有一个患病的人,名叫拉撒路,住在伯大尼,就是马利亚和她姐姐马大的村庄。她姐妹两个就打发人去见耶稣,说:"主啊,你所爱的人病了。"

《约翰福音》11 章 1 节,3 节

拉撒路、马利亚和马大都是耶稣的好朋友,他们住在离耶路撒冷仅仅两英里路的伯大尼。这事件发生的时候,耶稣正在约旦河的另一边,离伯大尼有一天的路程。

> 耶稣素来爱马大和她妹子并拉撒路,听见拉撒路病了,就在所居之地仍住了两天。
>
> 《约翰福音》11 章 5—6 节

这实在令人费解。在拥有快速反应救护队的今天,人人都知道病危是不可耽搁的。但耶稣却要于所在之处多停留两天! 祂到底在想什么呢?

然后对门徒说："我们再往犹太去吧！"

门徒说："拉比，犹太人近来要拿石头打你，你还往那里去吗？"

耶稣就明明地告诉他们说："拉撒路死了。我没有在那里就欢喜，这是为你们的缘故，好叫你们相信。如今我们可以往他那里去吧！"

《约翰福音》11 章 7—8 节，14—15 节

死了四天

耶稣到了，就知道拉撒路在坟墓里已经四天了。伯大尼离耶路撒冷不远，约有六里路。有好些犹太人来看马大和马利亚，要为她们的兄弟安慰她们。马大听见耶稣来了，就出去迎接祂；马利亚却仍然坐在家里。

马大对耶稣说："主啊，你若早在这里，我兄弟必不死！就是现在，我也知道，你无论向神求什么，神也必赐给你。"

《约翰福音》11 章 17—22 节

我们不知道马大以为耶稣会向神求什么，但很明显——她是对耶稣有信心的。

耶稣说："你兄弟必然复活。"马大说："我知道在末日复活的时候，他必复活。"

《约翰福音》11 章 23—24 节

马大对耶稣所说的话不感到惊奇。她知道《圣经》说所有人都要复活，但这是在世界末日才会发生，届时各人都会受到神的审判。在这之前，每人都会死一次。

耶稣对她说："复活在我，生命也在我！信我的人，虽然死了，也必复活。凡活着信我的人，必永远不死。你信这话吗？"

《约翰福音》11 章 25—26 节

耶稣的话何等有力。耶稣告诉马大，拉撒路不用等到审判的那一天便能从死里复活。耶稣是赐生命的一位，因此，随时都有能力使拉撒路重新得到生命。马大相信吗？

马大说："主啊，是的，我信你是基督，是神的儿子，就是那要临到世界的。"

《约翰福音》11 章 27 节

马大不仅相信耶稣；她更确认祂就是基督——弥赛亚，是神自己。

"你们把他安放在哪里？"他们回答说："请主来看。"耶稣哭了。

《约翰福音》11 章 34—35 节

对于耶稣的哭，人有不同的猜测。有人推测耶稣是为了拉撒路回到世上而难过——由天堂的喜乐完美回到充满罪恶忧伤的世界来。《圣经》没有告诉我们原因是什么，纵然祂自己是无罪的，但耶稣的悲伤，让我们看见祂经历了人的感情。

犹太人就说："你看祂爱这人是何等恳切。"其中有人说："祂既然开了瞎子的眼睛，岂不能叫这人不死吗？"耶稣又心里悲叹，来到坟墓前；那坟墓是个洞，有一块石头挡着。

《约翰福音》11 章 36—38 节

依照习俗，犹太人埋葬死人的方式是把尸身安放在一个墓穴里，随着时日过去，这墓穴也成为这人的后代被安葬的坟墓。一般会用一个天然的山洞，但有时也会从岩石中凿出坟墓。这些坟墓很大，你可以站在"哭房"❶中，房里面❷有经过雕凿，用来放置尸体❸的架子，坟墓入口处有一块被凿成车轮形、有数吨重的大石❹将门封住，这个置于沟坑上❺的门可以前后推动。当关上时，这门便停在一个小穴上，以防止它滚开。

耶稣说："你们把石头挪开！"那死人的姐姐马大对祂说："主啊，他现在必是臭了，因为他死了已经四天了。"

耶稣说："我不是对你说过，你若信，就必看见神的荣耀吗？"他们就把石头挪开。耶稣举目望天说："父啊，我感谢你，因为你已经听我；我也知道你常听我。但我说这话，是为周围站着的众人，叫他们信是你差了我来。"

说了这话,就大声呼叫说:"拉撒路出来!"那死人就出来了,手脚裹着布,脸上包着手巾。耶稣对他们说:"解开,叫他走!"

《约翰福音》11 章 39—44 节

幸好耶稣呼叫了"拉撒路……",若祂只是说"出来!",很可能整个坟场的死人都会出来!拉撒路活了!他的朋友要替他把长长的裹尸布解开,他才可以走动。耶稣的确是行了一件很大的神迹。

那些来看马利亚的犹太人见了耶稣所作的事,就多有信祂的。但其中也有去见法利赛人的,将耶稣所作的事告诉他们。祭司长和法利赛人聚集公会*,说:"这人行好些神迹,我们怎么办呢?若这样由着他,人人都要信他,罗马人也要来夺我们的地土和我们的百姓。"从那日起他们就商议要杀耶稣。

> * 公会是犹太人的议会。

《约翰福音》11 章 45—48 节,53 节

当时有些人相信,也有些人在商议计谋。连复活也不能使那些法利赛人和祭司长相信耶稣。他们持守的实在太多了——权力和骄傲全要放弃。毫无疑问,他们跟那"明亮之星"一样!

轮回?

轮回乃是相信人死后,灵魂会以人或动物的形像再次回到世上。轮回这观念不单在《圣经》里没有提及,而且《圣经》中还有与之相反的教导:每个人一生只有一次可活。

按着定命,人人都有一死,死后且有审判。

《希伯来书》9 章 27 节

云彩消散而过;照样,人下阴间也不再上来。他不再回自己的家,故土也不再认识他。

《约伯记》7 章 9—10 节

（四）地狱

三年来,耶稣教导所有愿意聆听的人。许多奥妙的事就在这短短的时间里发生。由教导到启发思想,由比喻到真人真事,祂的教导都能满足听者的需要。这里,耶稣说了以下的故事。

"有一个财主,穿着紫色袍和细麻布衣服,天天奢华宴乐。又有一个讨饭的,名叫拉撒路,浑身生疮,被人放在财主门口,要得财主桌子上掉下来的零碎充饥,并且狗来舔他的疮。"

《路加福音》16 章 19—21 节

乞丐死了

"后来那讨饭的死了,被天使带去放在亚伯拉罕的怀里。"

《路加福音》16 章 22 节上

永恒的生命

经文中的"亚伯拉罕怀里"是指天堂,有时是指"乐园"。故事中那讨饭的拉撒路与前文提到的拉撒路并非同一人。这位拉撒路可以到"乐园",并不是因为他贫穷,而是因为他对神有信心。

财主死了

"财主也死了,并且埋葬了。他在阴间受痛苦,举目远远地望见亚伯拉罕,又望见拉撒路在他怀里,就喊着说:'我祖亚伯拉罕哪,可怜我吧! 打发拉撒路来,用指头尖蘸点水,凉凉我的舌头,因为我在这火焰里,极其痛苦。'"

《路加福音》16 章 22 节下—24 节

永远的审判

财主到了地狱,并不是因为他富有,乃是因为他在生时忽视神的话,只为自己而活。他恳求亚伯拉罕帮助他。

"亚伯拉罕说:'儿啊,你该回想你生前享过福,拉撒路也受过苦;如今他在这里得安慰,你倒受痛苦。不但这样,并且在你我之间,有深渊限定,以致人要从这边过到你们那边是不能的;要从那边过到我们这边也是不能的。'"

《路加福音》16 章 25—26 节

已成定局

　　祂的话语清楚地告诉我们，人只能在世上才有机会悔改——改变想法。人死后，再没有第二次的机会，没有从地狱逃到天堂的机会。那些死了而没有与神和好的人会与祂永远分开。《圣经》没有任何地方提到人可以逃避这个受苦的地方。纵然那财主呼求怜悯，盼望可以从痛苦中得到解脱，都不能成功。怜悯只能在今生得到。财主继续说下去……

> "我祖啊！既是这样，求你打发拉撒路到我父家去，因为我还有
> 五个弟兄，他可以对他们作见证，免得他们也来到这痛苦的地
> 方。"
> 　　　　　　　　　　　　　　　　　　　　　　《路加福音》16 章 27—28 节

　　虽然这人在极度痛苦之中，他却没有忘记在地上的生活。这人知道他的五个兄弟还没有与神和好，所以希望可以警诫他们。

　　《圣经》从没有提到人可以在地狱里与朋友们欢聚一堂。那些在地狱里的人不会期望他们最坏的敌人到他们那里去。

> "亚伯拉罕说：'他们有摩西和先知的话可以听从。'他说：'我祖
> 亚伯拉罕哪，不是的，若有一个从死里复活的，到他们那里去的，
> 他们必要悔改。'亚伯拉罕说：'若不听从摩西和先知的话，就是
> 有一个从死里复活的，他们也是不听劝。'"
> 　　　　　　　　　　　　　　　　　　　　　　《路加福音》16 章 29—31 节

　　我们在前文提到耶稣使人从死里复活。耶稣纵然彰显出这么大的能力，很多人仍然不肯接受祂，反而要设计陷害祂。《圣经》指出，人若不肯相信神所写下的话，那么……

> "……就是有一个从死里复活的，他们也是不听劝。"
> 　　　　　　　　　　　　　　　　　　　　　　《路加福音》16 章 31 节下

　　"地狱"的定义与"火湖"差不多完全相同。《圣经》上说，那些进入地狱的人就已进入了永远的惩罚。

（五）接纳与出卖

耶稣和门徒将近耶路撒冷,到了伯法其和伯
大尼,在橄榄山那里,耶稣就打发两个门徒,
对他们说:"你们往对面村子里去,一进去的
时候,必看见一匹驴驹拴在那里,是从来没
有人骑过的;可以解开牵来。"

《马可福音》11 章 1—2 节

他们把驴驹牵到耶稣那里,把自己的衣服搭在上面,耶稣就骑
上。有许多人把衣服铺在路上,也有人把田间的树枝砍下来,铺
在路上。前行后随的人都喊着说:"和散那,奉主名来的是应当
称颂的!那将要来的我祖大卫之国是应当称颂的!高高在上,
和散那!"

《马可福音》11 章 7—10 节

"和散那"的意思是"现在拯救"。群众临时安排给耶稣的欢迎礼,乃
是欢迎得胜者凯旋而归的罗马式游行。他们在欢呼赞美祂,希望祂可以
把压迫他们的罗马人赶走。

 他们却不知道他们所做的正应验了一个 500 年前的古老预言,先
知撒迦利亚曾记载耶稣将要受到这样的欢迎。

锡安的民哪,应当大大喜乐!耶路撒冷的民哪,应当欢呼。看
哪,你的王来到你这里。祂是公义的,并且施行拯救,谦谦和
和地骑着驴,就是骑着驴的驹子。

《撒迦利亚书》9 章 9 节

这是耶稣唯一一次容许人如此地接待祂。祂这样做的原因是要迫使
杀害祂的人采取行动。祂要他们马上行动,不再拖延。

过两天是逾越节,又是除酵节,祭司长和文士想法子怎么用诡计
捉拿耶稣,杀他。只是说:"当节的日子不可,恐怕百姓生乱。"

《马可福音》14 章 1—2 节

从呼喊的群众看来,这该是耶稣宣布祂是以色列王的时候。但对那
要杀害祂的宗教领袖来说,这却是一个很难处理的情况。若要铲除耶稣,
现在该是时候了,但他们害怕群众的反应,因耶稣显然是备受民众的

拥戴。

城中挤满了过逾越节的人，不少人期望耶稣会赶走罗马人。但当时间慢慢过去，却不见祂宣告王权的迹象，耶稣英雄式的身份迅速地消逝了。

逾越节的筵席

耶稣打发两个门徒为逾越节预备地方。

> 到了晚上，耶稣和十二个门徒都来了。他们坐席正吃的时候，耶稣说："我实在告诉你们，你们中间有一个与我同吃的人要卖我了。"他们就忧愁起来，一个一个地问祂说："是我吗？"耶稣对他们说："是十二个门徒中同我蘸手在盘子里的那个人。"
>
> 《马可福音》14 章 17—20 节

三年前当耶稣拣选祂的十二个门徒时，祂已知道谁要出卖祂。

 在此一千年前，大卫王讲述出卖这一幕时，从"拯救者"的角度写下……

> "连我知己的朋友，我所倚靠着，吃过我饭的，也用脚踢我。"
>
> 《诗篇》41 篇 9 节

出卖

那出卖者是加略人犹大，虽然他在门徒中作司库，但他也是个贼。显然地，他为了私利而中饱私囊，门徒却一无所知。但耶稣知道，撒但也知道，他在寻找耶稣的弱点，要找一个时机可以把这"应许的拯救者"消灭。如今，撒但找到机会了，犹大又答应了。在享用逾越节饼的时候，撒但开始了他的行动。

> 他吃了以后，撒但就入了他的心。耶稣便对他说："你所作的，快作吧！"同席的人，没有一个知道是为什么对他说这话。
>
> 《约翰福音》13 章 27—28 节

> 他去和祭司长并守殿官商量，怎么可以把耶稣交给他们。他们欢喜，就约定给他银子。
>
> 《路加福音》22 章 4—5 节

擘开的饼与杯

犹大出卖主的事发生在逾越节的晚餐时候。当犹大正在安排他邪恶的出卖行动时，耶稣仍旧在享用晚餐。耶稣的表现带有重大的意义。

> 他们吃的时候，耶稣拿起饼来，祝了福，就擘开递给他们，说："你们拿着吃，这是我的身体。"
>
> 《马可福音》14 章 22 节

他们当然不是在吃耶稣的肉，耶稣所指的是擘开的饼代表着祂的身体。门徒必定非常困惑不解。这与耶稣在较早前指自己是生命的粮是否有关呢？

> 又拿起杯来，祝谢了，递给他们，他们都喝了。耶稣说："这是我立约的血，为多人流出来的。"
>
> 《马可福音》14 章 23—24 节

行动所象征的都是一样——耶稣的血很快便要为"多人"流出。我们稍后会查考这点的意义。

> 他们唱了诗*，就出来，往橄榄山去。
>
> 《马可福音》14 章 26 节

> * 赞美神的歌。

星期四：
耶稣与门徒一起守逾越节。唱诗后便到橄榄山山脚的客西马尼园。
❸

❷ 星期一至三：
耶稣与十二门徒在耶路撒冷和伯大尼一带。

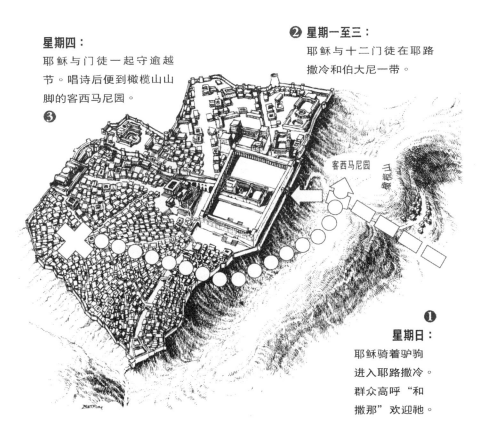

客西马尼园

❶
星期日：
耶稣骑着驴驹进入耶路撒冷。群众高呼"和撒那"欢迎祂。

第十三章

（一）拘捕

> 他们来到一个地方，名叫客西马尼。耶稣对门徒说："你们坐在这里，等我祷告。"于是带着彼得、雅各、约翰同去，就惊恐起来，极其难过，对他们说："我心里甚是忧伤，几乎要死，你们在这里等候儆醒。"祂就稍往前走，俯伏在地，祷告说："倘若可行，便叫那时候过去。"祂说："阿爸*，父啊！在你凡事都能，求你将这杯撤去；然而，不要从我的意思，只要从你的意思。"

> * 一个亲昵的称呼，是爸爸或父亲的意思。

《马可福音》14 章 32—36 节

我们强调耶稣是神，便很容易忽略祂也是人。受苦对耶稣来说并不陌生——祂知道也能感受痛苦。作为神，祂知道将要面对的痛苦，亦为所要面对的事感到困扰。耶稣用只有儿子向亲爱的父亲所用的话来呼求：阿爸——爸爸，请另找方法去做。呼求之后，又马上把自己的意志交回给祂天上的父，并且祈求——"愿你的旨意成就"。

> 说话之间，忽然那十二个门徒里的犹大来了，并有许多人带着刀棒，从祭司长和文士并长老那里与他同来。

> 卖耶稣的人曾给他们一个暗号，说："我与谁亲嘴，谁就是他！你们把他拿住，牢牢靠靠地带去。"

《马可福音》14 章 43—44 节

> 耶稣知道将要临到自己的一切事，就出来对他们说："你们找谁？"他们回答说："找拿撒勒人耶稣。"

《约翰福音》18 章 4—5 节上

祂说话

> 耶稣说："我就是！"卖祂的犹大也同他们站在那里。

《约翰福音》18 章 5 节下

耶稣强调说"我是！"这可译成，[1]"我现今就是神！""我是"就是神的名字，意思是自己因自己的能力而存在。不是随便哪个人可以说的，这是神自己在称呼自己。这话的效果值得我们留意。

耶稣一说"我就是",他们就退后倒在地上。

《约翰福音》18 章 6 节

他们不单跌倒,且是往后跌倒,耶稣的尊贵使他们"不能站稳"。当这群受惊的人站起来后,他们把身上的沙尘扫去……

袖又问他们说:"你们找谁?"他们说:"找拿撒勒人耶稣。"

《约翰福音》18 章 7 节

你可以感受到这些人的敬畏和恐惧,耶稣使他们忐忑不安。这不是一个普通的逮捕行动。当耶稣表示祂早已知道他们预约的出卖暗号时,他们的信心全然崩溃了。

……耶稣对他说:"犹大! 你用亲嘴的暗号卖人子吗?"

《路加福音》22 章 48 节

犹大来了,随即到耶稣跟前,说:"拉比",便与祂亲嘴。

《马可福音》14 章 45 节

其他十一个门徒马上采取行动。西门彼得带了武器……

有跟随耶稣的一个人,伸手拔出刀来,将大祭司的仆人砍了一刀,削掉了他一个耳朵。

《马太福音》26 章 51 节

医治

耶稣说:"到了这个地步,由他们吧!"就摸那人的耳朵,把他治好了。

《路加福音》22 章 51 节

还有什么可说的呢? 在这种危急的情况下,耶稣仍然顾念别人;他医好了大祭司的仆人。彼得的努力只是一时的冲动——有热心却没有智慧。从人的角度来看,当时的处境是对门徒不利的。你也不能不佩服彼得的努力,至少他是尽了力! 当头劈下去,却只割了只耳朵,显然彼得用刀的技术比不上他下网的功夫。

问题

耶稣接着问了一个问题——一个令人难受的问题。

耶稣对众人说："你们带着刀棒出来拿我，如同拿强盗吗？我天
天坐在殿里教训人，你们并没有拿我，但这一切的事成就了，为
要应验先知书上的话。"

《马太福音》26 章 55—56 节

神的问题往往把人内心的思想表露无遗。群众若细心想一想，便会
发现自己的行动有矛盾。由于他们下了决心要除掉耶稣，纵然再一次惊
讶于耶稣奇妙的能力，内心仍是刚硬，没有改变。

门徒因为恐怕性命难保，都逃跑了。

门徒都离开祂，逃走了。那队兵和千夫长并犹太人的差役就拿
住耶稣，把祂捆绑了。

《马可福音》14 章 50 节，《约翰福音》18 章 12 节

读到这里，我们可能发觉有点儿不协调。耶稣只是一个人，差去捉拿
祂的却有三百至六百名士兵。此外，更有犹太人的官长、祭司和仆人。这
不是太紧张了吗？由此，你不难明白他们是如何感到自己的能力不足。
接着，他们上前拿住耶稣，把祂捆绑了。撒但这时必开怀大笑。

上庭

他们把耶稣带到大祭司那里，又有众祭司长和长老并文士，都来
和大祭司一同聚集。

《马可福音》14 章 53 节

圣殿的法庭通常不会在夜间进行审讯。事实上，七十一人组成的公
会能在这么短的时间内齐集，并愿意在半夜开审，这显然是有预谋的。根
据他们自己的律例，他们这样作是完全不合法的。即或对当时的法律制
度不熟悉的人，也可以看出这审讯程序的异常。无论如何，他们不顾常
规，目的是要置耶稣于死地。

祭司长和全公会寻找见证控告耶稣，要治死祂，却寻不着。因为
有好些人作假见证告祂，只是他们的见证各不相合。

大祭司起来站在中间，问耶稣说："你什么都不回答吗？这些人
作见证告你的是什么呢？"耶稣却不言语，一句也不回答。

《马可福音》14 章 55—56 节，60—61 节上

你是神吗？

大祭司又问祂说："你是那当称颂者的儿子基督不是？"

《马可福音》14 章 61 节下

这问题十分清楚："你是不是神？"

耶稣说："我是。你们必看见人子，坐在那权能者的右边，驾着天上的云降临。"

大祭司就撕开衣服，说："我们何必再用见证人呢？你们已经听见他这僭妄的话了。你们的意见如何？"他们都定祂该死的罪。

《马可福音》14 章 62—64 节

大祭司该亚法清楚地知道耶稣在说什么。耶稣自称为神。僭妄的话乃是对神的不敬，而一个人自称为"神"，更是亵渎。但耶稣不单是人——祂是神！可是，无论是该亚法或是其他犹太人的领袖都不相信祂，他们要定耶稣死罪。但有一个问题：公会没有判决死刑的权柄；只有罗马人才可以。

(二) 钉十字架

由于晚上开庭审议是不合法的，故他们于早上再次召开公会，要审问耶稣。耶稣必定是疲倦不堪，祂整夜未眠，而且他们为了要让耶稣知道他们是大权在握，他们狠狠地把耶稣打了一顿。

众人都起来，把耶稣解到彼拉多面前。
《路加福音》23 章 1 节

巡抚彼拉多

犹大的巡抚彼拉多有罗马帝国的权柄作他的后盾。犹太人的法庭多半都不能判处死刑，需要罗马人的核准，巡抚便是他们要找的人。圣殿的领袖知道这人是很易说服的，因此便开始游说的工作。

就告祂说："我们见这人诱惑国民，禁止纳税给凯撒，并说自己是基督，是王。"
《路加福音》23 章 2 节

耶稣从来没有禁止门徒交税。事实上，耶稣所说的与他们所说的刚好相反。这显然是一个谎话,然而法律的常规早已被破坏了,谁还会关心真假的问题呢? 另一方面,耶稣自称是弥赛亚却是千真万确的事!

> 彼拉多问耶稣说:"你是犹太人的王吗?"
>
> 《路加福音》23 章 3 节上

> 耶稣回答说:"我的国不属这世界。我的国若属这世界,我的臣仆必要争战,使我不至于被交给犹太人;只是我的国不属这世界。"
>
> 《约翰福音》18 章 36 节

耶稣的统治是由人的心开始。祂没有任何政治上的野心。

> 彼拉多就对祂说:"这样,你是王吗?"耶稣回答说:"你说我是王,我为此而生,也为此来到世间,特为给真理作见证。凡属真理的人就听我的话。"彼拉多说:"真理是什么呢?"
>
> 《约翰福音》18 章 37—38 节上

今天,许多人还在问这个问题。但彼拉多没有心情去听,他甚至没有等待耶稣回答。

> 说了这话,又出来到犹太人那里,对他们说:"我查不出他有什么罪来。"
>
> 《约翰福音》18 章 38 节下

彼拉多并不信任那些祭司。作为罗马人的巡抚,他知道犹太人憎恨他,而他也清楚地知道那些祭司并不会为凯撒的好处着想。公会必定有其他的原因要置耶稣于死地。

> 彼拉多对祭司长和众人说:"我查不出这人有什么罪来。"但他们越发极力地说:"他煽惑百姓,在犹太遍地传道,从加利利起,直到这里了。"彼拉多一听见,就问:"这人是加利利人吗?"既晓得耶稣属希律所管,就把祂送到希律那里去。那时希律正在耶路撒冷。
>
> 《路加福音》23 章 4—7 节

彼拉多本是有权审讯的,但这时情况显得复杂起来。耶稣被指煽动群众造反。若耶稣真的引发暴乱,他如何向上司交代呢? 倒不如把一切推给希律还方便得多。另外,希律和他并不友好,彼拉多便决定把责任卸给他。

希律安提帕

希律安提帕是希律大帝的儿子。作为罗马政府的傀儡，他有统治耶稣家乡加利利的权柄。他正在耶路撒冷过逾越节。

希律看见耶稣，就很欢喜，因为听见过祂的事，久已想要见祂，并且指望看祂行一件神迹，于是问祂许多的话，耶稣却一言不答。

《路加福音》23 章 8—9 节

❸ 星期五清早：
❹ 耶稣被带到罗马人的营楼，接受彼拉多的审讯。

星期四深夜：
耶稣在客西马尼园被捕，然后被带到大祭司的地方。一般认为他们是绕过北面的墙以避开圣殿附近的人群。

❶
❷

星期五早上：
彼拉多把耶稣送至希律处，但希律把耶稣送回。

❹
❺
❹

❹

❶

客西马尼园

❺

❸

❷

大祭司家

❷
❸

星期五日出时分：
耶稣在半夜受了亚那、大祭司该亚法，以及公会的审讯后，被带到圣殿受公会的审讯，使控告正式成立。

缄默

耶稣知道希律并没有兴趣知道事情的真相,他只是希望看个神迹,当作娱乐,由此可见他对耶稣的不敬。耶稣没有顺从希律,反而保持缄默。

> 祭司长和文士都站着,极力地告祂。希律和他的兵丁就藐视耶稣,戏弄祂,给祂穿上华丽衣服,把祂送回彼拉多那里去。从前希律和彼拉多彼此有仇,在那一天就成了朋友。
>
> 《路加福音》23 章 10—12 节

钉他十字架!

耶稣被捕后,已经受审五次:三次犹太人的,两次罗马人的。这第六次的审讯是最后一次。到了这个时候,消息已传遍全城。现在已不再是大祭司和公会在控告耶稣,一群民众加入了他们的行列,这群人刚刚在数天前还大声呼叫"和散那",但如今却拼命地大叫"钉他十字架!"。彼拉多陷入困局之中,他越是审讯耶稣,越是发觉耶稣不是一个平凡人!

> 彼拉多传齐了祭司长和官府并百姓,就对他们说:"你们解这人到我这里,说他是诱惑百姓的。看哪,我也曾将你们告他的事,在你们面前审问他,并没有查出他什么罪来;就是希律也是如此,所以把他送回来。可见他没有作什么该死的事。故此,我要责打他,把他释放了。"
>
> 《路加福音》23 章 13—16 节

希律和彼拉多都找不出处死耶稣的罪证,事实上,没有人能控告祂犯了什么罪。于是,彼拉多提出一个缓冲的方法,这方法包括两部分:

1. 他要鞭打耶稣

这不是一般的拷打。鞭子的末梢连着很多皮带,而每一条皮带上都扣上蝴蝶型的尖骨或铁片。被判刑的人高举双手过头,被绑在柱子上,背部被鞭打。当那鞭子打下来的时候,骨块和铁片便会插入肉中;鞭一抽回,便把肉从背上抽出。这一种鞭打往往使受刑的人难以承受而死亡。

根据法律,鞭笞只可用在已被定罪的囚犯身上,而彼拉多自己刚才亲口说过耶稣没有罪。由于罗马人的鞭刑是一种极其残酷的刑法,彼拉多希望藉此使指控耶稣的人满意,从而接受他的另一个建议。

2. 他会释放耶稣

罗马人为要表达仁慈,在逾越节有释放一个罪犯的传统。彼拉多建议在耶稣被鞭打之后释放祂,但群众的反应却是一致的:

> 众人却一齐喊着说:"除掉这个人!……"

> 彼拉多愿意释放耶稣,就又劝解他们。无奈他们喊着说:"钉他十字架!钉他十字架!"

> 彼拉多第三次对他们说:"为什么呢?这人作了什么恶事呢?我并没有查出他什么该死的罪来。所以,我要责打他,把他释放了。"
> 　　　　　　　　　　　　　　　　　　《路加福音》23 章 18 节,20—22 节

> 当下彼拉多将耶稣鞭打了。　　　　　　　　　　《约翰福音》19 章 1 节

> 士兵对刑罚仍不满意,他们决定再添一点嘲弄的伎俩。

> 兵丁用荆棘编作冠冕,戴在祂头上,给祂穿上紫袍,又挨近祂说:"恭喜犹太人的王啊!"他们就用手掌打祂。
> 　　　　　　　　　　　　　　　　　　　　　《约翰福音》19 章 2—3 节

彼拉多没有判决要羞辱耶稣。紫袍是皇室的服饰,荆棘也残酷地被用来代替皇冠。这是极端侮辱人的手法。

同样，在七百年前，先知以赛亚曾写下：

> 祂被藐视，被人厌弃，……我们也不尊重祂。
>
> 《以赛亚书》53 章 3 节

彼拉多又出来对众人说："我带他出来见你们，叫你们知道我查不出他有什么罪来。"耶稣出来，戴着荆棘冠冕，穿着紫袍。彼拉多对他们说："你们看这个人！"

《约翰福音》19 章 4—5 节

彼拉多心里知道自己没有公平地处理整件事情。毫无疑问，他希望这个伤痕累累、头戴荆棘冠冕、满身鲜血的人会引起人的同情。

祭司长和差役看见祂，就喊着说："钉他十字架！钉他十字架！"彼拉多说："你们自己把他钉十字架吧！我查不出他有什么罪来。"

《约翰福音》19 章 6 节

彼拉多知道他们无法这样做，犹太人的法庭是不可以把人判处死刑的。

神的儿子

犹太人回答说："我们有律法，按那律法，他是该死的！**因他以自己为神的儿子。**"彼拉多听见这话，越发害怕。又进衙门，对耶稣说："你是哪里来的？"

《约翰福音》19 章 7—9 节上

彼拉多知道耶稣来自加利利，正是一个送祂到希律那边去的好理由。于是彼拉多再一次问耶稣来自什么地方。他似乎因为有人自称是神的儿子而有点紧张！希腊人相信有神明从奥林匹斯山降临人间与人结交，彼拉多或许以为耶稣是属于这一类的神明吧。这个罪犯明显地与常人不同，祂在法庭上那平静和充满信心的表现，足以令人感到不安。"耶稣，你到底是从哪里来的？"

……耶稣却不回答。彼拉多说："你不对我说话吗？你岂不知我有权柄释放你，也有权柄把你钉十字架吗？"耶稣回答说："若不是从上头赐给你的，你就毫无权柄办我，所以把我交给你的那人，罪更重了。"从此彼拉多想要释放耶稣，无奈犹太人喊着说："你若释放这个人，就不是凯撒的忠臣。凡以自己为王的，就是背叛凯撒了。"彼拉多听见这话，就带耶稣出来，到了一个地方，名叫铺华石处，希伯来话叫厄巴大，就在那里坐堂。那日是预备逾越节的日子。

《约翰福音》19 章 9 节下—14 节上

"预备逾越节的日子"，正是逾越节羔羊被杀的时候。

彼拉多对犹太人说："看哪，这是你们的王！"他们喊着说："除掉他！除掉他！钉他在十字架上！"彼拉多说："我可以把你们的王钉十字架吗？"祭司长回答说："除了凯撒，我们没有王！"

《约翰福音》19 章 14 节下—15 节

这是以色列最后一次拒绝耶稣作他们的王。他们选择了罗马凯撒而不要神。

于是，彼拉多将耶稣交给他们去钉十字架。他们就把耶稣带了去。耶稣背着自己的十字架出来，到了一个地方，名叫髑髅地，希伯来话叫各各他。[2] 他们就在那里钉祂在十字架上，还有两个人和祂一同钉着，一边一个，耶稣在中间。

《约翰福音》19 章 16—18 节

钉十字架

钉十字架是罗马人处决奴隶和最低劣罪犯的极刑，是一种非常普遍的刑罚，有历史书记载曾有数以百计的罪犯同时被这种刑罚处决。研究报告指出，这种处决可以有几种不同的方式：

 一棵树——犯人背贴树身钉在其上，身形会根据树的枝干而定。第一世纪犹太人历史学家约瑟夫，曾记载罗马士兵把罪犯钉在奇形怪状的位置上来当作娱乐。[3]

I 形——一根木桩插在地上，手钉在头顶之上。

X形——两根木交叉而立,身体伸展开来,手脚分别钉于四角。

 T形——一根木桩,配以一根横木放于其顶;这是常用的形式,仅次于使用树干行刑,手被展开于其上。

 十字形——通常是用于恶名昭著的罪犯身上,其罪状会被写出来钉在十字架的顶部。这是耶稣被钉的方式。

罪犯一般是赤裸裸地被钉,手脚在手腕和脚踝处用钉钉牢于木上。

 一千年前,神指示大卫王写了一首描述耶稣死时景况的诗歌。在诗中,大卫记录下[4] 神如此说……

"……他们扎了我的手、我的脚。我的骨头,我都能数过;他们瞪着眼看我。"

《诗篇》22 篇 16 节下—17 节

这是远在罗马人得势之前,也是远在罗马人以钉十字架作为极刑的八百年前所写的话。

直到今天,钉十字架仍然被认为是一种最残酷的死刑。罪犯会经过很长时间才死去,有时候甚至会用上几天的时间。最后,人会因窒息而死。因两手伸开被钉,横隔膜承受的压力使人难以呼吸。人只可以把自己的身体提高才能呼吸,要手臂内扯,脚向上提,横隔膜才有空间出现。当然,这样的拉扯受到残酷的钉子所限制。当体力耗尽不能再有力气把身子提起时,死亡便临到。

钉子和喘气的苦楚并不是唯一的痛苦,被钉的人还要忍受口渴和曝晒的煎熬。人群围集观望,对于耶稣,更加插了嘲讽。

彼拉多又用牌子写了一个名号,安在十字架上,写的是"犹太人的王,拿撒勒人耶稣"。有许多犹太人念这名号,因为耶稣被钉十字架的地方,与城相近,并且是用希伯来、罗马、希腊三样文字写的。

《约翰福音》19 章 19—20 节

兵丁既然将耶稣钉在十字架上,就拿祂的衣服分为四份,每兵一份;又拿祂的里衣,这件里衣原来没有缝儿,是上下一片织成的。

他们就彼此说："我们不要撕开，只要拈阄，看谁得着。"

《约翰福音》19章23—24节上

这血腥行动被赌博声盖过了。士兵坐在耶稣被钉的十字架下面，在头盔中掷骰子，他们不知道这正是应验了古老的预言。

这要应验经上的话说："他们分了我的外衣，为我的里衣拈阄。"兵丁果然作了这事。

《约翰福音》19章24节下，参考《诗篇》22篇18节

百姓站在那里观看。官府也嗤笑祂，说："他救了别人；他若是基督，神所拣选的，可以救自己吧！"

《路加福音》23章35节

 十个世纪之前，大卫王已提到"那应许的拯救者"要被嘲弄。

但我是虫，不是人，被众人羞辱，被百姓藐视。凡看见我的，都嗤笑我，他们撇嘴摇头说。

《诗篇》22篇6—7节

大卫甚至把嘲笑的话都记载下来：

"他把自己交托耶和华，耶和华可以救他吧！耶和华既喜悦他，可以搭救他吧！"

《诗篇》22篇8节

兵丁也戏弄祂，上前拿醋送给祂喝，说："你若是犹太人的王，可以救自己吧！"

那同钉的两个犯人，有一个讥诮祂，说："你不是基督吗？可以救自己和我们吧！"那一个就应声责备他，说："你既是一样受刑的，还不怕神吗？我们是应该的，因我们所受的与我们所作的相称，但这个人没有作过一件不好的事。"就说："耶稣啊，你得国降临的时候，求你记念我！"耶稣对他说："我实在告诉你，今日你要同我在乐园里了。"

《路加福音》23章36—37节，39—43节

耶稣向那强盗保证，死后他们的灵魂会在乐园中相遇。耶稣这样说，是因为祂知道这强盗相信祂能把他从罪的后果——永刑中拯救出来。

那时约有午正，遍地都黑暗了，直到申初……

《路加福音》23章44节

申初的时候，耶稣大声喊着说："以罗伊！以罗伊！拉马撒巴各大尼？"翻出来就是："我的神！我的神！为什么离弃我？"

《马可福音》15 章 34 节

 也是在一千年前，大卫王写下了"弥赛亚"将会说的话：

"我的神，我的神！为什么离弃我？为什么远离不救我，不听我唉哼的言语？"
《诗篇》22 篇 1 节

耶稣如此大声喊叫并非无因。我们会在下一章看看其中的意思。

耶稣在十字架上的最后一段时刻十分重要，不容忽视。《圣经》说：

……

耶稣大声喊着说:"成了! 父啊! 我将我的灵魂交在你手里。"
说了这话,气就断了。便低下头,将灵魂交付神了。

《路加福音》23 章 46 节,《约翰福音》19 章 30 节下

殿里的幔子从上到下裂为两半。 《马可福音》15 章 38 节

耶稣死了。我们不难想象整个魔界欢喜若狂。[5] 撒但和它的使者完成了它们难以相信的心愿。从它们的角度来看,它们把神杀了。"那应许的拯救者"死了! 但撒但仍有挂虑。为何圣殿的幔子会由上到下裂开? 耶稣为何那么凝重,大声呼叫说:"成了!"

幔子裂开

圣殿是根据会幕的原状而建造的。所提到的幔子乃是用于把圣所与至圣所分开的。因此,幔子裂开并非小事。

首先,《圣经》说幔子的作用是要人看不见至圣所。人看见幔子后面的事物便会死亡。神在很多世纪前曾吩咐摩西:

> "要告诉你哥哥亚伦,不可随时进圣所的幔子内,到柜上的施恩座前,免得他死亡,因为我要从云中显现在施恩座上。"
>
> 《利未记》16 章 2 节

其次,要撕裂幔子极其艰巨。有记载指出,幔子长 60 呎(18 公尺),宽 30 呎(9 公尺),具有人手般宽的厚度——大概是 4 吋(10 公分)。[6]

第三,从上到下裂开只能说明:是神撕裂幔子而非人。

依据犹太历的计算,耶稣是在第九刻钟死亡的,即是下午三时。圣殿中有很多祭司正在履行他们神圣的职务。这是献晚祭杀羔羊的时候,也正是逾越节的时候。幔子裂开的消息必定广为传开,因太多人在场了,而且所发生的事也实在令人震惊,难以忘怀。

整件事的重要性,我稍后将再作解释。

成了!

"成了"这个词是由一个希腊文字"tetelestai"翻译过来。这字有很多的用途,但其中三个用途与整件事有关:[7]

1. 是一个仆人在完成差事后向主人汇报时用的。"你吩咐我办的事已经完成了。"
2. 是希腊社会商界中普遍使用的词语,表示一宗买卖在清付账款后得以成交。当最后一笔款项付清之后,人便可以说"成了",意思就是"债项已清了"。古代的报税收据中便有这字——全数付清——写在上面。
3. 在殿中献祭时选择羔羊是很重要的。人们要在羊群中找出一只没有残疾的羊,找到时便说"成了",即任务已经完成。

耶稣大声呼叫的字面意思是:"你所给我的工作已经完成。债项已付清,献祭的羔羊也找到了。"《圣经》记述耶稣大声呼叫:"成了。"

百夫长看见所成的事,就归荣耀与神,说:"这真是个义人!"

《路加福音》23 章 47 节

这是一位百夫长,一个管一百个士兵的长官对耶稣的评语。作为一个军人,他必定可以分辨失败的叹息与胜利的呼叫。

> 犹太人因这日是预备日,又因那安息日是个大日,就求彼拉多叫人打断他们的腿,把他们拿去,免得尸首当安息日留在十字架上。
>
> 《约翰福音》19 章 31 节

打断脚骨

这是逾越节的日子,正是节期高潮的时候,也就是羔羊被杀的时候。那些祭司长希望钉十字架的事早点完成,免得使节期受到玷污。他们要求把耶稣的腿打断。这可使被钉的人无法提高自己的身子呼吸,使之窒息,提早断气,又或许打断脚骨之痛令他死亡。

> 于是兵丁来,把头一个人的腿,并与耶稣同钉第二个人的腿都打断了。只是来到耶稣那里,见祂已经死了,**就不打断祂的腿**。惟有一个兵,拿枪扎祂的肋旁,随即有血和水流出来。看见这事的那人就作见证,他的见证也是真的,并且他知道自己所说的是真的,叫你们也可以信。这些事成了,为要应验经上的话说:"祂的骨头一根也不可折断。"经上又有一句说:"他们要仰望自己所扎的人。"
>
> 《约翰福音》19 章 32—37 节

(三) 埋葬与复活

星期五:最后的黄昏

> 这些事以后,有亚利马太人约瑟,是耶稣的门徒,只因怕犹太人,就暗暗地作门徒。他来求彼拉多,要把耶稣的身体领去。彼拉多允准,他就把耶稣的身体领去了。又有尼哥底母,就是先前夜里去见耶稣的,带着没药和沉香约有一百斤前来。他们就照犹太人殡葬的规矩,把耶稣的身体用细麻布加上香料裹好了。在耶稣钉十字架的地方有一个园子,园子里有一座新坟墓,是从来没有葬过人的。只因是犹太人的预备日,又因那坟墓近,他们就

把耶稣安放在那里。 《约翰福音》19 章 38—42 节

那些从加利利和耶稣同来的妇女跟在后面,看见了坟墓和祂的
身体怎样安放。她们就回去,预备了香料、香膏。她们在安息日,
便遵着诫命安息了。 《路加福音》23 章 55—56 节

虽然约瑟和尼哥底母是公会的人,却没有否定耶稣就是真神的证据。
根据传统,他们用长长的裹尸布把耶稣包好,里面放入 75 磅(34 公斤)香
料,然后放在坟墓里。一个车轮状的大石,大概有两吨重,滚到墓前的入
口处。有几个妇人在观看,然后她们回家准备更多香料作最后埋葬之用。
这是星期五的晚上。

星期六

次日，就是预备日的第二天，祭司长和法利赛人聚集，来见彼拉多，说："大人，我们记得那诱惑人的还活着的时候，曾说：'三日后我要复活。'因此，请吩咐人将坟墓把守妥当，直到第三日；恐怕他的门徒来把他偷了去，就告诉百姓说：'他从死里复活了。'这样，那后来的迷惑，比先前的更厉害了。"

彼拉多说："你们有看守的兵，去吧！尽你们所能的，把守妥当。"他们就带着看守的兵同去，封了石头，将坟墓把守妥当。

《马太福音》27章62—66节

看守坟墓的一队士兵并非庸兵。一队罗马卫兵是由四至十六人组成，每个人负责看守六尺范围的地方。他们合力可以抵抗一营[8]军兵。

彼拉多吩咐祭司和法利赛人封锁坟墓，用麻绳封住石门，然后用湿泥把绳定牢，泥上盖印，任何移动石头的行为都会马上被察觉。

星期日

守卫是在星期六——犹太人的安息日开始当值。在星期日，天还未亮的时候……

忽然，地大震动，因为有主的使者从天上下来，把石头滚开，坐在上面。他的相貌如同闪电，衣服洁白如雪。看守的人就因他吓得浑身乱战，甚至和死人一样。 《马太福音》28章2—4节

这些老练的士兵一看便知道他们不能与这位天使对抗。上文最后一句是第一世纪用来形容人因恐慌而晕倒的！但他们不是唯一受惊的人，相信整个魔界也因此引起轰动。我们不难想象当时的情景——撒但心烦意乱，向散乱的鬼魔们大声呼喝！何等的震惊！谁会想到坟墓是空的？耶稣显然从死里复活了。不可能！

与此同时……

……抹大拉的马利亚和雅各的母亲马利亚，并撒罗米，买了香膏要去膏耶稣的身体。七日的第一日清早，出太阳的时候，她们来

到坟墓那里，彼此说："谁给我们把石头从墓门滚开呢？"那石头
原来很大，她们抬头一看，却见石头已经滚开了。

《马可福音》16 章 1—4 节

抹大拉的马利亚看见空坟墓，必定震惊不已。她可能以为耶稣的身
体受到毁坏。她一边哭，一边跑去告诉门徒。但是马利亚和撒罗米走进
了坟墓里。

她们进了坟墓，看见一个少年人坐在右边，穿着白袍，就甚惊恐。

那少年人对她们说："不要惊恐！你们寻找那钉十字架的拿撒勒
人耶稣，祂已经复活了，不在这里。请看安放祂的地方。你们可
以去告诉祂的门徒和彼得，说：'祂在你们以先往加利利去。在
那里你们要见祂，正如祂从前所告诉你们的。'"

《马可福音》16 章 5—7 节

妇女们就急忙离开坟墓，又害怕，又大大地欢喜，跑去要报给祂
的门徒。忽然，耶稣遇见她们，说："愿你们平安！"她们就上前抱
住祂的脚拜祂。耶稣对她们说："不要害怕！你们去告诉我的弟
兄，叫他们往加利利去，在那里必见我。"

《马太福音》28 章 8—10 节

祂复活了

读到这些记载，[9] 你必定也感受到，那天早上传出来的消息是带着何
等的迷惑和兴奋。那些目睹耶稣死亡的人，对神采飞扬的妇女所带来的
那些消息充满了疑惑。起初……

……使徒以为是胡言，就不相信。 《路加福音》24 章 11 节

彼得要到坟墓去察看。约翰也同去，并在路上赶过彼得，但在入口处
等候。

西门彼得随后也到了，进坟墓里去，就看见细麻布还放在那里，
又看见耶稣的裹头巾没有和细麻布放在一处，是另在一处卷着。

《约翰福音》20 章 6—7 节

　　这不像是一个被破坏的坟墓。用来包裹尸身的布仍是包裹着的形状，只是中间是空的，里面的身体穿过裹尸布而出。裹头巾卷着放在一处，好像有人把它放好后才离去。《圣经》上说彼得看见了；而约翰看见就信了。对约翰来说，耶稣真的是活了！但彼得的头脑仍然混乱，他需要时间来思索。

　　当抹大拉的马利亚回去时，仍是清早的时间……

　　站在坟墓外面哭，……一个在头，一个在脚。天使对她说："妇人，你为什么哭？"她说："因为有人把我主挪了去，我不知道放在哪里。"

《约翰福音》20 章 11—13 节

　　坟墓是在一个园子中，因此她以为这些天使是管园的人。马利亚因过度伤心，没有想到那人的身份。我们不要忘记，马利亚十分伤心，整段对话都是带泪的倾谈。

说了这话，就转过身来，看见耶稣站在那里，却不知道是耶稣。耶稣问她说："妇人，为什么哭？你找谁呢？"马利亚以为是看园的，就对祂说："先生，若是你把祂移了去，请告诉我，你把祂放在哪里，我便去取祂。"耶稣说："马利亚！"

《约翰福音》20 章 14—16 节上

有人说，呼叫对方的名字，会引起与所爱的人过去所有的美好回忆，耶稣正是这样做。马利亚马上认出那声音。

马利亚就转过来，用希伯来话对祂说："拉波尼！"（拉波尼就是夫子的意思）

《约翰福音》20 章 16 节下

这时，有另一个原因使马利亚哭泣。她必定想跑上前拥抱耶稣，或许以当时的传统，是抱耶稣的脚。

耶稣说："不要摸我，因我还没有升上去见我的父。你往我弟兄那里去，告诉他们说……"抹大拉的马利亚就去告诉门徒，说："我已经看见了主！"

《约翰福音》20 章 17—18 节上

守卫

在这当口，守卫们正忙着找祭司长。他们不能回去见彼拉多。

他们去的时候，看守的兵有几个进城去，将所经历的事都报给祭司长。祭司长和长老聚集商议，就拿许多银钱给兵丁，说："你们要这样说：'夜间我们睡觉的时候，他的门徒来把他偷去了。'倘若这话被巡抚听见，有我们劝他，保你们无事。"兵丁受了银钱，就照所嘱咐他们的去行。这话就传说在犹太人中间，直到今日。

《马太福音》28 章 11—15 节

要贿赂这些士兵让他们说当时是在睡觉，必定要花上一大笔金钱，但事实却不只是这样。撒但的手再次在幕后操纵，企图把破坏减至最低。它始终是"谎言之父"。它要挽回面子的努力是白费的，它清楚地知道自己已被打败了。耶稣，那受膏者，已踏碎了撒但的头，正如神在伊甸园中所应许的。

活着

耶稣从死里复活！祂真的是活着——肉身的活着！祂的身体躺在坟墓中与祂的灵魂分开三天之久。但在这超自然能力的彰显中，耶稣以新的肉身复活了。

耶稣传道时已预言了自己的死。

"我父爱我，因我将命舍去，好再取回来。没有人夺我的命去，是我自己舍的。我有权柄舍了，也有权柄取回来。"

《约翰福音》10 章 17—18 节上

为何耶稣要死？

耶稣的死非同寻常。死本是人犯罪，即违背神的律法的结果，但耶稣完完全全地遵守了十诫，祂是无罪的，祂不用死。根据"罪和死的律"，耶稣可以长远活着。为何祂又要死呢？撒但不是在耶稣不同意的情况下杀了祂；也不是犹太人和罗马人杀了祂。是耶稣自己选择死亡，祂是心甘情愿的。为什么呢？接着的一章会为你提供答案。

当天早上所发生的事只是一个开始，随之而来的四十天，耶稣向很多熟识祂的人显现。在这复活的一天结束之前，有一件事是必须一提的。

改变历史的七十二小时

	星期四	门徒预备逾越节
		逾越节的晚餐
*犹太人的星期五	☾	步行到客西马尼园
		耶稣在园中被捕，门徒四散
	星期五	第一次审讯—在大祭司岳父亚那面前
		第二次审讯—在大祭司和公会前
		第三次审讯—在公会（使审讯合法化）
	早上6:30	第四次审讯—在彼拉多前
		第五次审讯—在希律前（耶稣被讥笑）
		第六次审讯—在彼拉多前（耶稣被鞭打）
	早上9:00	钉十字架
	正午	
	下午3:00	耶稣呼叫说："成了。"殿中幔子裂开
		两个强盗的腿被打断；耶稣肋旁被扎
		亚利马太人约瑟要求安葬耶稣
		耶稣葬在墓中
犹太人的星期六	☾	
	星期六	
		要求罗马士兵守坟墓
		坟墓被封
犹太人的星期日	☾	
	星期日	地震——天使滚开封闭坟墓的石头，守卫逃跑
		妇女们到坟墓
		耶稣向雅各的母亲马利亚和撒罗米显现
		耶稣向抹大拉的马利亚显现
		耶稣向彼得显现

＊犹太人的日子是由日落开始计算，经过晚上到第二天日落时分。

第十四章

（一）陌生客

正当那日，门徒中有两个人往一个村子去；这村子名叫以马忤斯，离耶路撒冷约有二十五里。他们彼此谈论所遇见的这一切事。正谈论相问的时候，耶稣亲自就近他们，和他们同行；只是他们的眼睛迷糊了，不认识祂。

耶稣对他们说："你们走路彼此谈论的是什么事呢？"他们就站住，脸上带着愁容。

《路加福音》24 章 13—17 节

这些人并不是门徒中的核心人物，但他们也是跟随耶稣的。

二人中有一个名叫革流巴的回答说："你在耶路撒冷作客，还不知道这几天在那里所出的事吗？"

耶稣说："什么事呢？"

他们说："就是拿撒勒人耶稣的事。祂是个先知，在神和众百姓面前说话行事都有大能。祭司长和我们的官府竟把祂解去，定了死罪，钉在十字架上。但我们素来所盼望要赎以色列民的就是祂！不但如此，而且这事成就，现在已经三天了。再者，我们中间有几个妇女使我们惊奇，她们清早到了坟墓那里，不见祂的身体，就回来告诉我们，说：'看见了天使显现，说祂活了。'又有我们的几个人往坟墓那里去，所遇见的正如妇女们所说的，只是没有看见他。"

《路加福音》24 章 18—24 节

这两个门徒把当日所发生的事作了一个简单的描述。当然，这一切对耶稣来说不是什么新闻，但祂安静地等他们说完。祂也有一些消息要告诉他们。

耶稣对他们说："无知的人哪！先知所说的一切话，你们的心信得太迟钝了。基督这样受害，又进入祂的荣耀，岂不是应当的吗？"于是从摩西和众先知起，凡经上所指着自己的话，都给他们讲解明白了。

《路加福音》24 章 25—27 节

耶稣告诉他们弥赛亚"要这样"受苦、死亡,然后从死里复活。祂说这是必须的,这必引起他们的注意。但耶稣没有停在那里,祂用犹太人的《圣经》教导他们有关祂自己的事,由起初开始,慢慢地讲解整本的《圣经·旧约》。这确实是难得的一课。

> 将近他们所去的村子,耶稣好像还要往前行,他们却强留祂,说:"时候晚了,日头已经平西了,请你同我们住下吧!"耶稣就进去,要同他们住下。

> 到了坐席的时候,耶稣拿起饼来,祝谢了,擘开,递给他们。他们的眼睛明亮了,这才认出祂来。忽然耶稣不见了。他们彼此说:"在路上,祂和我们说话,给我们讲解《圣经》的时候,我们的心岂不是火热的吗?"
>
> 《路加福音》24 章 28—32 节

神亲自在他们的思想里燃起悟性的火种。他们十分兴奋!

> 他们就立时起身,回耶路撒冷去。　　　　　《路加福音》24 章 33 节上

你不难想像他们在回耶路撒冷的路上,一直是在思量着怎样对那另外十一个门徒述说这事。上山的路虽难,他们也赶着走,他们带着一个大好的消息!

> 他们就立时起身,回耶路撒冷去。正遇见十一个使徒*和他们的同人聚集在一处,说:"主果然复活,已经现给西门看了。"两个人就把路上所遇见,和擘饼的时候怎么被他们认出来的事,都述说了一遍。

> *加略人犹大已经自杀了。

> 正说这话的时候,耶稣亲自站在他们当中,说:"愿你们平安!"

> 他们却惊慌害怕,以为所看见的是魂。耶稣说:"你们为什么愁烦?为什么心里起疑念呢?你们看我的手,我的脚,就知道实在是我了。摸我看看!魂无骨无肉,你们看,我是有的。"说了这话,就把手和脚给他们看。他们正喜得不敢信,并且希奇,耶稣就说:"你们这里有什么吃的没有?"他们便给祂一片烧鱼。祂接过来,在他们面前吃了。耶稣对他们说:"这就是我从前与你们同在之时所告诉你们的话说:摩西的律法,先知的书和诗篇上所记的,凡指着我的话都必须应验。"
>
> 《路加福音》24 章 33—44 节

正如耶稣在以马忤斯路上向那两个人所作的,祂用《圣经》来解释有关祂的死亡、埋葬和复活。犹太人把《旧约》分为三部分——律法书、先知书和诗篇。耶稣向门徒讲解每一部分如何应验在祂的身上。

> 于是耶稣开他们的心窍,使他们能明白圣经。又对他们说:"照经上所写的,基督必受害,第三日从死里复活,并且人要奉祂的名传悔改、赦罪的道,从耶路撒冷起直传到万邦。你们就是这些事的见证。"
>
> 《路加福音》24章45—48节

耶稣说祂的死亡、埋葬,以及祂从死里复活,都"必须"发生,好应验经上的话。祂更指明这是个大好信息,要由耶路撒冷开始,传遍各地。

在我们继续读下去之前,我们需要暂时停下来,回到起初的部分,正如耶稣对祂的门徒所做的一样。让我们来看看耶稣如何在律法书、先知书和诗篇中谈论祂自己。

若祂由始至终都有从死里复活的计划,那么到底为何耶稣要到世上来,祂为何又"要"受苦而死?为何祂不直接要人信祂而避免钉十字架?死亡、埋葬和复活——这一切是为了什么?拼图中最后的一块将要放在它的位置上。当你明白这点之后,你便会看见整幅图画。

(二)以马忤斯路上的信息—由亚当到挪亚

为何耶稣要死?要回答这个问题,我们必须由最初开始。

亚当和夏娃

还记得在创世之时神与人之间那种独一无二的友情吗?主耶和华创造了人,不是机器人,乃是拥有选择顺从和尊敬神的自由意志,正如顺服的儿子尊敬父亲一般。

还有,人因顺服,得着这关系带来的种种好处,因为宇宙的主体贴亚当、夏娃的需要,神和人彼此是朋友。

但是,亚当夏娃故意违背神的命令,为要得到本不应该有的知识。因为围绕此事的各种事件中包含有这个拼图的关键部分。《圣经》用了很强烈的字眼叫我们明白所发生的事。

《圣经》指出人以为自己比神知道得更多。人选择了自己的道路,作自己的事,但那条路却把人引到属灵的旷野中去。人"迷失"了。

人不仅不听从神,反而相信并信从撒但,加入了撒但反叛的行列,成了神的"敌人"。

由于没有信任,关系也中断了。人与神之间的独特友情随即中断;由于罪,人与那位完全、圣洁的神分开了;人成了"外人";神变得遥不可及,不再与人接近。

撒但并非如神一般的友善。魔鬼欺骗人,要人听从他的意思。人成为撒但和罪的"奴隶"。

人选择了自己的路,违反了神所吩咐的一条命令。这不会没有伤害,当人破坏了定律的时候,人便要面对所带来的后果。

神脱去了友谊之袍,穿上了法官袍。神作为审判官,判人"有罪"——人触犯了神的律法,人犯罪,得罪了圣洁的神。

神写下判词——"一张债据"。人现在成了欠债者,需要清还债项。罪的工价乃是死。

从此,人的肉身会死。人的灵与身体"分开";生命与家人朋友"分开"。

由于罪的祸害败坏了整个人,神便要与人"分开"。人与神的关系中断了——这便是"死亡"。

死后,人会有"第二次的死"。人会与神和祂的爱永远"分开"。他会被拘禁在火湖中,一个为撒但和它的鬼魔所预备的地方。

死在三方面控制人的生命,人无法摆脱。人不能选择他要不要死,这是每一个人都要面对的残酷事实,人人有份;每一个认真思考这件事的人都会为此而害怕。《圣经》肯定地、清楚地指出……

> 各人要为本身的罪而死。　　　　　　　　　　《历代志下》25 章 4 节下

这些图画所表达的意思帮助我们明白因为亚当和夏娃的罪,人与神分隔多远。人面对一个古老的问题:**我们如何才可以摆脱我们的罪所带来的一切后果,以获得一种与神的义"相等"的义,使我们可以再次被祂接纳呢?**

无效的尝试

还记得亚当和夏娃尝试用无花果树的叶子做衣服来遮盖他们的罪吗? 我们看见神虽然拒绝了他们的努力,但并没有离弃他们,反而,祂……

> 神并不夺取人的性命,乃设法使逃亡的人
> 不至成为赶出回不来的。
>
> 　　　　《撒母耳记下》14 章 14 节下

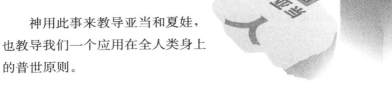

神用此事来教导亚当和夏娃,也教导我们一个应用在全人类身上的普世原则。

接纳

正如亚当、夏娃不能靠着外表装饰使自己蒙神接纳,我们也不能凭外表得到神的接纳。我们可以引人注意我们的外表,但神却知道我们的真相。

我们看见神为亚当和夏娃预备了蒙接纳的新途径,这方法与他们所用的不同。《圣经》上说:

> 耶和华神为亚当和他妻子用皮子作衣服,给他们穿。
>
> 　　　　　　　　　　　　　　　　《创世记》3 章 21 节

若没有其他经文解释,这一节短短的经文很容易被忽略。它是什么

意思呢？耶稣对门徒会怎样说呢？很简单：正如一只动物死了才能做成一件适合亚当、夏娃穿的衣服，同样，"耶稣也要死了才能使我们在神面前蒙接纳。"这是神的意思。这是神使人蒙接纳的方法。

门徒正努力思想耶稣的话，脑海里出现了一连串的问题。

为何神要一只动物为亚当和夏娃而死？为何神不可以用自己所选的叶子给他们作衣服？为何耶稣要为我们死？难道没有其他方法吗？

我们可以假设耶稣还在继续说。

该隐和亚伯

还记得亚当、夏娃的儿子们如何把祭物带到神面前吗？他们为何如此做呢？我们看到神所提供的出路包括了两方面：

"内在"的——一些他们自己要决定的事，一个该隐和亚伯自己要作的选择。

"外在"的——一个帮助他们明白什么才可以除罪的实物教材。

还记得当该隐和亚伯把他们的祭物带到神的面前时，该隐带来园中的菜蔬，而亚伯却把他羊群中的头生带来？神拒绝该隐的祭却接受亚伯的祭。为什么呢？

该隐

内在：该隐不信神。他有自己解决罪和与神和好的想法。

同样，世上有很多人也各自有对神和如何讨神喜悦的不同想法，人各有自己独特的理论似乎是很普遍的事。一个适合自己口味的神是相当流行的事。该隐会对这种环境很适应。

外在：基于他自己的想法，该隐做了他自己要做的事。他带来的祭物并不能表明神所要求除罪的方法。菜蔬不能流血。该隐忽略了一个事实……

　　……若不流血，罪就不得赦免了。　　　　　　　《希伯来书》9 章 22 节

他的祭物不能为罪提供一个"代赎的遮盖物"。《圣经》告诉我们……

　　不可像该隐，他是属那恶者……因自己的行为是恶的，兄弟的行
　　为是善的。　　　　　　　　　　　　　　　　　《约翰一书》3 章 12 节

亚伯

另一方面，神悦纳亚伯的祭物。

内在：亚伯相信神是他的救主。这是神所要的。神要人信靠祂，《圣
经》重复地说明，我们要相信主耶稣基督是我们的救主。

外在：神接纳亚伯的祭物，因为它表明耶稣在十字架上所成就的。

※　这描述了"代替"：正如一只无罪的动物代替亚伯死，同样，耶稣，完全
　　没有罪的，代替我们而死，为我们付上了罪的代价。

　　因基督也曾一次为罪受苦，就是义的代替不义的，为要引我们到
　　神面前。按着肉体说，祂被治死；按着灵性说，祂复活了。

　　　　　　　　　　　　　　　　　　　　　　　　《彼得前书》3 章 18 节

※　这描述了"代赎"：正如动物的流血使亚伯的罪得到遮盖，同样，耶稣
　　把自己献上成为最终的血祭，因此我们可以得蒙赦罪。

《圣经》告诉我们，那因反叛而被破坏的
关系，如今因耶稣在十字架上的死得到
恢复了。

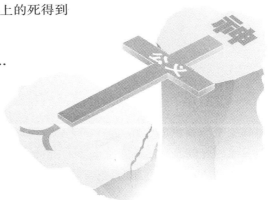

　　你们从前与神隔绝……
　　为敌；但如今祂藉着
　　基督的肉身受死，叫
　　你们与自己和好。
　　《歌罗西书》1 章 21—22 节

敌人

作为亚当和夏娃的后人,我们一出生便成为了神的"敌人"……

和好

但如今因耶稣在十字架上肉身的死,我们得以与神"和好",再次与神为友,破坏的关系得到恢复。

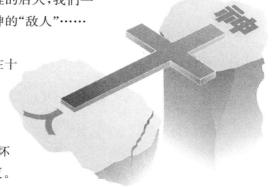

或许有人会说:"好的,我可以理解耶稣的死如何解决我的罪的问题,但我如何可以得着'与神的义同等的义',并因此蒙祂悦纳呢?"

正如在前几章所说的,这个问题有两方面,如同一个银币的两面,它们是相关的,不能分开。当神解决了我们罪的问题时,祂同时也解决了义的需要,我们在以下数页的探讨中就会明白。

挪亚

在挪亚的时代,人不听神的话。他们或许以为挪亚这老人家疯了。无论怎样,他们尝试说服自己人生只在乎今生今世。神不会因为他们错误的人生观而不施行审判,他们在自己的愚昧中灭亡。

神告诉我们:正如挪亚时代的人一样,人因罪受审判,不论人的观念、想法如何,神都要审判每一个人。

愚顽人心里说:"没有神!"

《诗篇》53篇1节上,14篇1节上

心中自是的,便是愚昧人……

《箴言》28章26节上

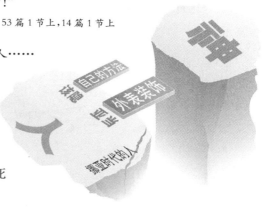

神也许容让我们暂时忽视祂所提供的出路,但我们始终要面对那不能避免的结局:我们要以永恒的死亡来付我们的罪债。

记得挪亚和儿子们安居于方舟里吗？洪水中只有一条船，那条船只有一扇门能让人进去受保护，此外别无他法。

同样，耶稣基督是引到永生的唯一道路。在方舟内才有安全，同样，只有在耶稣里才能免于永远的刑罚。

耶稣说："我就是道路、真理、生命；若不藉着我，没有人能到父那里去。"

《约翰福音》14章6节

只有一条路可以到神那里去。那忽视或拒绝这条路的人，就和那些不理会挪亚的规劝，不理会洪水将临警告的人的命运一样：承受永死和永死所带来的一切后果。

《圣经》中说得非常清楚。耶稣是到神那里的唯一道路。

巴别

还记得巴别是《圣经》记载中第一次有组织的"宗教"行动吗？人尝试建造一个可以上达天堂的高塔。我们为宗教下的定义是："人寻求神的努力"。在巴比伦，人尝试用砖和泥。同样，宗教也是要人不断地努力，追求取悦他的神、神灵、灵体或偶像。

与宗教刚好相反，《圣经》说，到神那里的唯一道路是主自己提供的，因为祂的怜悯，"神以耶稣的身份亲自来到人间。"耶稣在十字架上，成就了修补破裂关系所需的一切工作。

门徒听见神通过数千年历史所行的计划如何在耶稣身上应验，眼睛闪烁着兴奋的光彩。世世代代以来，人等待从罪的审判里得到拯救，如今时候到了。耶稣的讲解还未完结，祂继续解说下去，说到亚伯拉罕的事迹。

（三）以马忤斯路上的信息—由亚伯拉罕到律法

门徒留心地聆听着,耶稣继续述说亚伯拉罕与以撒的事迹。他们都是这二人的后代。

还记得神要亚伯拉罕在摩利亚山上献他的儿子以撒吗? 神命令亚伯拉罕的儿子要死,事实上,他也是该死的,因为他是一个罪人。以撒无助地被捆绑,放在祭坛上。

神的意思是说:亚伯拉罕的儿子无助地不能救自己,同样,我们被罪捆绑,也不能从罪的后果中拯救自己。

还记得亚伯拉罕拿起刀,准备要刺死以撒吗? 亚伯拉罕相信神的美善会为死亡提供一个解决的办法。在最后的一刹那,神从天上呼叫亚伯拉罕,并制止他杀害以撒。因为亚伯拉罕的信,神为祂的儿子预备了一个"代替"的祭物。

一个替身

正如公羊代替了亚伯拉罕的儿子,"耶稣也代替了我们而死"。我们有罪,本是该死和该受罚的,但耶稣死了,在十字架上代替了我们受罚。祂是"我们"的替身。

若公山羊没有死,亚伯拉罕的儿子便要死。若耶稣没有死,我们便要自己去清付"自己"的罪债。

《圣经》说神悦纳亚伯拉罕的信心。

> 亚伯拉罕信神,这就算为他的义。 　　　　　　　　《罗马书》4 章 3 节下

还记得每个人因罪而有的"债据"吗?《圣经》说,神因为亚伯拉罕的信心在他的账户"算他为义"。神这样做,是因为祂展望到耶稣在十字架上所成就的。《圣经》说:

> "算为他的义"的这句话,不是**单为他**写的,也是**为我**们这将来得
> 算为义之人写的,就是为我们这信神使我们的主耶稣从死里复
> 活的人写的。 　　　　　　　　《罗马书》4 章 23—24 节

债 据

欠账	付账
罪	耶稣的义
须由债人清还 罪	
永死	

付清

*罪的工价乃是死，惟有神的恩赐，在我们的主基督耶稣里，乃是永生。

*《罗马书》6 章 23 节

负债者

在人类历史中，每个人都有一张"债据"，写满了要清付的罪债。唯一可以清付的方法便是自己的永死。

债务取消

但耶稣来了，祂的死也为我们付清了罪债——过去的，现在的和将来的。这便是耶稣呼叫"成了"——"债务还清了"的意思。

但人要相信，耶稣的清付才算有效。《圣经》说：

……得算为义之人写的，就是**我们这信神使我们的主耶稣从死里复活**的人。

《罗马书》4 章 24 节

请记住，"信"这个字在《圣经》中的意思比一般用法更丰富。

※ "信心"、"相信"和"信靠"基本上是同义的。

※ 真正的信心是建立于"事实"（例如："耶稣为我们的罪死"）上，信心不是基于我们"觉得被赦免了"。

※ 真正的信心不仅是头脑中对真理的认同，它包括"心中的信靠"和对事实的信心——这是一个自由意志的决定。我们"选择"相信（例如："**我信耶稣为我付清罪债**"）。

这对门徒来说是大好消息，对我们也是。《圣经》说：

> 从前所写的圣经，都是为教训我们写的，叫我们因圣经所生的忍
> 耐和安慰，可以得着盼望。 《罗马书》15 章 4 节

门徒对亚伯拉罕的信心和献祭的事一定十分熟悉。可是，他们虽然从小听这故事，如今却是第一次看见整幅图画。当耶稣讲解的时候，四周鸦雀无声，人人定睛看着祂："那应许的拯救者"如今正在他们当中。耶稣继续祂的讲解。

逾越节

还记得神藉着灾害，使为奴的以色列人从法老手中被拯救出来，离开埃及吗？最后一灾是使头生的死亡。神曾说过，若以色列人遵从祂的吩咐，他们便可免受这灾。

还记得以色列人如何献羔羊为祭吗？《圣经》告诉我们，耶稣便是我们的羔羊。

这好像不是一个巧合，由耶稣的出生开始，祂便与这些驯良的牲畜并列。祂生在马槽，一处小羊栖身的地方。祂第一批的访客是牧羊人，他们是照顾羊群，确保小羊安全的人。我们又知道，伯利恒，耶稣出生的地方，是大祭司指定作为牧养殿中献祭所需的羊羔的地方。施洗约翰论到耶稣时说：

> "看哪！神的羔羊，除去世人罪孽的。" 《约翰福音》1 章 29 节下

可见耶稣与逾越节的羔羊并列，并不必惊奇。他们之间相似的地方实在使人吃惊，我将提出其中几点。

记得那逾越节的羔羊是"没有残疾的"。
　　耶稣是"无罪的"。
献祭的羔羊必须是"雄性的"。
　　耶稣是"男的"。
逾越节羔羊要被杀，"代替"头生的死。
　　耶稣"替"我们死。
羔羊的血被涂在门楣和门框上，正如人留在屋内才安全。同样，相信

耶稣为我们在十字架上所成就的,可免永死。

灭命的天使来到,一见涂上的血便"越过"那家。同样,神为我们预备了一个可以"免去"受审判的方法,我们该受的刑罚都临到耶稣身上。

神清楚吩咐以色列人,吃逾越节羔羊不可折断一根骨头。这是因为羔羊如同一幅"图画",乃是耶稣的预表。耶稣的骨头同样一根也没有折断。当罗马士兵……

……来到耶稣那里,见祂已经死了,就不打断祂的腿。

《约翰福音》19 章 33 节

门徒坐在那里,留心细听每一个字,聆听着耶稣解释逾越节的真正意义,他们必然想起当天是什么日子。耶稣正是在逾越节羔羊被杀的一天被钉十字架！他们不知道祭司们原想在逾越节后才杀祂的,但他们知道神的计划成功了。耶稣不仅死于正确的一天,祂是在第九刻钟(下午三时)死的,也正是圣殿里羔羊被献的时候——献晚祭的时候。祂死亡的时刻,分秒不差,正如众先知所预言的一样。[1]

……我们逾越节的羔羊基督,已经被杀献祭了。

《哥林多前书》5章7节下

律法

还记得十诫吗？以色列人以为他们可以遵守这些律例。今天,有很多人以为可以靠着遵守这十诫,或一些经过他们修改过的律例来讨神喜悦。但从研讨中可见,神要求的是完全的顺服。

因为凡遵守全律法的,只在一条上跌倒,他就是犯了众条。

《雅各书》2章10节

尝试守十诫,不能重修已与神破裂的关系了。

所以凡有血气的,没有一个因行律法能在神面前称义,因为律法本是叫人知罪。

《罗马书》3章20节

这个律法让我们想起那古老的、钱币两面的难题。我们有我们不该有的——**罪**,同时,我们需要我们没有的——**义**。十诫不能提供给我们"与神的义等同的义"。

但如今,神的义在律法以外已经显明出来,有律法和先知为证。就是神的义,因信耶稣基督加给一切相信的人,并没有分别。

《罗马书》3章21—22节

耶稣向人类显明了一种与律法完全无关的义,一种直接来自于神的仁慈的义。经上说,为了得到这种义,我们所有应该做的,唯有信。这是如此简单。简单是对我们而言的,而对神来说,却意味着许多许多。

神的性情是不可能无视罪的存在而假装没有发生一样。罪必定要受惩罚——必定有死亡。直到那个时代,人以动物献祭,并以此作为死的代价,但就如我们已看到的,那只是暂时的遮盖,因为……

公牛和山羊的血断不能除罪。 《希伯来书》10章4节

是否有其他办法呢?或许有一个人愿意为别人死,但他本身必须是"无罪"并"甘心受罚",世人中没有一个这样的人。历世历代,每一个男人或女人都有一个个人的罪债——他们无法替别人付债。但神亲自从天降世为人——一个无罪的人。在一个无私之爱的伟大行动中……

神设立耶稣作挽回祭,是凭着耶稣的血,藉着人的信,要显明神的义。因为袖用忍耐的心,宽容人先时所犯的罪。

《罗马书》3章25节

神的本性在耶稣的死上得到了满足,这是为罪付出的死的代价。神没有惩罚先前所犯的罪,是因为袖知道日后耶稣会为这所有的罪而死——过去、以后与未来的罪——付清了死的代价。耶稣死了,所以神能够……

好在今时显明袖的义,使人知道袖自己为义,也称信耶稣的人为义。

《罗马书》3章26节

有罪

"称义"这个词是耶稣时代法庭上的法律用词。还记得人在伊甸园中犯罪的事吗?那时,神脱去朋友的外套,穿上法官袍。作为一位公正的法官宣判人有罪,因为人犯了神的完全律法,得罪了圣洁的神。人站在愤怒的神面前,被控告和被定为永远无法可救的人。判词是死刑——永远的死亡。

但是神又从袖法官的座位起来,脱下法官袍,穿上朋友的外套。神离开高高在上的审判座,降卑成为人,耶稣,与我们一同站在台前。袖只有一个目的,就是担当我们的死刑,为我们服刑。由于袖没有罪,袖不用为自己的罪而死,袖便可以代替其他人的罪而死。[2] 袖代替我们死,可以为

所有世代的人所有的罪付上罪的死亡代价。

罪已洗清，义仍然需要。是啊！正如亚伯拉罕那样，因信，人得到义。当然，要提供这些纯全，必须要在神的法庭中处理一些事。耶稣不单把我们腐烂的罪衣穿在身上，并且十分奇妙地以"祂自己的"公义把我们包起来，就是"一种与祂圣洁的完美完全相等的义"。

被称为义

如今，神以法官的身份看人的时候，祂看见了人穿戴着基督的义，祂可以诚实并公平地说，"在我天上的法庭中，这男人，这女人，在我面前是完全的。"天上全能的法官举起手中的法槌，一槌敲定，宣告我们"是义的"！

称义的意思就是"在神的眼中被称为义"。但要记住，这只是对那些相信耶稣为他们死的人而说的。《圣经》说……

……人称义是因着信……　　　　　　　　　　　　《罗马书》3 章 28 节

我们既因信称义，就藉着我们的主耶稣基督得与神相和。

《罗马书》5 章 1 节

十诫是不能使人成义的。

没有一个人靠着律法在神面前称义，这是明显的……

《加拉太书》3 章 11 节

……因为世人都犯了罪，亏缺了神的荣耀。　　《罗马书》3 章 23 节

但律法有一个目的。《圣经》说十诫如同一位启蒙老师，领我们到十字架前，指出我们需要一位救主。

律法是我们训蒙的师傅，引我们到基督那里，使我们因信称义。

《加拉太书》3 章 24 节

每个人都需要一位救主。只有当我们穿上基督的义的时候，我们才会得到神的悦纳。

爱与公义

在以马忤斯的路上,耶稣告诉祂的门徒,祂"必需"死。耶稣这"必死"的想法使我们不安——我们知道我们不配得这爱。为何祂如此说呢?祂死亡的必要性是这样的:

若神单以祂"公正"的一面来管理,我们便要为我们的罪而死。这种管理也是公平的,但祂的"爱"不容许这样。

另一方面,若神仅以"爱"来管理,祂便会永远不理会罪的问题。正因为祂"公正"的本性,祂不能如此。罪是必需处理的。

在十字架上,我们在神这两方面的特性中找到一个完美的平衡——无限的"爱"被表现出来和无限的"公正"也得到了满足。从神的角度看,"爱"和"公正",使十字架的死成为必需的行动。

人为朋友舍命,人的爱心没有比这个大的。

《约翰福音》15 章 13 节

惟有基督在我们还作罪人的时候为我们死,神的爱就在此向我们显明了。

《罗马书》5 章 8 节

（四）以马忤斯路上的信息—由会幕至铜蛇

你应该还记得神如何指示摩西建造会幕。这是个实物教材，帮助我们明白神如何修补我们与祂之间的破口。还记得神如何在日间以云柱，夜间以火柱来表明祂的同在吗？那"柱"停留在至圣所的约柜之上。

一个入口

当人要进入会幕亲近神时，他首先会看见那环绕殿院的围墙只有一个入口，这提醒他只有一个方法可以到神面前。耶稣说：

"我就是道路、真理、生命；若不藉着我，没有人能到父那里去。"

《约翰福音》14章6节

铜坛

当人通过那唯一的门进入会幕之后，他看见的第一件陈设便是铜坛，这提醒我们与神建立和好关系的第一步，是要藉着带血的祭。这对我们来说也是一样。与神建立和好关系的第一和唯一的一步，便是藉着耶稣代替我们把祂自己的生命献上。

把这两个执行死刑的地方作一个简单的比较——铜坛与十字架——我们可以看见耶稣如何完全地表达会幕中献祭所要表达的图画。

铜坛	**十字架**
祭物——	耶稣——
● 是来自羊群	● 是神的羔羊
● 是公的	● 是男的
● 没有残疾	● 是无罪的
● 代替献祭的人	● 替我们死
● 成为献祭人的代赎品（罪的遮盖物）	● 是我们罪得赦免的方法
● 带血（的祭）（《利未记》1章2—5节）	● 为我们而献的带血的祭

灯台

还记得神吩咐摩西造一个金灯台来照亮圣所吗？这是一幅代表耶稣的图画，祂说：

"我是世界的光。跟从我的，就不在黑暗里走，必要得着生命的光。"

《约翰福音》8 章 12 节

耶稣希望把人从罪的黑暗中拯救出来，带进永生的光明中。

陈设台

还记得神吩咐摩西造一张桌子，其上放置十二块饼，每一块代表着以色列的十二个支派之一吗？而且，这是一幅代表耶稣的图画，祂说……

"我就是生命的粮，到我这里来的，必定不饿；信我的，永远不渴。"

《约翰福音》6 章 35 节

正如十二块饼是一幅图画，其中代表着足够每一个以色列人所需要的食物，耶稣也为全世界的人的罪而死。正如生命的粮，祂赐给我们永生。

"我实实在在地告诉你们，信的人有永生。我就是生命的粮。"

《约翰福音》6 章 47—48 节

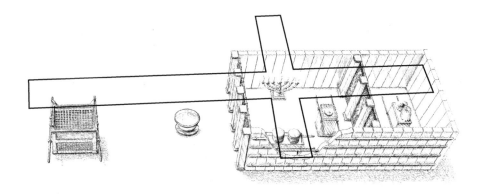

幔子

试想神如何吩咐摩西把厚厚的幔子挂在圣所与至圣所之间。罪人被禁止到神的面前。

外人

《圣经》上说，我们是因为罪的原故才与神分隔，不能到祂的面前。这个分隔让我们成了"外人"。

但耶稣来了。《圣经》上说，会幕中的幔子是代表耶稣的身体。当祂死在十字架上时，幔子从上到下一分为二。没有人可以撕裂幔子，但神使它裂开，表明耶稣的身体已为你和我牺牲。如今，只要我们相信耶稣，我们的罪便得到赦免，并且可以坦然地进到神的面前。关系被修复了。

弟兄们，我们既因耶稣的血，得以坦然进入至圣所，是藉着祂给我们开了一条又新又活的路从幔子经过，这幔子就是祂的身体。……就当存着诚心和充足的信心来到神面前。

《希伯来书》10 章 19—22 节

你们从前远离神的人，如今却在基督耶稣里，靠着祂的血，已经得亲近了。

《以弗所书》2 章 13 节

但人不是以朋友的身份被接纳的。《圣经》上说，人成了神家里的人——他被"领养"了。

在耶稣时代的罗马世界里，领养是"赋予儿女身份的合法手续"。在我们现代的社会里，一个生在家中的孩子，自然拥有家中的一切权利。但在一个男人拥有妻子、妾侍、情妇的世界里，奴隶也可以替主人生子，一个孩子不是合法的后嗣，直至在另一种情况下被承认为止。一旦被收养后，你便是家中成员之一。

得赎

对我们来说也是如此。我们在神的爱中是"外人"，如今却成了神家中的人——成为"儿子"。

你们既为儿子，神就差祂儿子的灵进入你们的心，呼叫："阿爸！父！"可见，从此以后，你不是奴仆，乃是儿子了。既是儿子，就靠着神为后嗣。

《加拉太书》4 章 6—7 节

代赎的盖子

施恩座是至圣所内约柜上的特别的盖子。大祭司每年一次在赎罪日要把血带到这里，神让以色列人可以因羔羊的血免去罪的审判。同样，耶稣是我们的施恩座，藉着祂的流血，我们也可以有一个免去永死的方法。人不再需要以羔羊作祭物，耶稣是最后的祭物。神说：

> "**我不再记念他们的罪愆和他们的过犯。**"这些罪过既已赦免，就不用再为罪献祭了。
>
> 《希伯来书》10 章 17—18 节

耶稣在十字架上死了，最后的羔羊死了。由人类历史开始，神的计划便是要藉着耶稣，给人类提供一个逃过审判的方法。羔羊的祭，只是代表将来要发生的事的图画而已，它们本身没有任何功效，不能除罪。但如今不用再献任何祭了，耶稣的血已一次付清了罪债。

> ……靠耶稣基督只**一次**献上祂的身体，就得以成圣。凡祭司天天站着事奉神，屡次献上一样的祭物，这祭物永不能除罪。但基督献了一次永远的赎罪祭，就在神的右边坐下了。
>
> 《希伯来书》10 章 10—12 节

神接纳牲畜，是因为祂知道耶稣日后会来作为最后被献的祭物。耶稣死了之后，祂不单为罪作了一年的"遮盖"，祂更是把罪从神的面前完全抹掉了。祂在十字架上呼喊说"成了"——"最后的一只羔羊找到了"。

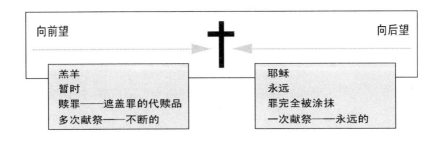

耶稣可能还向门徒提到许多有关会幕怎样预告祂所要成就的事,因为会幕是个内容非常丰富的实物教材,其中充满了详细的比较。当日耶稣的陈述必定使他们毕生难忘。

摩西与铜蛇

还记得以色列人犯罪后,神差蛇进入他们当中吗?他们呼求的时候,神又吩咐摩西造一条铜蛇,在营中举起。人只要仰望铜蛇就可以得到医治,不需要再做什么。

> 摩西在旷野怎样举蛇,人子也必照样被举起来,叫一切信祂的都得永生。神爱世人,甚至将祂的独生子赐给他们,叫一切信祂的,不至灭亡,反得永生。因为神差祂的儿子降世,不是要定世人的罪,乃是要叫世人因祂得救。信祂的人,不被定罪;不信的人,**罪已经定了**,因为他不信神独生子的名。
>
> 《约翰福音》3 章 14—18 节

死亡

神 / 人

分离

永远的审判

人一出生,"罪已经定了"。我们如同被蛇咬了的以色列人,我们**死了**,与神再没有关系;我们的身体会死,死后又会面对第二次的死,即火湖的惩罚。

但耶稣来了,祂以自己的死清付了人的罪债。但耶稣并没有停留在死亡之中——祂从死里复活了。如今我们若信靠祂,如同以色列人仰望铜蛇,祂便赐给我们永生。正如祂从死里复活,我们在属灵上都**活过来**,包括现在和在永恒中。《圣经》说这就是"重生"。

> 你们从前在过犯……中死了,神赦免了你们一切过犯,便叫你们与基督一同**活过来**。 《歌罗西书》2 章 13 节

> 然而神既有丰富的怜悯,因祂爱我们的大爱,当我们**死**在过犯中的时候,便叫我们与基督一同**活过来**。
>
> 《以弗所书》2 章 4—5 节

永恒的生命

我们虽然曾经在属灵上**死了**,但如今已**活过来**,并且要与我们的创造者永远住在天堂里。

(五) 以马忤斯路上的信息—由施洗约翰至复活

耶稣有系统地向门徒解释《圣经》的要点,祂讲解的,肯定比我们在这里提到的更加详尽。门徒对他们亲身的经历,必定深感兴趣。

好牧人

迷失

《圣经》说:

> 我们都如羊走迷,各人偏行己路…… 《以赛亚书》53 章 6 节上

人选择"自己的路",但那路把人引到属灵的旷野。《圣经》说,人是迷失的。

寻到

但耶稣来寻找我们。当祂在世时,用了一个比喻来形容神对人的关心。

> "你们中间,谁有一百只羊失去一只,不把这九十九只撇在旷野,去找那失去的羊,直到找着呢? 找着了,就欢欢喜喜地扛在肩上,回到家里;就请朋友邻舍来,对他们说:'我失去的羊已经找着了,你们和我一同欢喜吧!'我告诉你们,一个罪人悔改,在天上也要这样为他欢喜,较比为九十九个不用悔改的义人,欢喜更大。"
>
> 《路加福音》15 章 4—7 节

神原可以留在天上,永远不再理会地上的人类,但事情却并非如此。《圣经》清楚地指出,耶稣如同好牧人一般主动寻找我们,而且付出更多心血。

> "我是好牧人,好牧人为羊舍命。"
>
> 《约翰福音》10 章 11 节

这正是耶稣所作的。祂"为我们而死,替我们还清罪债"。这是完全的爱。是的,神是爱,但并非没有沉重的代价。当耶稣在十字架上时,祂大声呼叫:

> "我的神!我的神!为什么离弃我?" 《马可福音》15 章 34 节下

耶稣不单经历了肉身的死亡,其中也包括属灵的含意。"罪的结果是分开"。在这被钉十字架的重要时刻,父神转背离开祂的儿子,祂的心必定绞痛难耐。但是,与祂圣洁的本质相符,神不忍看着祂的儿子承担我们的罪。《圣经》说,在正午的时候,天空变得昏暗,似乎天父不愿意世人目睹儿子所经历的痛苦,耶稣甘心承担我们的罪,成为代替我们的羔羊而死。神容许这事发生,事实上,这是在祂的计划中。

极大的变换

《圣经》说:

> 神使那无罪的,替我们成为罪…… 《哥林多后书》5 章 21 节上

这节经文的意思并不是耶稣成为一个罪人。"罪"这个字有罪祭的意思。"神使耶稣,那无罪的,代替我们成为罪祭……"当耶稣担当我们的罪时,神把祂对罪的义怒倾倒在祂身上。然后耶稣做了一些我们不可能做的事。祂说:"成了!"若我们要付清我们的罪债,我们要一直付下去——直到永永远远,我们永不能说"成了"。耶稣付清了。

那节经文接着说:

> ……好叫我们在祂里面成为神的义。 《哥林多后书》5 章 21 节下

正是在祂里面,我们找到了义!那不是我们的,"耶稣承担了我们的罪,把祂的义给了我们"。这是一桩最伟大的交易。我们不再需要羔羊的血来遮盖我们的罪;我们穿上了更好的,就是基督的义。当我们相信祂,神便把祂的义赐给我们。还记得那古老的问题吗?

人怎能除去他的罪,并且获得一种"与神的义同等的义",并因此可以蒙神悦纳?完整的答案可以在这节经文中找出。让我们再读一遍。

> 神使那无罪的,替我们成为罪,好叫我们在祂里面成为神的义。

> 《哥林多后书》5 章 21 节

复活

耶稣死了,但不像过去的先知,留在死亡里,祂从死里复活,证明死亡在祂身上没有权势。祂说:

> "我父爱我,因我将命舍去,好再取回来。没有人夺我的命去,是
> 我自己舍的。我有权柄舍了,也有权柄取回来,这是我从我父所
> 受的命令。"
>
> 《约翰福音》10 章 17—18 节

罗马人和逼他们执行刑罚的宗教领袖都因耶稣被处决一事受到指责。有人认为,多少个世纪以来,犹太人历经严厉的逼迫,是完全基于整个伤痛事件是他们的错误。这种假设是完全错误的。《圣经》明明指出,耶稣"自己"心甘情愿付出生命,没有任何人勉强祂,这是基于祂对我们的爱,这是祂的选择。事实上,祂被钉死,全世界的人都有责任。

复活,是神藉着耶稣替我们死,满足了祂"公义"属性的力证。债项已付,并且是百分之百付清! 坟墓不能拘禁祂。祂胜过死亡! 耶稣粉碎了罪的捆锁,打败了撒但的权势,除掉了死亡的可怕终局。

> 儿女既同有血肉之体,祂也照样亲自成了血肉之体,特要藉着
> 死,败坏那掌死权的,就是魔鬼,并要释放那些一生因怕死而为
> 奴仆的人。
>
> 《希伯来书》2 章 14—15 节

耶稣复活了,撒但必定非常失落。撒但以为引诱犹大出卖了耶稣,它便赢了。如今,它的诡计失败了。它最有力的工具——死亡,失去了功效。

救赎

奴隶

自古以来,人是撒但的**奴仆**。撒但为达到自己的目的,藉着明显的谎言、假装的真理,甚至不承认祂的存在,来操纵人类。不过,纵使没有撒但的影响,人也无法过完全的生活。人是罪的**奴仆**。

得释放

但耶稣来了,祂**救赎**了我们。若不明白这词与古代奴隶制度的关系,就很难完全掌握这个词的丰富内涵。

　　一个财主到奴隶市场去买一个奴隶。他看见很多奴隶被铁链锁着，个个垂头丧气，每一个奴隶都有一个价目。他照价付钱，那奴隶便是他的了。事情至此并不希奇，但情况却忽然出现了极为有趣的转变，有时候，新主人会把新奴隶带到奴隶市场外，割断锁链，还他自由。这样，那奴隶便是被**买赎**了。

　　这正是耶稣为我们所作的。我们被罪和撒但捆锁在生命的奴隶市场中。我们无法自救。但耶稣来了，买了我们，用祂的血作赎价，然后带我们到市场外，割断我们的锁链，使我们重获自由。

> 知道你们**得赎**，脱去你们祖宗所传流虚妄的行为，不是凭着能坏的金银等物，乃是凭着基督的宝血，如同无瑕疵，无玷污的羔羊之血。
> 　　　　　　　　　　　　　　　　　　　　《彼得前书》1章18—19节

> 我们藉这爱子的血，得蒙**救赎**，过犯得以赦免，乃是照祂丰富的恩典。
> 　　　　　　　　　　　　　　　　　　　　　　《以弗所书》1章7节

羊圈

　　现在，让我们继续看看耶稣形容我们如羊的例子。还记得一个好牧人怎样在羊圈的入口保护羊群吗？耶稣说：

> "我就是门，凡从我进来的，必然得救。"　　《约翰福音》10章9节上

　　羊圈只有一扇门。耶稣是唯一通到永生的门。再没有其他方法可使人脱离罪的结果。

……正如该隐和亚伯只有一个方法可以亲近神；

……正如挪亚方舟只有一个可以进入安全之地的门；

……正如会幕只有一个入口；

……正如羊圈只有一扇门，同样地，耶稣是到神那里唯一的道路。

除祂以外，别无拯救；因为在天下人间，没有赐下别的名，我们可以靠着得救。 《使徒行传》4章12节

人或许不喜欢《圣经》这种毫不宽容的论调。但为要忠于原意，我必须说这是《圣经》清楚的教导，它同时指出，若我们不接受神所选择的方法，我们可以拒而不受。神给了我们这个自由，但我们却要用我们自己永远的死来付自己的罪债。当然，人可以完全否认神的存在和《圣经》所说的一切信息。但坦白说，世人必须承认，这是一个极危险的选择。

并不宽容

虽然耶稣清楚指明没有别的道路可以到神那里，祂却没有贬斥其他宗教。祂用的方法是教导"真理"。真理会把错谬的道理显露出来。

门徒听了耶稣由律法到先知的教导，必定知道祂信息背后的后果。他们住在罗马帝国，而罗马人对宗教有一定程度的宽容，但同时也相信凯撒是一位神。罗马人不会反对耶稣是到神那里的"另一道路"，但要依从耶稣所教导的——祂是"唯一的道路"——便会使他们危及生命。根据《圣经》以外的资料，十一位门徒中除了约翰被放逐了，其他十位都为传扬这个信息而被处死；他们是为所持守的真理而死。

法利赛人

法利赛人是在宗教上没有任何瑕疵的人。他们有一套很详尽的清单，列出了可以或不可以做的事。

今天，我们对人生最普遍的错误观念，便是以为可以靠着足够的善行来抵销所行的恶。基于"这种"想法，人以为只要上教堂、祈祷、燃点蜡烛、忏悔、捐献等，便可以蒙神接纳。这并不是《圣经》所说的，事实刚好相反。

法利赛人非常虔诚,但耶稣却指责他们的生活和教训误导别人。耶稣说,到神面前唯一的方法,是相信祂的话。

我们每天都靠着信心生活。你现在的一举一动也要靠着信心。你坐在椅子上,你是相信那椅子能承载你而不倒塌。你不会在坐下时心里盘算:"我相信这张椅子是稳固的吧"——无论如何,你坐下便是信心的操练。从某方面来说,信心本身是中性的。重要的是:你信的是什么或是谁?椅子可能会倒塌——但都只是一张椅子而已。然而,假如你凭信心相信耶稣已为你付清了罪债,你可以有绝对的信心,祂已作成这事。祂曾作出如此的应许:

> "你们得救是本乎恩,也因着信。这并不是出于自己,乃是神所赐的;也不是出于行为,免得有人自夸。"
>
> 《以弗所书》2 章 8—9 节

《圣经》说,我们从罪的后果被"救"出来,乃是因为相信耶稣基督。这"救恩"是神的"恩赐",不用靠着宗教行为或善行来赚取。

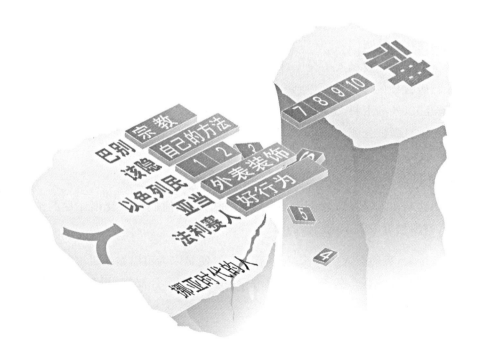

恩赐是毋需代价的。如果"恩赐"要付代价而得,那便不是恩赐了。

恩赐有不配得的含义在内。

若我们以为自己配得,那便不是"恩赐"而是"奖品"了。神给我们永生是恩赐,因为我们是不配得的。

法利赛人以为他们的善行可以讨神的喜悦。但神说祂若根据人的行为接纳人,人便会因自己的善行"自夸"。祂使我们免受审判,并不是因为我们有多好,而是因为我们的"信心"。

> 因为罪的工价乃是死;惟有神的恩赐,在我们的主基督耶稣里,
> 乃是永生。 《罗马书》6 章 23 节

"凭着信心",我们相信耶稣"替我们"的罪死。

"凭着信心",我们相信耶稣"为我们"还清罪债。

"凭着信心",我们相信神的公义,因耶稣的死得到满足。我们相信当祂看我们的时候,再看不见我们的罪,只看见我们披戴耶稣的义。

"凭着信心",我们相信神赐永生。

全凭信心,但"不是"迷信。

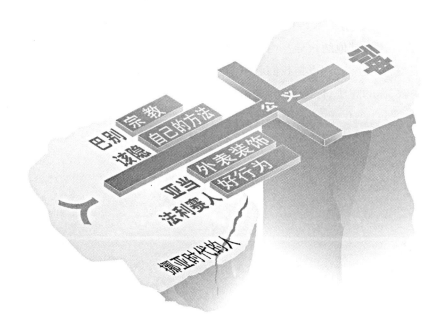

这"信心"是建立在我们从《圣经》所见的"事实"上。

有人尝试为信心加上一点属灵的色彩,把信心变成可量度的,有信心多的,有信心少的。但这种思想使事情变得混乱。人相信耶稣在十字架所作的,如同一个救生员,向遇溺者说:"你信我可以救你吗?"遇溺者点头示意。"点头"的力度大小,无关紧要。重点根本"不是点头";重点乃是遇溺者相信救生员可以救他。获救的人若在事后表示,他之所以被救是因为他用力"点头",这是可笑的。这对我们来说也是一样,相信耶稣救我们脱离罪恶,并不是信心的大小救了我们,而是因为我们信耶稣为我们死在十字架上。

因为神的义正在这福音上显明出来;这义是本于信,以致于信。

《罗马书》1 章 17 节

从这溺水的比喻中看,"知道"自己遇溺是很重要的。若你以为自己没事,你会拒绝拯救。即或你"知道"自己遇溺,但若因骄傲不愿接受帮助,也同样会溺毙。其他人看见你在挣扎,要帮助你也需要你愿意接受帮助。属灵方面也是一样,你必须看见自己是一个无助的罪人,才可以从罪债中得救。这是第一步。

《圣经》记载了很多例证来说明耶稣是谁和祂所做的事。我们只能推测耶稣当日引用了哪些例证来教导门徒。本书所叙述的大概祂都讲到了,也许还有其他的教导。当祂教导完毕,房间内必定非常安静。留在门徒心中的问题,或许也是我们心中的问题。你信靠着的是谁? 你自己、你的宗教、你的想法、你的善行,或是耶稣祂为你而死,付清了你的罪债?

如今一切都清晰了。若有人问你，"为什么耶稣要死呢?"你应该懂得如何回答：

"罪的代价便是死亡。本来我们必须因罪而死，承担永远的后果，但耶稣代替了我们，为我们死了，为我们承担了一切后果。祂代替了我们。"

若有人问你："我如何可以到天堂?"你懂得如何回答吗?

"我们要如同神一样纯洁完全才可以住在天堂。若我们相信神，相信当耶稣死在十字架上时，祂是为我们的罪而死，神便会为我们穿上祂的义，我们便能够被接纳。耶稣担当了我们的罪，把祂的义赐给了我们。"

第十五章

（一）你要我做什么？

耶稣复活后的数天，与门徒一起，并且……

……将自己活活地显给使徒看，四十天之久向他们显现，讲说神
国的事。

《使徒行传》1 章 3 节

最后，耶稣带他们来到一处熟悉的地方，那里距离耶路撒冷只有
两里。

耶稣领他们到伯大尼的对面，就举手给他们祝福。正祝福的时
候，祂就离开他们，被带到天上去了。

《路加福音》24 章 50—51 节

当祂往上去，他们定睛望天的时候，忽然有两个人，身穿白衣，站
在旁边，说："加利利人哪，你们为什么站着望天呢？这离开你们
被接升天的耶稣，你们见祂怎样往天上去，祂还要怎样来。"

《使徒行传》1 章 10—11 节

天使说耶稣会再来。我们若继续研究下去，将会看见许多有关将来
要发生的事情。[1] 耶稣第一次来到世上，预言准确无误，因此祂第二次的
再来也必一样肯定。祂一向守诺言，不失信。

《圣经》其他内容全围绕着门徒的事迹，他们被称为使徒。这些耶稣
的跟从者向群众宣讲祂的事迹。

神的道兴旺起来。在耶路撒冷门徒数目加增的甚多，也有许多
祭司信从了这道。

《使徒行传》6 章 7 节

后来甚至祭司们，就是那些置耶稣于死地的人，也都相信了。但并不
是所有人都相信，正如门徒所预料的，当中也渗入了抗拒的势力。其中有
一位特别热心、却恼恨耶稣的年轻法利赛人扫罗，把耶稣的跟从者囚禁
杀害。

扫罗仍然向主的门徒，口吐威吓凶杀的话，去见大祭司，求文书
给大马士革的各会堂，若是找着信奉这道的人，无论男女，都准
他捆绑带到耶路撒冷。扫罗行路，将到大马士革，忽然从天上发

光,四面照着他。他就仆倒在地,听见有声音对他说:"扫罗,扫罗! 你为什么逼迫我?"他说:"主啊,你是谁?"主说:"我就是你所逼迫的耶稣。"

《使徒行传》9章1—5节

这是扫罗灿烂人生的开始,他彻底改变了:他不再杀害信徒,而且还成为他们中的一份子。角色转换了,逼迫人的反成了被逼迫的。有一次,他被石头打至半死;三次被棍打;五次被鞭打;三次沉船(其中一次他要在海里漂流二十四个小时)。这一切全因为扫罗要传扬耶稣是那"应许的拯救者"。扫罗便是我们所认识并写下《圣经》中许多重要书卷的"使徒保罗"。

再次,我们看见神通过《圣经》,不断地向人提出一些发人深省的问题。而问这些问题的目的是要把人心中的意念显露出来,使被问的人能正视事情的真相。扫罗同样被神质问。

"扫罗,扫罗,你为什么逼迫我?"

神乃是说:"扫罗,你本可以作我的朋友,为何要作我的敌人呢?"扫罗的回答表示他知道问他的是谁。他说:"主啊。"

我们若有幸与神相遇,相信祂也会用问题打开话匣子。不过,要有扫罗这样的遭遇,机会不大,在整本《圣经》中,只有少数人有这种经历。我们虽然没有与神亲身相遇,但神在《圣经》上记载的一切,都历历在目。正如笔者在序言所说,《圣经》本身要求人有所抉择。神在向我们发出问题。

你读这本书时,读到了不少事实。如今要为你所知的有所交代。神如今在问,"你要不要承认和相信耶稣是你个人的救主——就是那位为你付清罪债的救主?"

你或许已思想过,千万不要不经思索便回答,或许你需要多一点时间考虑。

若你的答复是:"不! 我不相信耶稣是我们的**拯救者**",那么,这课题余下的部分对你来说作用不大。你仍然可以读下去,但我建议你暂时跳过这段,转到"一个方便的时间"那一段。《圣经》说,若我们拒绝十字架的信息,便不能正确地明白其他经文,因为……

……是蒙蔽在灭亡的人身上。

此等不信之人,被这世界的神弄瞎了心眼,不叫基督荣耀福音的光照着他们。基督本是神的像。 《哥林多后书》4章4节

另一方面,若你的答复是"是的,我愿意成为承认耶稣为我付清罪债的人",或"是的,我相信祂已替我还清罪债",那你便继续读下去吧,《圣经》其余的内容就是为你这样的人写的。

若你的答复是"是的",那你是否明白神已赦免你的罪,并且神与你的关系已重整了呢?

若你能确切地回答说"是的",那么按照神的话语,可以肯定你的罪已得到赦免,你与神的关系已修复了。

如果没有十字架

我被控告，并且因违反神完全的律法被判有罪。

有罪

违反神的律法便是罪，罪使我有了罪债，这是我必须负责的后果。

负债者

这笔债只能以我的死来偿还，在永远的火湖中偿还这债项。

永远的审判

完全遵守神的律法是不可能的。纵然我努力尝试，仍然不会成功。并且，撒但要操纵我，要我照它的心意行事。我成了奴隶。

奴隶

生为不信的人……

罪使我与神和祂的爱分隔，神与我们分开很远。

外人

我不信……
若有一位神，
我相信有很多方法可以被神接纳。耶稣可能是其中一个方法。若我循规蹈矩生活，尽力而为，神是不会摒弃我的。

我一出生在世上，我便与撒但为伍，犯罪敌挡神。

敌人

我选择自己的道路，处身于属灵的旷野，盲目寻觅真理。我成了一只迷途的羔羊。

迷失

如果有了十字架

神作为一位完全的法官，宣告我与祂和好了——祂如今看我是义的。

被称为义

我的罪债在十字架上解决了。债务已除——完全付清、涂抹。

债务取消

神赐给我一个新的生命，从如今直到永远，在天堂里。

永恒生命

……相信是一个抉择

曾为奴仆，如今被耶稣的血买赎，重获自由。我不再是撒但的奴隶了。

得释放

我信……

我相信耶稣死在十字架上是为我的缘故，祂作了我的替代者，付了我的罪债。我单单信靠耶稣，祂救我们脱离了罪的后果。

我不单成为神家的人，神更给我祂儿子所有的一切权利。

被领养

耶稣的死与复活战胜了撒但，我不再属于魔鬼，我与神和好了。

和好

耶稣，作为好牧人，寻找了我并给我新生命、永生、宽恕、生活的目标、从罪中得释放，以及那数说不尽的好处。

寻到

若你相信耶稣是为你的罪而死,你便可以有绝对的信心,知道你的**罪债**已付清。

> 你们从前在过犯[2]和未受割礼的肉体中死了,神赦免了你们一切过犯,便叫你们与基督一同活过来。又涂抹了在律例上所写攻击我们有碍于我们的**字据**,把它撤去,**钉在十字架上**。
>
> 《歌罗西书》2 章 13—14 节

* 《罗马书》6 章 23 节

你的罪债在两千年前已被钉在十字架上。因为你信靠神,神如今说:

> 我不再记念他们的罪愆和他们的过犯。　　《希伯来书》10 章 17 节

神的赦免是完全的。

> 天离地何等的高,祂的慈爱向敬畏祂的人也是何等的大! 东离西有多远,祂叫我们的过犯,离我们也有多远!
>
> 《诗篇》103 篇 11—12 节

> 若有人在基督里,他就是新造的人,旧事已过,都变成新的了。
>
> 《哥林多后书》5 章 17 节

如今人不单不用沉沦在火湖的永死中,耶稣还说:

你们心里不要忧愁，你们信神，也当信我。在我父的家里有许多
住处；若是没有，我就早已告诉你们了；我去原是为你们预备地
方去。我若去为你们预备了地方，就必再来接你们到我那里去；
我在那里，叫你们也在那里。我往哪里去，你们知道；那条路，你
们也知道。 《约翰福音》14 章 1—4 节

作为信徒，你们会继续生活下去，但你如今可以肯定，天堂是你未来
的去处。耶稣说祂早已为你预备了住处。你如今可以充满信心地称自己
是天堂的公民。你与神的关系已修复了。

正如你诞生在地上的家，《圣经》说你如今诞生在神的家。正如无论
发生什么事，你地上的父母总是你的父母，同样，你一旦生在神的家，便不
能推翻这事实。论到你与神的关系，你要肯定你永恒的归宿已是一次地
定下来了。你永远属于神的家。[3]

我将这些话写给你们信奉神儿子之名的人，要叫你们知道自己
有[4]永生。 《约翰一书》5 章 13 节

因为我深信无论是死，是生，是天使，是掌权的，是有能的，是现
在的事，是将来的事，是高处的，是低处的，是别的受造之物，都
不能叫我们与神的爱隔绝；这爱是在我们的主基督耶稣里的。
《罗马书》8 章 38—39 节

纵然今天你已是神家里的一份子（**身份关系**），《圣经》说你仍然可能
会犯罪。当你犯罪的时候，你在神家中的**生活关系**便受到了破坏。

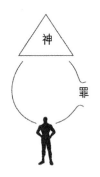

身份关系

不能被破坏

你已经生在神的家，
你永远是神的儿女。

生活关系

可能被破坏

罪使你与天父之间的和
谐共处关系遭到破坏。

身份与**关系**不同。比方说,若一个父亲叫他的儿子做一点家务,但儿子却与朋友出外游玩去了。当父亲回家的时候,问题便出现了,父亲与儿子之间便有了隔膜。若你在场,你也必定会感受到。父子的**身份关系**没有变——但家中的**生活关系**却受到了破坏。《圣经》对这方面的问题提供了解决的方法。

我们犯了罪,要向神认罪,得罪了人,要与人修好。神曾应许说:

我们若认自己的罪,神是信实的,是公义的,必要赦免我们的罪,洗净我们一切的不义。 《约翰一书》1章9节

我们向神认罪,我们与神共处的**生活关系**便马上会得到修补。

你的责任

记得有一次,我与一对夫妇查考完这份材料,那丈夫对我说:"约翰先生,我知道我是个无助的罪人。"然后,他简单地引用《圣经》的记载表明他深知自己无法讨神喜悦,最后还清楚地解释他对耶稣为他死在十字架上的信心。他接着说:"约翰先生,你也有一个儿子。你的儿子没有做任何事情因而得以成为你家里的人,正如我也不用做任何事情便可以成为神家里的人。他既是家庭成员之一,他就有责任清理家中的垃圾、饭后洗碗筷等。"接着他问道:"作为神家的一份子,我的责任是什么呢?"

这是个很有思想的问题,《圣经》其他书卷正是回答这问题的。《圣经》说人的生活是由他所**看重的**——生活的焦点所在而定。这不是一种思想上的游戏,这是关乎你心所属的问题。若你看重的是你自己,你便成为以自我为中心的人。若你看重的是神,你的生活便会把祂当得的荣耀和尊荣归给祂。

1. 你要**集中焦点**在你如今因耶稣而**享有**的一切上——就是本书第 279 页上所记的一切,这是如今你在**基督里面的地位**。因你的罪得到赦免,有了新生命,神要你为此欢欣雀跃。

2. 你要**集中焦点**在认识耶稣的事上。使徒保罗谈他一生的心志是:

不但如此,我也将万事当作有损的,因我以认识我主基督耶稣为至宝。我为祂已经丢弃万事,看作粪土,为要得着基督;并且得

以在祂里面,不是有自己因律法而得的义,乃是有信基督的义,就是因信神而来的义,使我认识基督,晓得他复活的大能,并且晓得和他一同受苦,效法他的死。

《腓立比书》3 章 8—10 节

当你定睛在主身上时,你便会把目光从自己身上移开,专注讨祂欢心,服侍他人。这就如年轻人对女朋友一样——一心一意地要认识她。

3. 你要**集中焦点**,在生活不同的景况中信靠祂,相信祂有足够的能力除去你的忧虑与牵挂。

凡劳苦担重担的人,可以到我这里来,我就使你们得安息。

《马太福音》11 章 28 节

多应用这些真理,你便会发现自己由属灵的婴孩,渐渐变成属灵的成人。别以为这一切是凭自己努力而得来的,要明白⋯⋯

⋯⋯那在你们心里动了善工的,必成全这工,直到耶稣基督的日子。

《腓立比书》1 章 6 节

婴孩不可能一辈子都是婴孩,神"新生的孩子"也不该停留在属灵婴孩的阶段。可惜,这情况太普遍了,你切不可如此。请把焦点放在正确的地方,你便会成长起来。

敌人

我们可以肯定——**敌人**——会企图使你不能对准焦点,阻碍你属灵生命的成长。

1. **人的本性**[5]:这是我们最大的敌人。《圣经》说我们的罪性是永远不会满足的,它常常要得着更多的金钱、更多的注意力、不同的身份、更好的外貌、这样好一点、那样多一些,不停地要求下去。它也许会暂时满足,但很快又贪得无厌,以满足它那无穷无尽的欲望。人性有一个主要的焦点——我们自己。《圣经》说:

你们当顺着圣灵而行,就不放纵**肉体**的情欲了。

《加拉太书》5 章 16 节

我们如何"顺着圣灵而行"呢？这又回到焦点的问题上。焦点集中在神，我们要讨创造主喜悦，那"肉体的情欲"便会被取代了。

《圣经》吩咐我们要治我们的罪性于死地，我们要主动地、努力地不理会它的要求和意愿。

> 所以，要治死你们在地上的肢体，就如淫乱、污秽、邪情、恶欲和贪婪，贪婪就与拜偶像一样。
>
> 《歌罗西书》3 章 5 节

举例说，我结婚前有几位异性朋友，我们之间的关系也很好。结婚后，这些关系便结束了，死了。我如今有了新的关系——我要讨我太太的欢心，她成了我的焦点。若我再去想别的异性，那便不对了。同样地，在你未信之前，你只顾满足自己的罪性；但如今信了，神要你放下那些事情，专心讨祂喜悦，服侍别人。

> 我们……，就当放下各样的重担，脱去容易缠累我们的罪，存心忍耐，奔那摆在我们前头的路程，仰望……耶稣……
>
> 《希伯来书》12 章 1—2 节

《圣经》的劝告与我们今天所听见的有所不同。今天的人说要在过去寻找问题的答案。错的要变成对的，若我们受到伤害，要以自己为牺牲者而自怜一番。这种观点的最终结果，便是把焦点集中在自己身上，我们被自己所霸占。相反，《圣经》告诉我们要忘记自己，包括我们的过去。若别人得罪了我们，无论怎样，总要宽恕他。

> 并要以恩慈相待，存怜悯的心，彼此饶恕，正如神在基督里饶恕了你们一样。
>
> 《以弗所书》4 章 32 节

这似乎不合理，但其实我们饶恕别人的同时，实在也医治了自己的生命。耶稣明白被人得罪的感受，祂说：

> 这些事我已经对你们说了，是要叫我的喜乐存在你们心里，并叫你们的喜乐可以满足。
>
> 《约翰福音》15 章 11 节

2. **世界的潮流**：《圣经》指出世界的潮流对我们的属灵方面有负面的影响，总使我们的焦点从耶稣转移到短暂的事物上。我们有责任去辨别那些使我们回到过去从罪性而来的生活模式，我们要避免那转移我们焦点的事情。

> 因为神……的恩典……教训我们除去不敬虔的心和世俗的情
> 欲，在今世自守、公义、敬虔度日，等候所盼望的福，并等候至大
> 的神和我们救主耶稣基督的荣耀显现。
>
> 《提多书》2 章 11—13 节

3. **魔鬼**：虽然撒但已被打败，但它仍然会想尽办法影响我们。我们成为
   信徒后，神并没有消灭魔鬼。但是，我们要单单向神支取力量，竭力
   抵挡它的引诱。

> 故此，你们要顺服神。务要抵挡魔鬼，魔鬼就必离开你们逃跑了。
>
> 《雅各书》4 章 7 节

撒但很聪明，它会利用世界的影响和人性的自我中心来引诱我们，目
的是要转移我们的焦点。它会在你的思想中散播疑惑，这是意料中的事，
甚至在你信耶稣的事上也不例外。它会告诉你，你信心不够大或是怀疑，
你是否真明白了所信的。请记住，它昔日也如此对付亚当和夏娃。要抵
挡它，并按耶稣所行的去行。你要从《圣经》中得到指引。

有趣的是，当我们抵挡住这三个敌人的影响，持守了我们的焦点，我
们属灵的根基便会愈来愈坚固。

朋友

《圣经》的作者又告诉我们，有"朋友"可以帮助我们建立和持守焦点。

1. **神自己**：你信耶稣的时候，《圣经》说圣灵已进入你的心，与你同住。
   圣灵如今常常在你灰心时鼓励你，勉励你认真地为神而活，当你落在
   罪中的时候，圣灵会斥责你。"圣灵"是一位忠心的良伴，《圣经》称祂
   为"圣者"、"帮助者"、"保惠师"——这些都是神的名字。

> 但保惠师，就是父因我的名所要差来的圣灵，祂要将一切的事指
> 教你们，并且要叫你们想起我对你们所说的一切话。
>
> 《约翰福音》14 章 26 节

作为父母的，我们会为儿女们的成就或品行良好而高兴。作为神的
儿女，我们的生活行为必须荣耀我们在天上的父，不羞辱祂。我们顺服

祂，就是把配得的尊荣归给神。

> 我们的主，我们的神，你是配得荣耀、尊贵、权柄的，因为你创
> 造了万物，并且万物是因你的旨意被创造而有的。
>
> 《启示录》4 章 11 节

2. **信心**：《圣经》称属灵成长的过程为"与神同行"，这是循序渐进的。正
   如我们"凭信心"成为神家的一份子，也"凭信心"与神同行。

> 你们既然接受了主基督耶稣，就当遵祂而行；在祂里面生根建
> 造，信心坚固，正如你们所领的教训，感谢的心也更增长了。
>
> 《歌罗西书》2 章 6—7 节

请记住，"信心连于事实"。这些事实都记载在《圣经》上了。

你不是"凭感觉"与神同行，你可能一早起来，感觉不适甚至发烧。
那并不表示你不再是自己家里或神家里的一份子。有时你或许不觉得自
己很属灵，但这并不反映你与神同行的好坏。每日的生活取向，在乎我们
所作的决定。决定得对，我们在学习神的智慧；若决定错了，则反映我们
的不成熟，仍然是属灵的小孩。我们多研读《圣经》，神便藉此引导我们作
决定。

3. **《圣经》**：这是我们每天力量的源头——我们的指引。

> 圣经都是神所默示的，于教训、督责、使人归正、教导人学义都是
> 有益的，叫属神的人得以完全，预备行各样的善事。
>
> 《提摩太后书》3 章 16—17 节

《圣经》自喻为属灵的食粮。你愈研读它，属灵方面便会愈强。神会
通过《圣经》"向你说话"——并没有声音，但会在你的思想里出现，这是你
与神"相交"的重要途径。读《圣经》可以使你"认识"祂。没有《圣经》的不
断喂养，你只会继续作属灵的婴孩。

若你没有自己个人的《圣经》，请买一本给自己（附录中有一些建议），
你可以先从阅读整卷《约翰福音》作为开始。它如同一个故事，并不难读。
然后再重读此书——《陌生客同路人》——并查看本书提及的每处经文。
你起初会慢些，但很快便会习惯。用一支颜色笔在这些经文下划线。这

样可以帮助你更容易翻阅,也帮助你记住所学的。当你第二次读毕这本书后,便可以开始阅读《使徒行传》和《罗马书》。若你有不明白的地方,请作个记号,然后继续读下去。你会渐渐明白更多。

4. **祷告**:祷告是向神说话。虽然低头、闭上眼睛可以让你避免分心,但不一定要如此。因为神知道你的心思,祂无所不在,你可以随时在心中向祂祷告,祂会知道的。祷告也不一定要有声的。

> 应当一无挂虑,只要凡事藉着祷告、祈求和感谢,将你们所要的告诉神。神所赐出人意外的平安,必在基督耶稣里,保守你们的心怀意念。
>
> 《腓立比书》4 章 6—7 节

祷告乃是向神表达我们的忧虑、愁苦、要求和感谢。

5. **其他信徒**:《圣经》告诉我们,相信《圣经》的人互相交往,可以使我们迈向属灵的成熟,这是很重要的。

> 又要彼此相顾,激发爱心,勉励行善。你们不可停止聚会,好像那些停止惯了的人,倒要彼此劝勉。既知道那日子临近,就更当如此。
>
> 《希伯来书》10 章 24—25 节

你与其他信徒的交往,多半是在教会的环境中发展的。但有一些要留心的地方。

要留意,要记住,撒但有时会以"光明天使"的形像出现。它也喜爱宗教,因此,你要知道在那里也有"假牧人"与"假信徒"。人谈论有关神的事,并不表示他们是真正的信徒,教会在真理的认识与实践上都有参差。《圣经》说两者都会并存,直至耶稣再来,到那时候,耶稣便会把他们分别开来。目前,我们要小心分辨。以下的问题可作考验:

- 教会是否相信《圣经》是真实的,是神默示的话语,原文中毫无错误? 提防那些声称《圣经》中"载有"神话语的人。
- 教会是否相信《圣经》上所写的,抑或认为其中某些事迹是寓言或抽象的故事而已?(例如:《圣经》告诉我们有真实的地狱、真实的魔鬼、真实的天堂等。)
- 教会是否相信耶稣是由"童贞女"所生? 请留意那些声称那是指

一个"年轻的女子"、但她不是处女的说法。

- 教会是否相信耶稣是完全的神又是完全的人？请小心那些声称耶稣是其中一位神，我们也是神的说法。同样要避免那些声称耶稣只是一位伟大的教师的人。

- 教会是否相信三位一体？

- 教会是否相信耶稣为我们的罪债而死？若教会在这点上"犹豫不定"，或认为你必须作些什么才可以蒙神接纳，要小心。例如：洗礼或其他礼仪。

- 教会有没有好名声？聚会是否以怪异和混乱见称？有没有高尚的道德标准？处事方法是否可疑？

若教会在以上"任何一点上"有问题，很可能在其他的教导上也会出错。这些问题正好反映出更深一层的问题。你应该向教会领袖发出这些问题，任何犹豫不答便是警告信号，不要因牧者对人友善或说话动听而被蒙蔽。请记得很多教会"并不"遵从《圣经》的教导。尽管没有完全的教会，但这些问题可以帮助你找到同心的信徒。

6. **音乐**：大卫王写下不少诗歌或《诗篇》，为了激励我们的心。过去不少信徒写下很多美好的、关于神的歌词。我们也要小心——音乐有好的，也有不好的。用你试验教会的同一方法，根据你所学习的，判定歌词的正误。神会帮助你的。

7. **与别人分享**：耶稣的门徒到处向人分享这"好消息"，你也可以。能使别人明白我们的信仰，是一件很得激励的事，但要记得，神给人自由意志，我们要尊重它。要留意怎样接纳别人和所要分享的内容，不要勉强他们。《圣经》要我们"作见证"，不是作"律师"。作见证的人只是说明事情而已，律师却会辩论使对方折服。把这本书送给朋友，帮助他们明白其中的内容。

8. **将来的盼望**：《圣经》清楚指出，有一天耶稣会再回到地上来。

论到睡了的人，我们不愿意弟兄们不知道，恐怕你们忧伤，像那些没有指望的人一样。我们若信耶稣死而复活了，那已经在耶稣里睡了的人，神也必将他与耶稣一同带来。我们现在照主的话告诉你们一件事：我们这活着还存留到主降临的人，断不能在那已经睡了的人之先，因为主必亲自从天降临，有呼叫的声音和天使长的声音,又有神的号吹响;那在基督里死了的人必先复活。以后我们这活着还存留的人必和他们一同被提到云里,在空中与主相遇。这样,我们就要和主永远同在。所以,你们当用这些话彼此劝慰。 《帖撒罗尼迦前书》4 章 13—18 节

事实上,要写的还有很多,不过,若你已经信靠基督,《圣经》说神会逐步地引领你。你在属灵的旅程上刚起步,不要忘记定睛在祂身上,让祂成为你的焦点。请不断研究你的地图——《圣经》。你的旅程不一定一帆风顺。但神必与你同在——祂已把祂的应许赐给你。祝你一路平安。

但愿赐平安的神,就是那凭永约之血使群羊的大牧人、我主耶稣从死里复活的神,在各样善事上成全你们,叫你们遵行祂的旨意;又藉着耶稣基督在你们心里行祂所喜悦的事。愿荣耀归给祂,直到永永远远。阿们! 《希伯来书》13 章 20—21 节

(二) 一个方便的时间

有些人读过《圣经》,明白其中的意思,却作了一个冒险的行动,决定不相信它。他们选择:

- 忽视它的信息
- 完全拒绝它
- 忙于生活以致忘记它
- 改变它的信息

……他们希望《圣经》所写的都是错的。

希律亚基帕便是如此。作为希律大帝的孙儿、希律安提帕的表兄弟,在皇室中他对耶稣的事闭口不言。探子们把这位拿撒勒先知所说的话都告诉他。但希律是有地位的人,是大人物,若要他在万王之王面前谦卑下来,他宁可若无其事地照常生活,他甚至因为斩了耶稣其中一位门徒的头而声名大噪。但是当……

希律在所定的日子,穿上朝服,坐在位上,对他们讲论一番。百姓喊着说:"这是神的声音,不是人的声音。"希律不归荣耀给神,

所以主的使者立刻罚他，他被虫所咬，气就绝了。

《使徒行传》12 章 21—23 节

神的恩慈会容忍罪恶一段时间，但是祂终要以祂的公义审判罪恶。审判可能在今生或在死后才临到，但一定会有。希律死后[6] 要永远在火湖中。留意以下的一节经文：

神的道日见兴旺，越发广传。 《使徒行传》12 章 24 节

·

我鼓励你不要轻视《圣经》的信息，或由于太忙而不肯细心研究它的内容。若没有花时间去认识那些你当知道的，有关死亡与生命之事情，那将是怎样的一个悲剧？

另一位与耶稣同时代的希律亚基帕二世，作为希律大帝的曾孙，希律亚基帕的儿子，他也知道有关耶稣的事，《圣经》说亚基帕王"很熟悉"有关耶稣的事。使徒保罗[7] 被捕后，在亚基帕王面前作证、自辩，保罗向他讲述耶稣的事。保罗说：

"王也晓得这些事，所以我向王放胆直言。我深信这些事没有一件向王隐藏的，因都不是在背地里作的。亚基帕王啊，你信先知吗？我知道你是信的。"

亚基帕对保罗说："你想稍微一劝，便叫我作基督徒啊？"

《使徒行传》26 章 26—28 节

亚基帕王对保罗所说的似有所领悟，甚至说保罗几乎使他相信。但亚基帕王情愿冒险，他不信。他把问题搁置下来，不作决定。据说，亚基帕王至终没有相信，他以"明白"而非相信而告终。这是他的选择。

保罗在罗马巡抚腓力斯面前为自己申辩。保罗也趁这机会详细解释耶稣是谁并祂所作的事。

过了几天，腓力斯和他夫人、犹太的女子土西拉一同来到，就叫了保罗来，听他讲论信基督耶稣的道。保罗讲论公义、节制和将来的审判。腓力斯甚觉恐惧，说："你暂且去吧！等我得便再叫你来。"

《使徒行传》24 章 24—25 节

腓力斯放弃决定的机会，他希望等候更方便的时刻。接受、相信主

耶稣是很容易的事,《圣经》提醒我们现在就是决定的时候:

……现在正是悦纳的时候;现在正是拯救的日子。

《哥林多后书》6 章 2 节

我们不知道明天会如何,生命何时会结束,我们"现在"便要作"决定"。腓力斯固然害怕,有时我们也会害怕,会担心别人的看法,但这并不重要。最重要的乃是神的看法。无论《圣经》或世界的历史书都没有记载腓力斯的结局,但据我们的推想,他并没有找到更方便的时刻来作决定。

腓力斯还有其他的指望……

……又指望保罗送他银钱,所以屡次叫他来,和他谈论。

《使徒行传》24 章 26 节

原来腓力斯别有用心,他声称对耶稣的兴趣,包含了从中获得财利的期望。无论如何,他"屡次"与保罗谈及耶稣。有人可能根据这些对话以为腓力斯"变得虔诚"了。很多人与腓力斯一样,经常谈论《圣经》,却是利用《圣经》的内容来达到自己的目的。很多人发现其中的矛盾,也有人被蒙骗。故此,有些人表示永远不会相信《圣经》,皆因有假冒为善的人。请等一等!《圣经》的内容有没有任何的改变呢?没有,一点也没有。无论人如何为自己的目的扭曲《圣经》,《圣经》所说的仍是一样。你若因腓力斯这样的人而拒绝《圣经》的话,请再三深思。

若你发现自己踌躇不定,不明白或抗拒你所读的,我建议你在放弃之前,花点时间研究一下《圣经》的内容。正如我在开始时所说,《圣经》中有很多论及生命与死亡的事。千万不要停止寻索。这是关于你今生——与来生的指望!

附录

词汇

领养：一个赋予合法儿女地位的仪式，拥有由此而来的权利。

罪：有射箭不中目标之意，在此是指以神的圣洁为目标。无法达到神的目标即为罪。也包括藐视神和祂的话语，不肯按神的吩咐而活。

罪性：有时指"人性"或"亚当之本性"而言，是一种状态。

神子：一个特别的词语，没有肉身方面的含意，用以指出相同之特征。

人子：耶稣用来强调祂人性的名称，古代学者明白这是代表基督的一个字。

门徒：跟从者。

文士：在古时抄写《圣经》的人。

公义：与神有正常关系，这并不表示一个人没有罪，也可以用来表示正直良善的生活方式。

以马内利：(希伯来文/希腊文 Immanuel)"神与我们同在"。

公会：(希腊文 Sanhedrin)由七十一人组成的犹太人法庭。

天使：(希腊文 Angel)使者；天上受造的灵体。

比喻：带有教训的故事。

百夫长：(希腊文/拉丁文 Centurion)带领一百人的罗马军官。

过犯：参考"罪"。

创世：(希腊文 Genesis)开始或起源。

先知：代神发言的使者。

会堂：(希腊文 Synagogue)聚会；一般用来指建筑物。

安息日：一星期中的第七日；星期六。

阿们：(希伯来文/希腊文 Amen)一个肯定的字词；表示同意，"这是对的！"或"我同意！"

阿爸：(亚兰文 Abba)与中文的"父亲"或"爸爸"意思相同。

我是自有永有的：神的一个名字，意为"自有的一位"或"因自己的能力而存在的一位"。

拉比：(希腊文 Rabbi)教师，师傅。

承认：同意或认同。

咒诅：招致或降下厄运。

使徒：(希腊文 Apostle)奉差者；常指十二门徒与保罗而言。

怜悯：神对不配的罪人所表现出来的爱与同情。

受膏：以油浇在一个人的头上或一个物件上，分别被神使用，指被神选上使用的事物。

约：承诺，同意书。

约柜：承载物，大的(船)或小的(盒子)。

信心：信靠或相信。(参本书 104—105 页)

法利赛人：极谨慎地遵守神的律法的犹太人，甚至会加添律例以免触犯神的律法。

祝福：接受或施与神的福气。

耶稣：（希腊文——由希伯来文演变而来，Jesus）意为"救主"、"拯救者"。

弥赛亚：（希伯来文 Messiah）"受膏者"，《新约》中译为"基督"（希腊文 Christ）。

悔改：回心转意。（参本书 154 页）

荣耀：字面的意思是"有分量"，乃有价值的意思。

称义：原指一个法律行动，神使人在祂眼中得称为义。

恩典：神对不配的罪人的恩慈。

恶魔：向撒但效忠，被造的邪灵。

救主：拯救别人的人。

祭司：在会幕或圣殿中执行指定任务的人。

祭坛：一个用泥和石砌成的平台，祭物在其上献给神或神明。

基督：（希腊文 Christ）"受膏者"，《旧约》译为"弥赛亚"（希伯来文 Messiah）。

救赎："买"，有在贩卖市场上买奴隶的意思。

崇拜：宣称神的价值。

福音：好消息。

诗篇：（希腊文 Psalm）一首歌。

撒但：（希伯来文/希腊文）敌对者；神的最大敌人。

魔鬼：源自希腊文作假见证者，毁谤者，撒但的另一名称，邪灵中最有能力的一位。

法老：埃及的王。

《圣经》版本的选择

《圣经》以不同时代的流行文字写成——希伯来文、亚兰文或希腊文。神的原意是希望不同背景或阶层的男女老少都可以读它。在希腊文明时代之后，不同语言的译本便开始出现。

在被称为"黑暗时代"（Dark Ages）的日子，《圣经》是以拉丁文写成，只有圣职人员才有机会接触仅有的手抄本。若有人为自己的缘故去阅读了解《圣经》，便会被定死罪。撒但巧妙地把神的话语藏在圣职人员的服饰之下。

到了 16 世纪初期，威廉·丁道尔（William Tyndale）出现了。他决定要把《圣经》译成当时的人所惯用的英文。当时他对一位教士说：

"若神给我足够的年日，我要使一个耕田的小子对《圣经》的认识比你更多。"

当时，教士们与政治势力强烈反对丁道尔的工作。他经历船毁，稿件的遗失，被密探跟踪,被朋友出卖,最后他献出性命。他把《圣经》成功地译成英文。当他被捕、入狱、被判刑,被勒被焚烧而死——他最后的遗言是:"主啊,求你开英皇的眼睛。"

今天,《圣经》英文译本比比皆是,也有不少《圣经》的辅助材料,但在选择《圣经》的过程中,要谨记两件事:

1. 无论你买哪一种《圣经》译本,它都是从原文翻译而成的。每当文字从一种语言译成另一种的时候,它的准确性、可读性,以及它整本的内容,都有它的长处与弱点。可幸的是,《圣经》的翻译是在非常小心谨慎的情况下进行,我们如今有的译本已相当准确。译本有优劣之别。我建议你要找一本最好的译本,但是,不要忘记这只是一个译本。我如此说,并不是说《圣经》信息的力量会因为译成另一种文字而有所减弱。

2. 你应有一本适合你阅读的译本。记得丁道尔献上他的生命是为了要普通人也可以阅读《圣经》。他希望人可以明白《圣经》,不会在读的时候觉得在读另一种的语文。

为了帮助读者更明白《圣经》,不少《圣经》版本刊有附加的笔记、资料、地图等,这些都有助于你了解这本巨著,但不要忘记,这些都是人对《圣经》所附加的资料,而不是《圣经》本身所有的。

在选择《圣经》的时候,你可以预备一本便于随身携带的小开本《圣经》,另备一本大开本《圣经》放在家中,作深入研读之用。

参考资源

由于书籍、影带、网络或杂志涉及的范围很广,根据 GoodSeed 的规定,是不会作出特别推荐,但是,在写作的时候,以下的资源对创造论和进化论以及《圣经》与神学的课题提供了有助的资料。以下只是众多资源的一部分。

中文书籍

葛兰麦可琳,罗杰奥克兰,莱利麦可琳:《创造论的明证》,香港:宣道出版社,1999 年。

何天择:《人从哪里来》,台湾:宇宙光出版社,1976 年。

亨利·莫瑞士:《科学创造论》,美国:更新传道会,1979 年。

池迪克:《针锋相对》,香港:天道书楼,1993 年。

英文杂志

Creation Ex Nihilo—for adults, with sections for children; also the Technical Journal—for advanced studies. Both are available from www. AnswersInGenesis. org.

网址

www. AnswersInGenesis. org

www. icr. org

英文书籍

An Ice Age Caused by the Genesis Flood, by Michael J. Oard, ICR, EI Cajon, CA 243pp.

Bones of Contention: A Creationist Assessment of Human Fossils, by Marvin L. Lubenow, Baker Bk House, Grand Rapids, MI 295pp.

Creation and Change: Genesis 1. 1 - 2. 4 *in the light of changing scientific paradigms*, Douglas F. Kelly, Christian Focus Pub. , Ross-shire, GB 272pp.

Creation: Facts of Life, by Gary Parker, Master Bks, Green Forest, AR 215pp.

Darwin's Black Box, by Michael J. Behe, Touchstone, Simon and Schuster, NY, NY 307pp.

Darwin's Enigma: Ebbing the Tide of Naturalism, by L. Sunderland, MBks, Grn Fst, AR 192pp.

Evolution: A Theory in Crisis, *New Developments in Science are Challenging Orthodox Darwinism*, by Michael Denton, Adler & Adler, Pub. , Inc. , Bethesda, MD 368pp.

Evolution: The Fossils Still Say NO!, by Duane T. Gish, ICR, EI Cajon, CA 391pp.

Genesis Record, by Dr. Henry M. Morris, Baker Bk House, Grand Rapids, MI 716pp.

Ice Cores and the Age of the Earth, by Larry Vardiman, Ph. D. , ICR EI Cajon, CA 72pp.

In the Minds of Men: Darwin and the New World Order, by I. Taylor, TFE Pub. , Minn. , MN 498pp.

Noah's Ark: A Feasibility Study, by John Woodmorappe, ICR, EI Cajon, CA 306pp.

Refuting Evolution: A Response to the National Academy of Sciences' Teaching About Evolution and the Nature of Sciences, by J. Sarfati, Ph. D. , Master Bks, Green Forest, AR 143pp.

The Age of the Earth's Atmosphere: *A Study of the Helium Flux through the Atmosphere*, by Larry Vardiman, Ph. D. , ICR, EI Cajon, CA 32pp.

The Controversy: *Roots of the Great Evolution Conflict*, by D. Chittick, Creation Cps, 280pp.

The Long War Against God: *The History and Impact of the Creation/ Evolution Conflict*, by Henry M. Morris, Baker Bk House, Grand Rapids, MI 344pp.

The Modern Creation Trilogy: *Scripture and Creation* (*Three Volume Series*), by Henry M. Morris and John D. Morris, Master Bks, Inc. , Green Forest, AR 228pp.

The Mythology of Modern Dating Methods: *Why million/billion-year results are not credible*, by John Woodmorappe, M. A. Geology, B. A. Biology, ICR, EI Cajon, CA 118pp.

The Revised and Expanded Answers Book: *The 20 Most-Asked Questions about Creation*, *Evolution*, *and the Book of Genesis*, *Answered*! by Ken Ham, Jonathan Sarfati, Carl Wieland, Edited by Don Batten, Ph. D. , Master Bks, Green Forest, AR 274pp.

英文影带

Evidences: *The Record and the Flood*, Geoscience Rsch. Inst. , LL, CA, Rev & Hld Pub. Assoc.

From a Frog to a Prince, Co-produced by Keziah, Institution for Creation Research & Answers in Genesis.

Mount St. Helens: *Explosive Evidence for Catastrophe*, Steve Austin, Ph. D. , ICR, EI Cajon, CA.

The Genesis Solution, Ken Ham, Films for Christ, Mesa, AZ.

The Grand Canyon Catastrophe: *New Evidence of the Genesis Flood*, Produced by Keziah & distribution by American Portrait Films, Cleveland, OH.

The Young Age of the Earth, American Portrait Films, Cleveland, OH.

Journeys to the Edge of Creation (2 Vol.), Moody Institution of Science, Chicago, IL.

The Wonders of God's Creation (3 Vol.), Moody Institution of Science, Chicago, IL.

注释

第一章

1. Josh McDowell，compiled by Bill Wilson，*A READY DEFENSE*，Thomas Nelson Publishers，©1993，pp. 27，28. 允准使用。

2. 有些英文《圣经》译成"神呼出"，与字面的原意更符合。

3. "有人带着一个瘫子来见耶稣，是用四个人抬来的。"(《马可福音》2 章 3 节)

4. *ILLUSTRATED BIBLE DICTIONARY*，Pt 3，IVP，©The Universities and Colleges Christian Fellowship，1980，p. 1538.

5. Philip W. Comfort，*THE ORIGIN OF THE BIBLE*，Mark R. Norton，Texts and Mscripts of the Old Testament，p. 151ff，©1992 by Tyndale House Pub. ，Inc.

6. Translated by William Whiston，*THE WORKS OF JOSEPHUS*，©1987 by Hendrickson Publishers，Inc. ，p. 776.

7. Norman L. Geisler and William E. Nix，*FROM GOD TO US*，*HOW WE GOT THE BIBLE*，©1974 Moody Press，Chicago，p. 7.

8. Today，Jewish scholars divide the Hebrew Scriptures into three sections—The Law，The Writings，and The Prophets. Though it may have been established as early as the second century BC，it wasn't until the 5th century that this three-fold division was completed. Ibid. ，pp. 77 – 85.

9. The American Heritage® Dictionary of the English Language，Third Edition ©1992 by Houghton Mifflin Company.

第二章

1. 这幅图片并不是天河系，因为根本无法拍摄整个天河系。这只是类似的图片。资料来源：*THE WORLD BOOK ENCYCLOPEDIA*.

2. 统计数字；*THE WORLD BOOK ENCYCLOPEDIA*；*NIGHTWATCH*，*A Practical Guide to Viewing the Universe*，by Terence Dickinson，pub. Firefly Books，April 1999. 银河系的估计数字仍在增加之中。

3.《犹大书》6 节。

4.《路加福音》20 章 36 节，死是肉体方面，天使不会终止存在的。

5. 《马可福音》12 章 25 节。

6. 他的名字原文为拉丁文,意思为"带光者"。它是源自金星的拉丁文名字,常被称为"晨星"。

第三章

1. 比较

比较	英文	希伯来文	字面翻译
第一天	light（光）	or	light（光）
第四天	lights（光）	ma-or	light-givers（发光者）

2. 最初创造的种类中也许已有分组,进而被分为单独的物种（如野狗、土狼及狼也许来自同一种狗）。这并不是一种形式的进化,因为没有新的遗传信息添加其中,以说明它们不是来源于同一祖先的种群。

3. 指在道德意义上的"完全人"。

4. 其例见:Dr. Michael J. Behe,*DARWIN'S BLACK BOX*,Touchstone,Simon and Schuster,NY,NY 307pp.

5. 地质年代学是一个庞大的研究领域。网上搜索可找到许多关于不同时钟模型的文章。

第四章

1. 《启示录》12 章 3—9 节;第 3 与 4 节一般认为是指撒但之堕落。不少学者认为第 9 节是指将要发生的事。我引用了整段的经文,因为后半部提及我们所关注的部分——第 3 与 4 节——讨论中的人物。

2. 反映出亚当与夏娃当时所作的选择。

3. 详情请参考《罗马书》5 章 12—14 节。也参考第十章注释 1。亚当是全人类的父亲——为首的一位。当他犯罪的时候,我们"在他里面"。

4. 《新闻周刊》(NEWSWEEK),1988 年 1 月 11 日,pp.46 - 52。

5. 《时代杂志》(TIME),1995 年 12 月 4 日,美国版 p.29。

第五章

1. 有些人认为神不接纳该隐的祭物是由于他的态度不好。该隐无疑有一种独往独行的态度,但《圣经》清楚指出:"亚伯因着信,献祭与神,比该隐所献的更美……"《圣经》上并没有说:"更好的态度"。该隐违背神的命令献上不该献的祭物。参考《希伯来书》11 章 4 节。

2. 《路加福音》17 章 27 节;《马太福音》24 章 38 节。

3. 《罗马书》1 章 21—32 节;虽然这段经文并没有直接指着挪亚日子的人而言,却反映出当时的人所选择的生活方式。

4. 很可能是树脂与炭熬在一起而成,沥青要在洪水后才出现。

5. 《创世记》6 章 3 节。

6. 《彼得后书》2 章 5 节。

7. 有不少学者曾计算"方舟内的空间"。其中一个在这方面有帮助的资料是:*Noah's Ark: A Feasibility Study*, by John Woodmorappe, ICR, EI Cajon, CA 306pp.

8. Dr. John Baumgardner,新墨西哥 Los Alamos 国家实验室的一位地球物理学家,他建议一个称为"灾难性陆地地盘结构"(Catastrophic Plate Tectonics)之模型。

9. 《约伯记》40 章 15—24 节;41 章 1—34 节。

10. "耶和华降临……"若神是无处不在,为何祂要降临呢?《圣经》常用一些拟人的词句来帮助我们明白经文的意思。举例说,有时会说神"看见",但神是个灵,并没有肉眼。

11. 感谢 Dr. Carl Wieland 在遗传学知识方面的贡献。详尽讨论请见:*The Revised and Expanded Answers Book*, by Ken Ham, Jonathan Sarfati, Carl Wieland, Ed. by Don Batten, Ph. D, Master Bks, Green Forest, AR 274pp.

第六章

1. 洪水之后,人的寿命显著缩短,亚伯拉罕 75 岁已算年老。

2. 亚伯兰成为大国:他是犹太人与阿拉伯国家人民的祖先。

3. 亚伯兰的名真的成为大名,为犹太人与阿拉伯人所敬重。要留意,乃是神使亚伯兰的名为大,巴别塔则是人自己的意愿。

4. 在历史上,那些逼迫犹太人的国家似乎都并不兴盛。

5. 《约翰福音》8 章 56 节。

6. 《马太福音》17 章 20 节。

7. "罪的工价乃是死……"(《罗马书》26 章 23 节上)。《圣经》中死亡的观念并不单是肉身的死亡。参考本书第四章四节,《死亡》,第 65—69 页。

第七章

1. 以色列的十二个支派是雅各的十二个儿子。例外的是：没有"利未支派"，因为他们是国家的宗教领袖，也没有"约瑟支派"，而是由他两个儿子以法莲与玛拿西补足所差之数。

第八章

1. 这一段乃是《出埃及记》19章5节之意译。

第九章

1. 我并不是说这是拯救遇溺者的正确方法。这只是一个比方。

2. （1）铜坛：《出埃及记》27章1，2节。

   （2）洗濯盆：《出埃及记》30章18节。

   （3）灯台：《出埃及记》25章31节。

   （4）陈设饼的桌子：《出埃及记》25章23，30节。

   （5）金坛或香坛：《出埃及记》30章1，3节。

   （6）约柜：《出埃及记》25章10，11节。

   （7）施恩座：《出埃及记》25章17—21节。

3. 当云彩停留在至圣所之上时，祭司不能进去，这表示神在其内。当云彩升起带领他们启程时，他们便可收拾整个会幕起行。

4. 《撒母耳记下》7章12—17节。

5. 学者们对创世、挪亚洪水与巴别塔的正确日期有不同的意见。根据《圣经》记载字面的意思，这段时间不可能有亿万年之久。三件事应该在数千年内所发生。

第十章

1. 不要以为这与遗传有关——以为罪可以在遗传基因中找到。这纯粹是一种属灵的关系。神要人为伊甸园中的背叛而负责，因此"……这就如罪，因为众人都犯了罪"（《罗马书》5章12节）。我们都有一位肉身的父亲，因此我们都有罪。神是耶稣的父，因此祂有神的属性。

2. 试看看五百年前一位先知所说的话："我在夜间的异象中观看，见有一位像人子的，驾着天云而来，被领到亘古常在者面前，得了权柄、荣耀、国度，使各方、各国、各族的人都事奉祂。祂的权柄是永远的，不能废去；祂的国必不败坏"（《但以理书》7章13—14节）。

3. "主"是《旧约》中弥赛亚（《诗篇》110篇1节）的称呼，强调祂的权柄，祂有管治之权。

J. Dwight Pentecost, *THE WORDS AND WORKS OF JESUS CHRIST*，©1981 by The Zondervan Corporation，p. 61.

4. 以法他是一个地区，这里的伯利恒与另一个靠近拿撒勒的伯利恒不同。

5. 一种香料。

6. 在犹太经典《塔木德》(*Talmud*)中提及这次行程，是在耶稣"到了青春期的年数"而发生的。有些人认为是一年之后的事。

第十一章

1. 约翰被希律大帝之子希律安提帕收入监中，因约翰斥责希律与他弟兄之妻同房。

第十二章

1. 它们是有分别的："死亡和阴间（地狱）也被扔在火湖里，这火湖就是第二次的死"（《启示录》20 章 14 节）。

第十三章

1. 加重语气的个人代名词。（"……到我现今说话的时候，我就是。"）

2. 我并没有把审判和受刑的所有细节写下。这是一件值得一提的事。"带耶稣去的时候，有一个古利奈人西门，从乡下来，他们就抓住他，把十字架搁在他身上，叫他背着跟随耶稣"（《路加福音》23 章 26 节）。

3. Whiston，*THE WORKS OF JUSEPHUS*，p. 720.

4. 用过去式记载表示事情将来必会发生。

5. 撒但的反应并没有被记载下来，但因为它是整件事的幕后策划者，笔者便放胆如此推想。

6. J. W. Shepard，*THE CHRIST OF THE GOSPELS*，（Eerdmans, Grand Rapids © 1964）p. 604 as quoted by Pentecost，*THE WORDS AND WORKS OF JESUS CHRIST*，p. 487.

7. John F. Walvoord, Roy B. Zuck，*THE BIBLE KNOWLEDGE COMMENTARY* ©1983，SP Publications, Inc.，p. 340.
Pentecost，*THE WORDS AND WORKS OF JESUS CHRIST*，p. 487. Warren W. Wiersbe，*THE BIBLE EXPOSITION COMMENTARY*，Vol. 1，©1989，SP Publications, Inc. p. 384.

8. 一营是军队中三百至一千人的单位。

9. 复活的程序并没有被记载下来。我所提供的是最有可能的一个。

第十四章

1. 耶稣是在早上九时被钉在十字架——献早祭的时候……祂是在下午三时死的——献晚祭的时候。

2. 耶稣完美的一生使祂可以成为合适的祭物，只有祂的死可以成为罪的代价。只有耶稣的死可以满足律法的要求（《马太福音》5 章 17—18 节）。

第十五章

1. 《圣经》的内容百分之三十是预言，包括已经应验和有待应验的。

2. "过犯"是"罪"的另一个字。

3. 这通常指你在基督里的地位而言。

4. "有"是现在式，表示永生是现在拥有的。

5. 有些以"肉体"来代表人的本性。

6. 第一世纪的历史学家约瑟夫，他也记录了人的死。

7. 扫罗的名字被改为保罗。

图书在版编目(CIP)数据

陌生客同路人/(加)高约翰(John R. Cross)著;徐武豪译.
—上海:上海三联书店,2023.2 重印
ISBN 978 - 7 - 5426 - 4157 - 1

Ⅰ.①陌…　Ⅱ.①高…②徐…　Ⅲ.①基督教-通俗读物
Ⅳ.①B97 - 49

中国版本图书馆 CIP 数据核字(2013)第 066458 号

陌生客同路人

作　　者 / 高约翰
译　　者 / 徐武豪

责任编辑 / 邱　红
装帧设计 / 豫　苏
监　　制 / 姚　军
责任校对 / 张大伟

出版发行 / 上海三联书店
　　　　(200030)中国上海市漕溪北路 331 号 A 座 6 楼
邮　　箱 / sdxsanlian@sina.com
邮购电话 / 021 - 22895540
印　　刷 / 上海展强印刷有限公司

版　　次 / 2013 年 6 月第 1 版
印　　次 / 2023 年 2 月第 7 次印刷
开　　本 / 640mm×960mm　1/16
字　　数 / 250 千字
印　　张 / 19.25
书　　号 / ISBN 978 - 7 - 5426 - 4157 - 1/B·276
定　　价 / 35.00 元

敬启读者,如发现本书有印装质量问题,请与印刷厂联系 021 - 66366565